陳福成著

陳福成著作全編

第九冊　中國近代黨派發展研究新詮

文史哲出版社印行

國家圖書館出版品預行編目資料

陳福成著作全編 / 陳福成著. -- 初版. --臺北
市：文史哲,民 104.08
頁： 公分
ISBN 978-986-314-266-9（全套：平裝）

848.6   104013035

陳福成著作全編

第九冊　中國近代黨派發展研究新詮

著　　者：陳　　　福　　　成
出版者：文 史 哲 出 版 社
http://www.lapen.com.tw
登記證字號：行政院新聞局版臺業字五三三七號
發行人：彭　　　正　　　雄
發行所：文 史 哲 出 版 社
印刷者：文 史 哲 出 版 社
臺北市羅斯福路一段七十二巷四號
郵政劃撥帳號：一六一八○一七五
電話886-2-23511028 · 傳真886-2-23965656

全 80 冊定價新臺幣 36,800 元

二〇一五年（民一〇四）八月初版

陳福成著作全編 總目

總　序

陳福成的一部文史哲政兵千秋事業

　　陳福成先生，祖籍四川成都，一九五二年出生在台灣省台中縣。筆名古晟、藍天、司馬千、鄉下人等，皈依法名：本肇居士。一生除軍職外，以絕大多數時間投入寫作，範圍包括詩歌、小說、政治（兩岸關係、國際關係）、歷史、文化、宗教、哲學、兵學（國防、軍事、戰爭、兵法），及教育部審定之大學、專科（三專、五專）、高中（職）等各級學校國防通識（軍訓課本）十二冊。以上總計近百部著作，目前尚未出版者尚約二十部。

　　我的戶籍資料上寫著祖籍四川成都，小時候也在軍眷長大，初中畢業（民 57 年 6 月），投考陸軍官校預備班十三期，三年後（民 60）直升陸軍官校正期班四十四期，民國六十四年八月畢業，隨即分發野戰部隊服役，到民國八十三年四月轉台灣大學軍訓教官。到民國八十八年二月，我以台大夜間部（兼文學院）主任教官退休（伍），進入全職寫作高峰期。

　　我年青時代也曾好奇問老爸：「我們家到底有沒有家譜？」

　　他說：「當然有。」他肯定說，停一下又說：「三十

八年逃命都來不及了，現在有個鬼啦！」

　　兩岸開放前他老人家就走了，開放後經很多連繫和尋找，真的連鬼都沒有了，茫茫無垠的「四川北門」，早已人事全非了。

　　但我的母系家譜卻很清楚，母親陳蕊是台中縣龍井鄉人。她的先祖其實來台不算太久，按家譜記載，到我陳福成才不過第五代，大陸原籍福建省泉州府同安縣六都施盤鄉馬巷。

　　第一代祖陳添丁、妣黃媽名申氏。從原籍移居台灣島台中州大甲郡龍井庄龍目井字水裡社三十六番地，移台時間不詳。陳添丁生於清道光二十年（庚子，一八四〇年）六月十二日，卒於民國四年（一九一五年），葬於水裡社共同墓地，坐北向南，他有二個兒子，長子昌，次子標。

　　第二代祖陳昌（我外曾祖父），生於清同治五年（丙寅，一八六六年）九月十四日，卒於民國廿六年（昭和十二年）四月二十二日，葬在水裡社共同墓地，坐東南向西北。陳昌娶蔡匏，育有四子，長子平、次子豬、三子波、四子萬芳。

　　第三代祖陳平（我外祖父），生於清光緒十七年（辛卯，一八九一年）九月二十五日，卒於（年略記）二月十三日。陳平娶彭宜（我外祖母），生光緒二十二年（丙申，一八九六年）六月十二日，卒於民國五十六年十二月十六日。他們育有一子五女，長子陳火、長女陳變、次女陳燕、三女陳蕊、四女陳品、五女陳鶯。

　　以上到我母親陳蕊是第四代，到筆者陳福成是第五代，與我同是第五代的表兄弟姊妹共三十二人，目前大約半數仍在就職中，半數已退休。

　　寫作是我一輩子的興趣，一個職業軍人怎會變成以寫

作為一生志業,在我的幾本著作都詳述(如《迷航記》、《台大教官興衰錄》、《五十不惑》等」。我從軍校大學時代開始寫,從台大主任教官退休後,全力排除無謂應酬,更全力全心的寫(不含為教育部編著的大學、高中職《國防通識》十餘冊)。我把《陳福成著作全編》略為分類暨編目如下:

壹、兩岸關係

　　①《決戰閏八月》　②《防衛大台灣》　③《解開兩岸十大弔詭》④《大陸政策與兩岸關係》。

貳、國家安全

　　⑤《國家安全與情治機關的弔詭》　⑥《國家安全與戰略關係》　⑦《國家安全論壇》。

參、中國學四部曲

　　⑧《中國歷代戰爭新詮》　⑨《中國近代黨派發展研究新詮》　⑩《中國政治思想新詮》　⑪《中國四大兵法家新詮:孫子、吳起、孫臏、孔明》。

肆、歷史、人類、文化、宗教、會黨

　　⑫《神劍與屠刀》　⑬《中國神譜》　⑭《天帝教的中華文化意涵》⑮《奴婢妾匪到革命家之路:復興廣播電台謝雪紅訪講錄》　⑯《洪門、青幫與哥老會研究》。

伍、詩〈現代詩、傳統詩〉、文學

　　⑰《幻夢花開一江山》　⑱《赤縣行腳‧神州心旅》　⑲《「外公」與「外婆」的詩》、⑳《尋找一座山》　㉑《春秋記實》　㉒《性情世界》　㉓《春秋詩選》　㉔《八方風雲性情世界》　㉕《古晟的誕生》　㉖《把腳印典藏在雲端》㉗《從魯迅文學醫人魂救國魂說起》　㉘《六十後詩雜記詩集》。

陸、現代詩(詩人、詩社)研究

㉙《三月詩會研究》　㉚《我們的春秋大業：三月詩會二十年別集》　㉛《中國當代平民詩人王學忠》　㉜《讀詩稗記》　㉝《嚴謹與浪漫之間》　㉞《一信詩學研究：解剖一隻九頭詩鵠》　㉟《囚徒》　㊱胡爾泰現代詩臆說　㊲王學忠籲天詩錄。

柒、春秋典型人物研究、遊記

㊳《山西芮城劉焦智「鳳梅人」報研究》　㊴《在「鳳梅人」小橋上》　㊵《我所知道的孫大公》　㊶《孫大公思想主張手稿》　㊷《金秋六人行》㊸《漸凍勇士陳宏》。

捌、小說、翻譯小說

㊹《迷情・奇謀・輪迴》　㊺《愛倫坡恐怖推理小說》。

玖、散文、論文、雜記、詩遊記、人生小品

㊻《一個軍校生的台大閒情》　㊼《古道・秋風・瘦筆》㊽《頓悟學習》　㊾《春秋正義》　㊿《公主與王子的夢幻》　51《迴游的鮭魚》　52《男人和女人的情話真話》　53《台灣邊陲之美》　54《最自在的彩霞》　55《梁又平事件後》。

拾、回憶錄體

56《五十不惑》　57《我的革命檔案》　58《台大教官興衰錄》　59《迷航記》　60《最後一代書寫的身影》61《我這輩子幹了什麼好事》　62《那些年我們是這樣寫情書的》　63《那些年我們是這樣談戀愛的》　64《台灣大學退休人員聯誼會第九屆理事長記實》。

拾壹、兵學、戰爭

65《孫子實戰經驗研究》　66《第四波戰爭開山鼻祖賓拉登》。

拾貳、政治研究

⑥《政治學方法論概說》　⑧《西洋政治思想史概述》
⑥《中國全民民主統一會北京行》、⑩《尋找理想國：中國式民主政治研究要綱》。

拾參、中國命運、喚醒國魂

⑦《大浩劫後：日本 311 天譴說》、《日本問題的終極處理》　⑦《台大逸仙學會》。

拾肆、地方誌、地區研究

⑦《台北公館台大地區考古・導覽》　⑦《台中開發史》
⑦《台北的前世今生》　⑦《台北公館地區開發史》。

拾伍、其他

⑦《英文單字研究》　⑦《與君賞玩天地寬》（別人評論）　⑦《非常傳銷學》　⑧《新領導與管理實務》。

　　我這樣的分類並非很確定，如《謝雪紅訪講錄》，是人物誌，但也是政治，更是歷史，說的更白，是兩岸永恆不變又難分難解的「本質性」問題。

　　以上這些作品大約可以概括在「中國學」範圍，如我在每本書扉頁所述，以「生長在台灣的中國人為榮」，以創作、鑽研「中國學」，貢獻所能和所學為自我實現的途徑，以宣揚中國春秋大義、中華文化和促進中國和平統一為今生志業，直到生命結束。我這樣的人生，似乎滿懷「文天祥、岳飛式的血性」。

　　抗戰時期，胡宗南將軍曾主持陸軍官校第七分校（在王曲），校中有兩幅對聯，一是「升官發財請走別路、貪生怕死莫入此門」，二是「鐵肩擔主義、血手寫文章」。前聯原在廣州黃埔，後聯乃胡將軍胸懷，「鐵肩擔主義」我沒機會，但「血手寫文章」的「血性」俱在我各類著作詩文中。

　　人生無常，我到六十三歲之年，以對自己人生進行「總清算」的心態出版這套書。

　　回首前塵，我的人生大致分成兩個「生死」階段，第一個階段是「理想走向毀滅」，年齡從十五歲進軍校到四十三歲，離開野戰部隊前往台灣大學任職中校教官。第二個階段是「毀滅到救贖」，四十三歲以後的寫作人生。

　　「理想到毀滅」，我的人生全面瓦解、變質，險些遭到軍法審判，就算軍法不判我，我也幾乎要「自我毀滅」；而「毀滅到救贖」是到台大才得到的「新生命」，我積極寫作是從台大開始的，我常說「台大是我啟蒙的道場」有原因的。均可見《五十不惑》、《迷航記》等書。

　　我從年青立志要當一個「偉大的軍人」，為國家復興、統一做出貢獻，為中華民族的繁榮綿延盡個人最大之力，卻才起步就「死」在起跑點上，這是個人的悲劇和不智，正好也給讀者一個警示。人生絕不能在起跑點就走入「死巷」，切記！切記！讀者以我為鑒！在軍人以外的文學、史政有這套書的出版，也算是對國家民族社會有點貢獻，對自己的人生有了交待，這致少也算「起死回生」了！

　　順要一說的，我全部的著作都放棄個人著作權，成為兩岸中國人的共同文化財，而台北的文史哲出版有優先使用權和發行權。

　　這套書能順利出版，最大的功臣是我老友，文史哲出版社老闆彭正雄先生和他的夥伴們。彭先生對中華文化的傳播，對兩岸文化交流都有崇高的使命感，向他和夥伴致上最高謝意。（台北公館蟾蜍山萬盛草堂主人　陳福成　誌於二〇一四年五月榮獲第五十五屆中國文藝獎章文學創作獎前夕）

自序－關於《中國近代黨派發展研究新詮》

壹、二十年前的「中國近代政治結社」

本書完成於二十年前，時為我政治作戰學校的碩士論文，指導教授是陳水逢先生，口試委員是李東明、陳水逢、王榮川和張復華教授。

二十年前，正是兩岸對峙半個世紀後，逐漸「解凍」，兩岸人民開始交流的初期，當時的政治環境仍是「三民主義統一中國」的氣氛。而事實上，在一九四九年之前，當時的中華民國就是中國，國民黨是執政黨，自清末到退出大陸，國民黨(興中會、同盟會、中華革命黨)是這段歷史的主角，雖已是歷史，卻也是事實，本論文只是在詮釋一段歷史事實，儘可能不要有個人偏私的價值判斷。

但中國近代政治結社何止於一、二主角，本書所研究的政治結社，近代以來為數近千個黨派會社，對中國近代歷史發展也都產生很大影響。所以，近代中國可謂各種黨派之大舞台。

貳、現在的《中國近代黨派發展研究新詮》

一本書寫好放了二十年沒有出版，其中的立論、價值、觀點等，是否「落伍」了？是否「不合時宜」了？就「歷史事實」而言，所有過程、場景都沒有改變，沒有所謂「合不合時」或「落伍」的問題。

所以會改變的，是對價值的詮釋，對動機的判斷，新證據的「出土」，或對於共同願景的認同追求，而有新意。如「二二八事件」，今天和二十年前的解釋就不同；如國共關係，目前更大不同於往昔，也是對歷史事件的解釋有新意(如對日抗戰是誰打的？)。是故，我乃對二十年前的《中國近代政治結社》一書重新修訂，賦予新詮，為中國學四部曲之二。

報載大陸廣州的孫中山大元帥府紀念館，於二○○六年五月一日重

新開放，館內在原有孫中山、宋慶齡、廖仲愷塑像的兩旁，增加胡漢民、蔣介石等人的仿真膠像。根據香港《太陽報》的評論說，這是蔣介石被中共封爲「人民公敵」近六十年後，首次以孫中山左右的形像，定位成「愛國主義教育」的學習對象。這應該是連戰、宋楚瑜訪大陸後，國共和解後的結果。從更高的層次看，蔣公一生追求國家統一，中國歷史向來不以成敗論英雄，如孔明、鄭成功，所以蔣公必然有其崇高的歷史地位。

成群結隊謀求發展原是人類的天性，中國近代的黨派發展便是如此。黨派對立造成國家分裂和動亂，黨派和解有利於國家統一和繁榮，如今國共和解，必將帶動兩岸和解、交流，進而邁向統一繁榮，這是中國近代黨派發展的寶貴經驗。台灣的民進黨政權，不知中國歷史發展法則，必然死路一條。

參、《中國近代黨派發展研究新詮》基本結構

中國近代史是一段複雜而可歌可泣的歷史，就政治結社的量與力而言，可謂百花齊放且驚天動地的。本論文除緒論和結論外，本文分四章廿節，都二十六萬餘言。

結論說明研究動機、架構、方法、限制等項目。

第一章：探討中國近代政治結社興起的時代背景。

第二章：概述清季、民初、北伐、抗日與勝利後等五個時期的政治結社之一般狀況。

第三章：析論中國近代政治結社的特性。

第四章：分析中國近代政治結社對現代化的影響。

經過本論的研究，發現中國近代政治結社在「過去、現在與未來」的發展過程中，是有脈絡相承的軌跡可尋的，並且受到國內外環境激盪的影響。故結論乃從世界各國政治結社之趨向與中國近代政治結社的回顧與檢討爲啓程，以台灣地區戒嚴時期政治結社的回顧與評估及解嚴後

政治結社的活動與規範為過程，最後導向對全中國現代化的展望，是本論文的研究結果與信念。

目　錄

圖目錄

緒　論

　　一個政治結社，實即一個政治團體，或稱之為一個政治組織。在近代中國歷史上出現過極多這樣的團體，在民國成立前有各種秘密或革命會黨，在民國初年有各類黨派會社，直到抗戰勝利後，仍然黨派林立。這些政治結社有的促使了革命目標的達成，有的卻成為革命建國的障礙，其間因素複雜，本論文試圖加以研究。

壹、研究動機

　　團體是個人與社會的溝通橋樑。社會通常只是一個概念，而不是實體；社會團體則是實體，所以社會能否穩定，端賴團體能否發揮功能，引導個人遵守社會規則。(一)顯然團體的重要性是大於社會的。在此種團體情境下，個體往往受到團體壓力(Group Pressure)，而在知覺、判斷、信仰或行為上有社會從眾傾向(Social Conformity)。(二)即個體常會依從團體行為，而與團體中的多數人趨於一致。甚至從集團途徑(Group Approach)來看，在整個政治過程中，個人是微不足道的，頂多是集團的代表或工具；只有經過集團的競爭結果，才決定政治職位的人選，價值的處置與分配，而政治系統的變遷，就是由於集團型態改變的結果。(三)由以上原因，從團體的角度來研究中國近代政治結社，為何有時候完成了革命目標，有時候成為革命建國的障礙，當更能看清事實真相，是筆者研究本題的動機。

貳、研究架構

　　本論文的研究架構，分緒論、本文和結論三大部份。本文部份共分四章，二十節，約二十萬餘言。緒論陳述研究動機、架構、方法、限制等項。

　　第一章，研究我國近代政治結社興起的時代背景，從反清復明運動的發展、帝國主義侵略、滿清政府的革新運動、國民革命、共產主義滋長等諸方面論述。

　　第二章，研究我國近代政治結社的一般概況，約略區分清季、民初、北伐、抗日、勝利後等五個時期研究。

　　第三章，研究前述政治結社的特性，從結社本身的性質、宗旨、成員、觀念的演進等項來說明，特別要比較各政治團體所持的主義，三民主義在各種意識形態(Ideology)中的地位。

　　第四章，研究前述政治結社從傳統到現代的長期演變中，對我國走向現代化的動力、各時期政治結社的現代化內容、中國國民黨在現代化過程中的角色變遷、訓政時期的政治現代化建設及政治現代化的負面影響等方面論述。

　　結論，從世界先進國家政治結社潮流的走向，檢討我國過去政治結社的得失，從台灣地區政治結社現代化，到促使全中國現代化遠景的展望。

參、研究方法

　　本論文以歷史研究法為主，在探尋史料、檢驗史實、追究真相、辨明真偽的過程中，兼採分析、歸納、比較等方法，以整理資料，並盡可能運用當代學者研究成果，解釋現象，獲得結論。

　　在資料蒐集方面，採圖書館研究途徑。本文資料主要來源：政治作戰學校志清圖書館與政治研究所資料室、國立政治大學社會科學資料中心、國立中央圖書館、國防部總政治作戰部資料中心、中國國民黨黨史會、法務部調查局及國內一般自購出版品、師長贈借書籍等。

肆、研究限制

本論文研究限制區分地理、時間、性質、內容等四方面說明之。

一、地理上的限制：「中國」是指現在三十六行省的範圍內，也意涵有「文化的中國」在內，臺灣雖曾被日本統治五十年，但文化上仍屬中國的，故本文的政治結社指在中國境內形成者，以及在香港、日本、南洋及全世界各地形成，其結社宗旨是爲中國近代革命運動而組織，均屬之。

二、時間上的限制：關於「近代」從何時開始，國內學者眾說紛紜，標準不一。惟本論文約略從興中會開始，但興中會之形成又與前代的洪門、天地會、三合會等有密切關係，故本論文在時間限制上，以興中會到大陸淪陷爲主要論述對象，而興中會之前與政府轉進臺灣之後，則擇其要者或依據論文之脈絡發展略述，尤其結論要從「現在」出發。

三、性質上的限制：何者才是「政治結社」，而何者不是，爲最感困難之處。其關鍵在於把「政治」訂在怎樣的定義中，本文不企圖探討政治的各種定義，或對政治界定出如何嚴謹的定義，因爲其功用是存疑的，也是得不償失的。(四)故本文對「政治」一詞採用較爲常識性的看法：政治是「大家的事物」，而大家又是「政治動物」，所以「政治」本來是人人皆知的一種平凡的政治學科。(五)這與　中山先生所說的「管理眾人的事，便是政治。」(六)頗爲接近。現在把本論文所指的「政治結社」說的更具體，就是指中國近代史上有政治性的結社(國民革命統一運動洪流中有直接關係者)，如稱爲某種黨(Party)、派(Clique; Faction)、會(Association)、社(Community)、盟(League; Covenant)、陣線(Front)，及其他有類似名稱者。但以下各類團體不算政治結社，非本文研究對象：

(一)報社、雜誌社、學校、出版機構等。

(二)工商農漁、學術、宗教團體等。

(三)政府組織、地方自治與自衛團體。

(四)軍事、情報組織。

(五)無政治意識的幫會、黑社會組織等。

(六)同鄉會。

　　但前列團體若僅看表面稱謂則有極大出入，例如同盟會在海外的機關有時以報社名義成立，天地會(Triad)在南洋有時稱「公司」，一八九五年廣州興中會外稱「農學會」，中共在抗戰期間到處成立「讀書會」、「學生會」等等，類似此等組織比比皆是，仍然歸入政治結社範圍。

　　四、內容上的限制：本論文以推翻滿清→民國成立→討袁護法→北伐統一→對日抗戰→剿共與大陸淪陷為主要申論之脈絡；此期間雖出現過臺灣割給日本五十年，日本操縱的「滿州國」，蘇俄操縱的「蒙古人民共和國」和「汪偽政權」等，也有過不少政治結社，但均非本論文研究主題，僅於文章脈絡緊密時，略述之。

　　另本論文在文獻參考上使用下列書籍較多，為求行文方便及免佔太多篇幅，各章從簡引註。

　　(一)《國父全集》，中國國民黨中央黨史委員會，一—三冊，三版(台北：中央文物供應社，民國六十九年八月)。

　　(二)張其昀主編，《蔣總統集》，一－二冊，三版(台北，國防研究院暨中華大典編印會，民國五十七年三月)。

　　(三)中華民國開國五十年文獻編纂委員會編，正中書局發行的《中華民國開國五十年文獻》有下列各版本：

　　(1)《革命遠源》，上下冊，民國五十六年十二月臺二版。

　　(2)《清廷之改革與反動》，上下冊，民國六十二年九月臺二版。

　　(3)《革命之倡導與發展》(興中會上下冊)，民國五十三年二月臺初版；及《中國同盟會》，一－六冊，民國五十八年十月臺二版。

　　(4)《列強侵略》，一－六冊，民國五十四年三月。

　　本論文由於在時間的上限與下限稍嫌太長，從興中會到民國三十八年近六十年，若上溯到天地會成立則近三百年。其間戰亂頻仍，史料不易蒐集，只能就已經出版資料，及各機構已經開放可借、可閱、可抄的現有史料，加以蒐集研究。簡陋之處，敬請惠賜指正。

註　譯

(一)謝高橋著，《社會學》，一版三印(臺北：巨流圖書公司，民國七十三年六月)；頁一二六－一二七。

(二)張春興、楊國樞合著，《心理學》，三版(臺北：三民書局，民國六十五年八月)，頁五五一。

(三)呂亞力著，《政治學方法論》，三版(臺北：三民書局，民國七十四年九月)，頁二四九－二五〇。

(四)本論文不對「政治」再做界定，一方面是筆者之意，二方面是當代學者也認為政治的界說已經很多，卻仍沒有一個統一的界說，所以不必把時間花在下界說上。應該只管「埋頭研究」，不必擔心政治學的範圍或界說，讓自己的研究成果來劃定政治的界說。(參閱：Alan C. I saak, Scope and Methads of Political Science,朱堅章、黃紀、陳忠慶合譯)；五版(臺北：幼獅文化事業公司，民國七十五年二月)，頁二三－二四。

(五)甄克斯(Edward Jenks)著《政治簡史》(A Short History of Palitics)，張金鑑譯，臺二版(臺北：臺灣商務印書館，民國五十九年四月)，序頁一。

(六)《國父全集》，第一冊，頁壹－五一。

第一章　中國近代政治結社興起的時代背景

▲中華民國臨時大總統印。

▶孫中山先生就任臨時大總統時的攝影。

▲鄭成功塑像

▶中國革命同盟會在東京正式成立。

秋瑾像

康熙即位後曾微服出紫禁城訪察民間疾苦，這幅版畫描述康熙到戲院茶樓查訪的情形。

1872年中國第
一批公費出洋的小小留
學生

英國在印度設置的
鴉片儲藏庫。從這裡向中
國輸入的鴉片造成白銀的
大量外流。

鴉片戰爭前吸食鴉片已經是一種相當普遍的嗜好，在暗淡的鴉片館
中，人民不分晝夜的吸食（東京．東洋文庫藏）。

1923年12月25日，中共中央發佈的十三號通告。通告主要就國民黨改組問題提出，要求中共黨員應即時加入國民黨以利國共合作之進行。

在二萬五千里
「長征」中的紅軍隊伍

毛澤東與揮舞「毛語錄」的「紅小將」　　揮舞「毛語錄」的「紅小將」

　　任何政治結社的興起都有其內外環境的影響。就內而言，可指國內的人群關係及社會環境，何況，人類是群體動物，不能離群索居；人類又是政治動物，則組黨結社不但是本能，而且是權利。就外環境而言，係指國際社會情況及一切介入的外力。中國近代政治結社之所以有如百鳥爭鳴，就是在這些因素的激盪之下所形成，舉其大端如反清復明運動發展、帝國主義侵略、滿清政府政治改革、國民革命運動蓬勃、共產主義蔓延等皆屬之。

第一節　反清復明運動的發展

　　中國民族自秦漢以後，就是一個民族造成一個國家。(一)係獨立自為一系統的民族。但從另一面看，他是由漢滿蒙回藏及其他少數民族所構成。幾千年來中國政治舞台上的主角除元、清兩朝外，始終是漢人為之，漢人主政則合法合情合理，其他民族主政就要受到強烈反抗。所以，當十七世紀四〇年代清軍大舉進入山海關，不數年竟消滅了明朝後，一方面則因明末遺臣義民要復國，再方面則由於中國不容他族主政的民族情結在驅使，於是反清復明運動寫下了可歌可泣，驚天動地的一頁。

壹、中國政治思想中的「反清」情結

　　在中國歷史上，東北的民族有兩大系統，一為東胡系，因其住在匈奴東邊，大抵在今河北的東北及遼寧、遼北、熱河一帶，遂稱東胡；一為肅慎系，最初住地已難確考，周昆田先生考證在吉林、黑龍江一帶，(二)呂誠之先生則稱在北韓以北、松江、安東等地區。(三)不過，自滿洲入主中國後，所有東胡及肅慎兩系民族都融合在一起，滿族就成為東北各族的綜合體。所以　中山先生也說：「今之滿洲，本塞外東胡，昔在明朝，屢為邊患」。(四)

　　詳考滿族先祖，肅慎族為其直接來源，虞舜時稱「息慎」，殷周時

代稱「肅慎」，均貢以楛矢石砮；秦漢時期稱「挹婁」，貢以楛矢、石砮、弓甲、貂皮等；南北朝時稱「勿吉」，魏孝文帝(西元四七七－四九九年)時遣使貢以馬匹；隋唐時稱「靺鞨」，受封並賜李姓，建渤海國；五代時稱「女真」；宋政和五年(西元一一一五年)女真建國，國號金，入侵宋朝；明初受封建州衛，明末屢有邊患，到明萬曆四十四年(西元一六一六年)，努爾哈赤正式獨立，國號滿洲。(五)

從以上對滿洲先祖沿流及地理分佈的分析，可以知道滿族在中國的地位上是屬於「夷」範疇，夷夏關係有如奴主，身分地位分明，不可混亂。所以說中國政治思想中原本就有反清的情結，而事實上是反異族統治，只要任何非漢族的少數民族在中國政治舞台上得勢都要受到反對，以下五點可以體認出這個事實。

一、嚴夷夏之辨

可從禮俗、衣著、語言、飲食等習慣上別其大端。在禮俗方面，有官制、有倫理、遵教化、尊法度、重儀禮、行宗廟祭祀及有宮室者為華夏，反之沒有或輕藐者為夷狄。在衣著方面，華夏服制美盛，寬大而長，為右　，能別尊卑，彰善惡，勵志進德，反之夷狄開化未深，作用不多。語言方面，周代設有「象胥」之官負責華夷語言的通譯，孟子曰：「今也南蠻鴃舌之人，非先王之道」，(六)可見華夏四夷語言差別極大。飲食方面，火食粒食為華夏民族食飲之特色，四夷無之，是則東南之人食水產，東北之人食生黍，西北之食牲畜。

二、內諸夏而外夷狄

孔子據魯史作春秋，記事以魯國為中心，故曰魯與諸夏並論，乃以魯為內，諸夏為外。而所謂「內諸夏外夷狄」，其第一層為魯，第二層為諸夏，第三層為夷狄。內外是指親疏遠近的關係。

三、尊諸夏而卑夷狄

春秋時期尊夏卑夷觀念已甚強，孔子欲居九夷，弟子以「陋」難之，
(七)《論語・八佾》又曰：「夷狄之有君，不如諸夏之亡也」(八)。而中
國之可貴可尊，在有禮義，性行善；夷狄之可賤可卑，在無禮義，性行
惡。這是二千多年前，夷夏大防甚嚴的情形。

四、用夏變夷

夷夏既然有高下尊卑，故先秦時期政治思想就主張用文化較高的華
夏文化廣被於蠻夷之邦，以共進文明。此事由孟子提出，並且在孟子之
前就已行之，故曰：「吾聞用夏變夷者，未聞變於夷者也」。(九)亦可見
諸夏文化遠高於夷狄。

五、夷不亂華

由夷夏之辨衍生出有夷不亂華，不容文化卑賤的民族，侵亂了中國
禮義之邦，以維護高尚的文化。從黃帝北逐葷粥，打敗蚩尤，到春秋時
代齊恆晉文的霸業，就是華夏民族反侵略、自求發展之歷史事跡。(一
〇)

夷的地位文化既然不如中國，當然只有稱臣於中國，定期納貢。中
國民族思想在先秦就已成熟，區分民族的標準不外種類與文化，更以文
化為主，種類為輔。(一一)到　國父孫中山先生領導國民革命，組織同
盟會時，其宣言曰：

維我黃祖，桓桓武烈，戡定禍亂，實肇中邦，以遺子孫。有明之
時，遭家不造，覯此閔兇。蔓爾鞋虜，包藏禍心，乘間窺隙，盜竊神
器。淪衣冠於豕鹿，夷華胄為輿臺，遍綠水青山，盡獸蹄鳥跡，⋯⋯故
老遺民如史可法、黃道周、⋯⋯諸人，嚴春秋夷夏之防，抱冠帶沈淪之
痛，孤軍一旅，修戈矛於同仇，下筆千言，傳楮墨於來世。（一二）

很顯然的，中國不受異族入侵與尊華卑夷的民族意識，到滿清末年
並未消失，且隨著滿清政府的無能與專制而使漢人反抗昇高。辛亥革命
興起，恢復華夏，建立民國，蕩滌二百六十餘年異族亂華之瑕穢。此後

中國境內各民族只有走向民族統一、領土統一、軍政統一、內治統一、財政統一的中華民族。(一三)中國境內無異族,「反清」情結才是真正解開。

貳、反清復明政治思想的淵源

當明亡之後,滿清政府施以高壓與懷柔政策來摧殘中國的民族思想,到雍乾年間,志節之士早已蕩然無存,有思想有才力者不是吟詩考古,就是頌諛詞。(十四)在此種環境之下,若非明末遺老在當時不顧家破人亡的危機,播下民族思想的種子,中國在十九世紀末葉未必就能有民族思想的萌芽,而使國民革命運動更洶湧壯大。梁啓超先生就曾斬釘截鐵的說:「最近二十年思想界之變遷,雖波瀾一日比一日壯闊,內容一日比一日複雜,而最初的原動力,我敢用一句話來包舉他:是殘明遺獻思想之復活。」(一五)

大凡思想家留下的話,在當時可能來不及發生效果,但那種思想會留在國民的潛意識裡,碰著機緣,便會復活。殘明有幾位思想家,如黃梨洲、顧亭林、王船山等人,他們的話在卒後的二百年間,可能大家熟視無睹,但到滿清末年忽然像電流一般,把許多青年的心震得直跳。(一六)　中山先生肯定地認爲他們保存了「春秋夷夏大防」傳之後世,雖遭屠殺,先後殞落,而「義聲激越,流播人間,父老遺傳,尙在耳目。自延平以抵金田,吾伯叔昆季諸姑姐妹奉先烈遺志,報九世之仇,爲爭自由爭人道而死者,實一千二百萬人。」(一七)明末清初具有民族思想的遺老尙有唐甄、朱之瑜等十數人,但以前述黃顧王三家最有代表性,也對後世最有影響力,茲將他們的民族思想內涵概述如次:

顧炎武,字寧人,初名繼紳,後更名絳,明亡後始名炎武。學者稱亭林先生,生於明萬曆四十一年,卒於康熙二十一年(西元一六一三－一六八二年)。少耿介,遊於復社。(一八)國變後與黃梨洲、王船山、孫奇逢等人到處奔走,謀反清復明大業之有成。在政治上亭林注重實際政

事之利病，無意做原理的探索，反對中央集權而主張地方分權，地方則以縣爲自治單位。(一九)亭林論政重在正風俗，養人材之事，認爲科舉培養的生員有四大弊端：亂政、困民、結門戶、壞人材；補救之方可行推荐，或改良科舉，限名額，重實學等，並無太多創意。(二○)惟亭林的名言「士大夫之無恥，是謂國恥」，對後世讀書人有啓示作用。(二一)一生不仕異族更被人敬仰。

黃宗羲，字太沖，海內稱梨洲先生，生於明萬曆三十八年，卒於康熙三十四年(西元一六一○－一六九五年。)。清兵陷北京後組織義兵從事反清復明大業，所部人稱「黃氏世忠營」，終致攻敗無成，乃隱居著書，不仕異庭，《明夷待訪錄》爲其關於政治思想名著。

《明夷待訪錄》最高原理出於孟子「民貴君輕」與〈禮運大同篇〉的天下爲公思想。其〈原君〉曰：

> 古者以天下爲主，君爲客，凡君之所畢世而經營者，爲天下也。今也以君爲主，天下爲客，凡天下之無地而得安寧者，爲君也。是以其未得之也，屠毒天下之肝腦，離散天下之子女，以博我一人之產業，曾不慘然，曰：「我固爲子孫創業也」。其既得之也，敲剝天下之骨髓，離散天下之子女，以奉我一人之淫樂，視爲當然，曰：「此我產業之花息也」。然則爲天下之大害者，君而已矣。(二二)

可見梨洲先生對專制真深惡痛絕，專制之君視天下爲私產，只爲人民帶來災難離散，不能爲天下子民創造幸福，誠爲天下之大害。其〈原臣〉曰：「故我之出而仕也，爲天下，非爲君也；爲萬民，非爲一姓也。」又曰：「蓋天下之治亂，不在一姓之興亡，而在萬民憂樂。」(二三)先生的政治哲學要旨，在闡明立君所以爲民及君臣都是人民公僕而已。在專制時代君有絕對之權威，他敢冒身家性命之危險高倡貴民輕君說，不啻是向專制天下的制度與權威做正面挑戰而無畏，立言的勇氣是可佩的。難怪經歷清廷二百年埋骨之後，還能在清朝末葉把「許多青年

的心震得直跳」，正是推翻滿清的第一把火種。

前述顧黃二家為明末清初反專制思想之巨擘，而能與近代民族主義相提並論者則有王船山先生。王夫之，字而農，號薑齋，隱於湘西石船山，學者稱船山先生。當戊午春(清康熙十七年，西元一六七八年)逆臣吳三桂僭號於衡州(湖南衡陽)，有偽僚勸進，先生曰：「某本亡國遺臣，所欠一死耳，今汝亦安用此不祥之人哉？」遂逃入深山。(二十四)明亡後歸隱旅遊著書，自題其墓曰：「明遺臣王夫之之墓」。自銘曰：「抱劉越石之孤忠，而命無從致；希張橫渠之正學，而力不能企。幸全歸於茲邱，因御恤以永世。」(二五)

船山最能突破古人藩籬者，也是最能啟發晚清民族意識者，就是他那種無可妥協的民族思想，他認為種族是自然形成的，所以自然形成界限，非人為力量所能打破。「今夫玄駒之有君也，長其穴壤，而赤蚍、飛　之窺其門者，必部其族以嚙殺之，終遠其垤，無相干雜，則役眾蠢者，必有以護之也。」(二六)蟻類尚且要團結抵抗外來侵略，以保其種類，何況大明子民。又曰：「民之初生，自紀其群，遠其害沴，擯其夷狄，統建維君。故仁以自愛其類，義以自制其倫，強幹自輔，所以凝黃中之絪縕也。」(二七)其意有若近代民族國家觀念，因為本族自形成一政權，由本族之君自行統治，為最合乎人倫，而斷不容外族來侵僭，一切外族統治的政權都是不合自然規律，也不合人性需求。故船山乃曰：「是故智小一身，力舉天下，保其類者為之長，衛其群者為之邱。故聖人先號萬姓而示之以獨貴，保其所貴，匡其終亂，族於孫子，須於後聖，可禪、可繼、可革，而不可使夷類間之。」(二八)此民族大義已立，正可以破滿清的世界主義，民族精神雖遭受極權壓迫，終有再度復活之日。

船山所指中國不容夷狄侵犯，其義為疆土與文化不容異族入侵，蓋中國疆土天成，而夷狄適於漠荒之牧畜與射獵，為兩種不同的生活形態；在文化上中國高於四夷，大凡兩個文化程度不同的民族相接觸，低文化者總被較高文化者所同化，夷狄想入主中原，無異是自取滅亡。在

文化上，這是一種自然的涵化(Acculturation)現象。船山論樓蘭王表面上
事漢，而陰爲匈奴間，且不知有恥，漢傳介子誘斬其主之事，謂「夷狄
者，殲之不爲不仁，奪之不爲不義，誘之不爲不信，何也？信義者，人
與人相於之道，非以施之夷狄者也。」(二九)先生播下了絕對性的民族主
義種子，而能在鄒容、陳天華、朱執信、胡漢民等人的心靈中萌芽，更
是國民革命最初發皇的原動力。

參、反清復明運動的開展

明末由於清兵入關爲漢民族帶來空前大災難，加上中國先天就有不
容異族侵略的民族思想，以及當時幾位反專制、有民族氣節的大儒在鼓
動民族精神，由於有這些動力才使得南明抗清革命運動寫下驚天地泣鬼
神的事蹟，史不絕書，明宗室的抗清運動，雖前後有福王朱由崧、魯王
朱以海、唐王朱聿鍵、永明王朱由榔等諸政權的奮鬥，但因各自稱王爲
政，不能團結，到康熙元年(西元一六六二年)大明江山就已瓦解。惟義
軍寨堡、江浙、皖鄂、江西、台灣鄭成功仍有可歌可泣的抗清運動。

義軍寨堡的抗清行動，約明崇禎十年(西元一六三七年)左右變亂四
起，河南、湖北一帶就有民族組織寨堡來反抗異族，到崇禎十六年左右
更臻極盛，東南江淮一帶無處不有。(三〇)淮、揚一帶義民四起，巡按
禦使王　集有二十萬眾，專「碎僞牌，殺僞官」，開封有百餘寨，洛陽
數十寨。浙東一帶更是山寨鱗次，其較大者，蕭山則石仲房，會稽有王
化龍、陳天樞，台州有俞國望、金湯，奉化有吳奎明、袁應龍，餘小寨
百餘，惟有王翊、王江的四明山寨，規模最大，部屬最眾，紀律最嚴。
皖、鄂一帶山中亦遍樹義旗，著者有四十八寨，如周損、傅夢鼎、傅謙
之等。(三一)各處義軍寨堡雖乘時奮起，在打擊或牽制張獻忠、李自成
方面尚有極大功效。但以彼等烏合之眾，抵抗有組織的滿清勁旅，其成
敗已不足論，何況當時明政府已分裂，下層政治組織解體，農村經濟破
產。但此種民族意識，就是清季民族革命的種子。

　　江浙抗清運動，其主要領導人物，嘉興有徐石麒，吳江有吳日生，金華有朱大典，嘉定有侯峒曾、黃淳耀，江陰有黃毓祺、閻應元，松江有陳子龍及夏允彝、夏完淳父子，浙海則有殘明遺臣孫碩膚、熊雨殷、錢肅樂、張侯服等人，及故明兵部尚書兼翰林院侍講學士張煌言。而犧牲最為壯烈者為嘉定與江陰兩方面的抗清運動，順治二年(西元一六四五年)四月清陷揚州，史可法戰死，清屠城十日，殺八十萬後，五月初九南京破，清軍直抵江寧，江陰勤王守城奮戰到八月二十三日而終破城，清軍「滿城殺盡，然後封刀」，城內死者九萬七千人，城外死者七萬五千人。(三二)而嘉定屠城，死者二萬餘人，其時「孝子慈孫，貞夫烈婦，才子佳人，橫罹鋒鏑，尚不可勝計」。(三三)

　　皖鄂抗清運動方面，其主要人物，徽州有金聲、江天一，皖西有朱常　和朱統錡所領導的皖砦之役，起事者再，平定者再，垂六七年。鄂東有王　所領導的鄂砦，聯絡皖鄂一帶四百八十九砦，順治七年連戰潛山、太湖間，兵敗俘至江寧，不屈而死。

　　江西抗清運動方面，主要人物，廣信有胡夢泰，撫州有魯亨應，黃州有萬元吉，南昌有金聲桓、王得仁、姜居之等。(三四)

　　清順治三年鄭芝龍欲降清，其子成功哭諫不從，乃走廈門，揭櫫民族革命的旗幟，號召東南反清志士，奉永明帝為正朔。七年八月取金門，十五年(明永曆十二年)延平郡王鄭成功與邱部侍郎張煌言大舉北伐，入長江趨南京，次於羊山時為颶風所破，飄沒八千餘人，子鄭濬、鄭浴、鄭溫皆死，明年再舉北伐，大敗退守廈門。

　　北伐再敗，成功認「當闢地休兵，養精蓄銳，以待天下之清可也。」(三五)乃於明永曆十五年(西元一六六一年)攻取台灣以重建抗清基地，次年(康熙元年)不幸勞悒成疾而溘然長逝。明鄭從此無力再大舉軍事行動，康熙二年(西元一六六三年)清靖南王耿繼茂陷金門、廈門，鄭經退守台灣，二十年鄭經卒，子克塽繼位，二十二年清水師提督施琅，率戰艦六百艘，水軍二萬陷澎湖，進逼鹿耳門，克塽出降。

肆、反清復明運動的轉化

康熙二十二年(西元一六八三年)時，清廷繼削平三藩割據外，也降服臺灣完成全國統一。此時從表面上看，似乎因清廷的高壓政策而使得反清復明運動消聲無跡，實因民族思想的存在，更爲因應時代及社會環境才能生存發展，故反清復明運動轉化成秘密組織，在下層社會中保存民族思想。從下列三點可以明確看出此種轉變關係：

一、由結社而變成結寨的轉化

如浙江洞主的義兵，皖鄂爲砦主的義民，東南海澨島主的義兵。在湖北有蘄黃四十八砦義旅，安徽有英霍的結寨。如浙東大嵐洞主王翊義旅甫平，到康熙四十七年又有大嵐再變，託明思宗皇子興。明季遺民這些反抗異旅的精神，與後來太平天國的興起很有關係。(三六)

二、由秘密結社變成秘密會黨的轉化

反清復明的民族精神隨著南明抗清行動的失敗，有志之士爲永保此種精神，以待他日再起，才把它寄託到秘密會黨中，如天地會、白蓮教、天理教及農民的反清集團捻黨等，　中山先生在演講民族主義第三講時，就已充份證明了這個轉化的過程。

三、民族精神與文人作品結合的流傳

滿族政權強固後，文人的故國思情多寄託在詩文作品上，變成政治思想的結晶，民族精神的火種。康熙年間連文人的詩社文社都遭禁止，但禁不住人們想要結社那股衝動。到了乾隆年間，全祖望從京師回到鄞縣，再與陳南　、錢芎庭、李甘谷等人組織「真率社」，此即一例。(三七)

從康熙二十二年清廷統一全國，到道光三十年(西元一八五〇年)，中間有將近一百七十年雖仍飽受清廷的思想壓迫，但許多有民族思想的

秘密會社仍然不斷尋求起事機會，清季起事抗清運動自西元一六七三年到一九一一年止，計要者有一○四起，其中大多會黨發起，如表一－一所示。

表一～一 清季會黨起事表

西元年代	主持人	會名	起事地區	備註
一六七三年	陳永華	洪門	湖北襄陽、武昌	
一六七四年	楊起隆		北京	奉朱三太子號
一六九六年	朱祐龍		臺南新港	稱明後裔起事
一六九八年	陳永華	洪門	湖北襄陽、武昌	
一七○一年	劉卻	諸羅		
一七○六年	李天極		雲南昆明	
一七○八年	張念一		浙江	奉朱三太子號
一七二一年	朱一貴	天地會	羅漢門、淡水	稱明孤臣
一七三一年	吳福生		鳳山	
一七七○年	黃教		臺南岡山	
一七八七年	林爽文	三合會	臺灣彰化、台南	
一七九五年	陳周全		臺灣彰化	
一七九六年	劉之協	白蓮教	川鄂陝甘豫各省	舉河南一童子
	徐天德		歷九年平息	詭稱明後裔
一八○五年	蔡牽		宜蘭、鳳山、淡水	
一八○七年	朱濆		蘇澳	
一八○九年	胡煥耀	清水會	江西崇義	三合會支派
一八一一年	高夔		臺北	
一八一三年	林清	天理教	北京，謀攻皇宮	被捕，頭目數百
一八一七年		三合會	廣東、江西	會員千餘人
一八二二年	林永春		宜蘭	（天地會？）
一八二四年	許尚		鳳山	
一八二九年		添弟會	江西	
一八三○年		會黨	江西上饒	被捕數百人
一八三○年		三點會	廣東	
一八三○年		添弟會	江西南部	
一八三一年		添弟會	廣東	
一八三一年		三合會	湖南、廣東、貴州	
一八三二年	張丙	天地會	嘉義、鳳山、彰化	
一八三二年	張斗	天地會	廣東香山	
一八三二年		三合會	廣東、廣西、湖南	結合搖族
一八三七年		三合會	廣東香山	

一八四三年	張　斗	三合會	廣東香山	擾亂五年
一八四五年		三合會	香港	
一八四五年	陳正成	匕首會	廈門	三合會支派
一八四七年		天地會	湖南、江西、廣東	
一八四八年		會黨	雲南大理	
一八四八年	陳亞貴	會黨	貴州修仁、荔浦	
一八五〇年		天地會	廣東英德	
一八五〇年	洪秀全	拜上帝會	桂湘豫冀皖蘇浙等十餘省	建「太平天國」
一八五〇年	羅大綱	三合會	廣東、廣西	加入太平軍
一八五一年	陳正成	匕首會	廈門	
一八五二年		天地會	湖南郴州	
一八五三年	林　恭	天地會	起漳泉，犯鳳山	一作「林供」
一八五三年		天地會	江蘇嘉定	
一八五三年	黃　威	小刀會	廈門	繼陳正成起
一八五三年	劉麗川	小刀會	上海	三合會支派
一八五四年	吳　瑳			
一八五四年	何　祿	天地會	廣東東莞	
一八五四年	陳　開	天地會	廣東佛山	
一八五四年	甘　先	天地會	廣東花縣	
一八五四年	陳　政	三合會	廣東、廣西	
一八五五年	陳　開	天地會	廣西潯洲	
一八五七年		三合會	廣東	香港政府策動
一八五八年	陳清康	三合會	廣東	乘英法聯軍起
一八六二年	戴潮春	天地會	彰化、淡水	
一八六六年	張樂行	捻黨	蘇皖豫魯冀鄂晉陜	皆農民組織
一八七〇年	楊竹客	哥老會	湖北宣恩	
一八七一年		哥老會	湖南益陽、龍陽	
一八七七年		哥老會	湖北應城	
一八八六年		三合會	廣東惠州	眾三千餘人
一八八六年		三合會	香港	
一八八七年	施九段		彰化、鹿港	
一八九〇年	徐樹堂	哥老會	湖南澧州	
一八九〇年	楊春亭	天地會	廣東瓊州	
一八九〇年	周子意	哥老會	江西	
一八九一年	崔阿英	會黨	江西萬縣	
一八九一年	汪殿臣	會黨	湖南臨湘	
一八九一年	關熙明	哥老會	江蘇鎮江、湖北	與外國人相結
一八九二年	譚蓮青	三合會		
一八九二年	鄧海山	哥老會	江西萍鄉	眾千餘人
一八九二年	劉玉貴	哥老會	江西吉安	

一八九二年		哥老會	湖南醴陵	
一八九三年	蔣海標	哥老會	廣東樂平	
一八九四年	梁　堂	會　黨	廣東	
一八九四年	孟毓奇	會　黨	吉林	
一八九五年	鄭士良	三合會	廣東	國父策動
一八九七年	劉芝草	會　黨	廣東石城	
一八九七年	李雲彪	哥老會	湖南	與興中會結合
一八九八年	李立亭	三合會	廣西南寧	騷擾年餘
一九〇〇年		會　黨	浙江江山、常山	
一九〇〇年	鄭士良	三合會	廣東惠州	國父策動
一九〇〇年	馬福益	哥老會	湖南	與唐才常約
一九〇〇年	李雲彪	哥老會	湖南	與唐才常約
一九〇一年	李耀堂	洪　門	湖南	
一九〇二年	洪全福	會　黨	廣州	
一九〇三年	陸亞發	三合會	廣西	
一九〇四年	馬福益	哥老會	湖南	與黃興約
一九〇四年	夏廷義	會　黨	江西樂平	
一九〇六年		洪江會	萍鄉、醴陵、瀏陽	哥老會支派
一九〇六年		紅燈教	貴州畢節	
一九〇七年		龍華會	河南	哥老會支派
一九〇七年	陶成章	會　黨	浙江	秋瑾借以起事
一九〇七年	黃復生	哥老會	四川成都、江安	
一九〇七年		會　黨	安徽渦陽	
一九〇七年	余　通	三合會	潮州黃岡	國父策動
一九〇七年	鄧子瑜	會　黨	惠州七女湖	國父策動
一九〇七年	王和順	會　黨	欽廉防城	國父領導
一九〇七年	梁正禮	會　黨	廣西鎮南關	國父領導
一九〇七年	徐錫麟	會　黨	皖浙	秋瑾與徐皆死
一九〇八年	黃　興	會　黨	欽廉上思	國父領導
一九〇八年	黃明堂	會　黨	雲南河口	國父領導
一九〇九年	李福林	會　黨	廣州	國父領導
一九一一年	黃　興	會　黨	廣州(三二九)	國父領導
一九一一年		會　黨	武昌起義	國父策動

參考資料：
(一)張玉法主編；中國現代史論集，第三輯，第二次印(台北：聯經出版公
　　司，民國七十一年七月)，頁三七〇－三七三。
(二)革命遠源，下冊，第五章。
(三)連雅堂著；臺灣通史，卷三十。
(四)解文超著；中國革命史綱，再版(出版地不詳：文群印刷公司，民國七
　　十四年二月)，第三章。
(五)陸寶千著；論晚清兩廣的天地會政權(台北：中央研究院近代史研究
　　所，民國六十四年五月)，大事記。

(六)鄒魯著；中國國民黨黨史，台二版(台北：商務印書館，民國五十九年五月)，第三篇。

　　觀察表一～一可知，論起事規模則康熙六十年的朱一貴、嘉慶年間的白蓮教、洪秀全的太平天國、同治年間的捻亂，不但給清廷致命打擊，也傳承革命香煙。到晚清時，天地會已發展到形同「政權」組織，勢力非常龐大。論次數則台粵最多有四十起，這與鄭成功把臺灣當成復國基地，及其創建天地會的史實是能相結合的。直到　中山先生創立興中會，當時各個秘密會黨立即結合上來，中國的革命大業才開始向另一更高層次邁進。

第二節　列強的長期侵略

　　中國近代的貧弱至淪為次殖民地，雖由於滿清腐敗與民國紛亂，但更大的因素是因為列強的長期侵略，給中國帶來數百年災難，幾乎亡國滅種。有志之士乃起而組黨結社，欲團結全國民眾共同救國。興中會宣言曰：「堂堂華國。不齒於列強。濟濟衣冠。被輕於異族。有志之士。能不痛心。」(三八)帝國主義列強對中國的侵略，並不因滿清之推翻而中止，反有變本加厲之勢。所以民國十八年先總統　蔣公在長沙演講時說：「總之，打倒帝國主義，是目前革命的唯一目的，是本黨的根本政策。所以本黨必定領導全國人民，向著這個目標前進。」(三九)並將這個目標列為「第二期國民革命」，堅信必成。(四〇)在近代史上更有許多政治團體或為拒俄，或為抗日等目標而組成，以求中國能免於瓜分亡國滅種之禍，並能平等立於世界。

　　可見列強對中國的侵略，已到了關係中國亡存的關頭。但到底列強對中國的侵略有那些，不知則無以明恥，　中山先生明示有政治、經濟、人口三方面。(四一)詳言之應有領土割讓(Cession)、戰役賠款、通商口岸、屬國脫離與策動獨立、沿岸及內河航行權、領事裁判權(Extraterritoriality)、租借地(Leased - territory)、最惠國待遇等。僅僅這

些，已經是人類五千年文明史上最不文明、最悲慘、最不合天理良心之情事，中國大陸之淪陷，遠東的失去，至今半個地球被關入鐵幕(Iron Curtain)，就是由這些列強帝國主義所逐步造成。這些萬年後仍然無法忘記與洗刷的罪惡，擇其要者概述如下。

壹、列強對中國領土的侵略

所有列強對中國領土的侵略，以蘇俄最為陰狠，先後奪取我國土地達四百六十二萬二千方公里，相當於一百二十個台灣的面積。其手段更是無所不用之極，或戰爭、或外交、或強佔、或偷移界碑等。其次為日本，馬關條約割讓臺澎，廿一條件欲控制全中國，做為征服世界的第二步。(四四)再次為英國。近代史上中國失地情形如表一－二所示。

表一～二中國近代領土割讓的損失

項目　年代	簽訂國家	條　約	割　讓　地　區
康熙二十八年 (一六八九)	中俄	尼布楚條約	現今俄屬阿穆爾省及濱海省都因本條約成為俄國土地，約四十萬方公里。
雍正五年 (一七二七)	中俄	恰克圖條約	一、貝加爾湖與色楞格交叉地區約九萬方公里土地。 二、額爾齊斯河上游以東至薩彥地區。
咸豐八年 (一八五八)	中俄	璦琿條約	一、外興安嶺以南，黑龍江以北。 二、烏蘇里以東，包括吉林省全部海岸線、海參威海口劃歸中俄共管。
咸豐八年 (一八五八)	中俄	天津通商和好條約	一、兩國所有未定邊界，由兩國派員秉公查勘。(實即俄人所求予

			分割)
			二、烏蘇里江以東土地歸俄所有。
			(欽差大臣桂良口頭答應)
咸豐十年 (一八六〇)	中俄	北京條約	一、烏蘇里江以東正式歸俄所有。 二、西疆未戡之界，此後應順山嶺大河及中國常駐卡倫等處，立標爲界。
同治三年 (一八六四)	中俄	西北勘界界約	烏梁海、阿爾泰淖爾、哈薩克、布魯特、齊桑淖爾等大片牧地，約一百三十三萬七千方哩之多。
光緒五年 (一八七九)	中俄	里華特條約	霍爾果斯河以西(二萬方公里)、鐵克斯河流域(三萬方公里)給俄。
光緒七年 (一八八一)	中俄	伊梨條約^(四二)（或稱聖彼得堡條約）	一、歸還伊梨及鐵克斯河流域。 二、霍爾果斯河以西仍歸俄。
光緒二十三年 (一八九七)	俄		強佔旅順、大連
道光二十二年 (一八四二)	中英	南京江寧條約	割讓香港、舟山島和鼓浪嶼仍歸英兵暫駐，待賠款交清再撤退。
咸豐十年 (一八六〇)	中英	北京條約	割九龍爲英領地。
咸豐十年 (一八六〇)	中法	北京條約	法國宣教師得在中國各省租買田地，建築房屋。
光緒二十一年 (一八九五)	中日	馬關條約	一、割讓遼東半島(旋歸還) 二、臺灣全島及附屬諸島嶼。 三、澎湖列島。

參考資料：
(一)吳相湘著；俄帝侵略中國史，臺北：國立編譯館，民國七十五年八月・上篇。
(二)李方晨著；中國近代史，臺北：陽明出版社，民國四十七年九月再版，上下兩冊。
(三)趙明義著；不要忘記外蒙古，臺北：蘇俄問題研究社，民國七十五年一月。

貳、戰役賠款

　　道光廿二年中英江寧條約以後，中外戰爭幾乎每戰必敗，每戰必賠款。因而使中國百餘年來經濟破產，其中辛丑和約賠償俄、德、法、英、美、日、意、奧、比、荷等國計四億五千萬兩最為嚴重。(四五)主權破壞無遺，利權鉅額外溢，政府威信掃地，國際地位降到谷底。喪權辱國，莫此為甚。近代重要戰役賠款情形請參閱表一－三。

表一~三戰役賠款

年代 項目	作戰 對象	依據條約	賠　　款　　數　　額
光緒五年 (一八七九)	帝　俄	里華特條約	因歸還伊犁，中國償俄兵費五百萬盧布。(伊犁條約改九百萬盧布)
道光二十二年 (一八四二)	中　英	南京江寧條約	(一)煙價六百萬洋銀。 (二)還商欠三百萬洋銀。 (三)賠軍費一千二百萬洋銀。
咸豐八年 (一八五八)	中　英	天津條約	(一)賠英商損害二百萬銀兩。 (二)賠軍費二百萬銀兩。
咸豐八年 (一八五八)	中　法	天津條約	法商與軍費損失共二百萬銀兩，悉由廣東海關賠償後，法軍始退出廣東城。
咸豐十年 (一八六○)	中　英	北京條約	天津條約賠款改增為八百萬兩，還清後再撤兵。
咸豐十年 (一八六○)	中　法	北京條約	天津條約的賠款改增為八百萬兩，還清後撤兵。
同治十三年 (一八七五)	中　日	中日條約	撫恤難民銀十萬兩，日本在臺灣修道築屋費十四萬兩。
光緒二年 (一八七六)	中　英	芝罘條約 (亦稱煙台條約)	賠償卹款二十萬銀兩
光緒二十一年 (一八九五)	中　日	馬關條約	賠償日本軍費二萬萬銀兩。(馬關別約另規定：駐紮在威海衛的日本軍隊，每年由中國負擔軍費五十萬兩。)
光緒二十七年 (一九○一)	中　俄 德　法 英　西 美　日 意　奧	辛丑和約	白銀四百五十兆兩(即四億五千萬兩)，年加利息四釐，本利總額九億八千二百二十三萬八千一百五十兩，分三十九年償還。

	比　荷		
光緒三十年 (一九〇四)	英　藏	拉 薩 條 約	賠償軍費五十萬磅，俟賠款清繳後，英軍撤退。

參考資料：
(一)吳相湘著；帝俄侵略中國史，初版第十次印(臺北：國立編譯館，民國七十五年八月)，上篇。
(二)李方晨著；中國近代史，再版(臺北；陽明出版社，民國四十七年九月)，上下冊。
(三)趙明義著；不要忘記外蒙古，初版(臺北：蘇俄問題研究社，民國七十五年一月)。

參、通商口岸

　　不平等條約下的通商並非互惠平等的競爭，而是以武力爲後盾，透過特權，來壓榨中國脆弱的經濟活動，以提高其商業利潤(Business profit)。(四六)壓根兒就是帝國主義和資本主義的經濟侵略。例如中俄在光緒五年(西元一八七九年)所簽訂的「里華特條約」，規定俄人在天山南北路經商得免稅。與蕞爾小國的丹麥在同治二年(西元一八六三年)所訂條約，則規定在各通商口岸「丹國商民任便出入買賣，所有賃房、買屋、租地、建廟堂、醫院、墳塋等事，亦隨其便。」。(四七)與約各國莫不享有種種經濟、政治上的特權，各國的通商口岸如表一－四所示。

表一~四通商口岸

項目 年代	簽訂 國家	依據條約	通　商　口　岸　地　區
康熙二十八年 (一六八九)	中　俄	尼布楚條約	第六條：「嗣後往來行旅，如有路票，聽其交易。」
雍正五年 (一七二七)	中　俄	恰克圖條約	開恰克圖、尼布楚兩市貿易
咸豐八年 (一八五八)	中　俄	璦琿條約	開烏蘇里、黑龍江、松花江通商貿易。
咸豐八年 (一八五八)	中　俄	天津通商和好條約	除旱路通商外，另開上海、寧波、福州、廈門、廣州、臺灣、瓊州等七處海口通商。
咸豐十年	中　俄	北京條約	開喀什噶爾、伊犁、塔爾巴哈

（一八六〇）			臺三城貿易。
光緒五年 （一八七九）	中俄	里華特條約	俄商運俄貨走張家口、嘉峪關，赴天津，走漢口、過通州、西安、漢中，運土貨回國同路。
道光二十二年 （一八四二）	中英	南京江寧條約	開廣州、福州、廈門、寧波、上海五口通商。
咸豐五年 （一八五八）	中英	天津條約	再開牛莊、登州、臺灣、潮州、瓊州五港為通商口岸外，又長江一帶俟奧匪平蕩後，許選擇三口通商(後開鎮江、九江、漢口三處)，又增開天津。
咸豐八年 （一八五八）	中法	天津條約	再開瓊州、潮州、臺灣、淡水、登州、江寧六口通商。(後增開天津)
光緒二年 （一八七八）	中英	芝罘條約 (亦稱煙台條約)	開宜昌、蕪湖、溫州、北海、重慶為通商口岸，大通、安慶、湖口、武穴、路溪口、沙市，准英輪停泊。
光緒二十一年 （一八九五）	中日	馬關條約	開長沙、重慶、蘇州、杭州為通商口岸，日本得設領事官。
光緒三十一年 （一九〇五）	中日	滿州善後條約 （含附約）	開通商口岸十六處：鳳凰城、遼陽、新民、鐵嶺、通江口、法庫、長春、吉林、哈爾濱、寧古塔、琿春、三姓、齊齊哈爾、海拉留、愛琿、滿洲里。
光緒三十年 （一九〇四）	英藏	拉薩條約	開江孜、噶大克、亞東三處為商埠，開辦三年後英軍撤退。

參考資料：
(一)吳相湘著；帝俄侵略中國史，初版第十次印(臺北：國立編譯館，民國七十五年八月)，上篇。
(二)李方晨著；中國近代史，上下冊，再版(臺北：陽明出版社，民國四十七年九月)。
(三)趙明義著；不要忘記外蒙古，初版(臺北：蘇俄問題研究社，民國七十五年一月)。

肆、屬國脫離與策動獨立

十九世紀末到二十世紀初為民族主義盛行時代，加上滿清中葉以後其勢力開始衰落，屬國脫離而獨立應是遲早意料中之事。但是策動原本

是中國領土一部份的地區獨立，則為中國帶來無窮禍害，其間以俄日為甚，必置中國於絕地死境，完全受其指揮控制而後快。近代屬國脫離中國，及各國欲分裂中國領土的策動獨立，其情形如表一－五所示。

表一~五屬國脫離及策動獨立

項目 年代	簽訂 國家	依據條約	規定脫離或獨立內容
同治十三年 （一八七五）	中日	中日條約	條約規定「日本此次征臺，係保民義舉，中國不得認為不當。」但已默認脫離琉球的宗主關係，日本於一八七九年廢琉球王，正式為日本一縣－－沖繩縣。
光緒十一年 （一八八五）	中法	天津條約	中國承認法國與安南所訂之一切條約，無論已訂或將來所訂，均聽其辦理。（中國承認安南為法屬地）
光緒十二年 （一八八六）	中英	中英協約	（一）英國承認緬甸照常例每十年遣使向中國進貢一次。 （二）中國承認英國對緬甸有最高主權。
光緒十一年 （一八八五）	中日	天津條約	中國在朝鮮宗主權放棄一半，朝鮮成為中日兩國的保護國。
光緒二十一年 （一八九五）	中日	馬關條約	中國確認韓國為完全獨立自主國，所有該國向中國修貢獻典禮等，全行廢絕。
光緒十六年 （一八九〇）	中英	中英印藏條約 （亦名哲孟雄條約）	中國承認英在哲孟雄有獨佔保護監理之權利。[四三]
光緒三十年 （一九〇四）	英藏	拉薩條約	西藏土地的租典交通建築等一切事宜，非先得英國許可，不得舉辦，外國亦不得干涉。（已形同殖民地）
一九一一年 十一月九日	俄		俄國策動外蒙獨立，成立「大蒙古帝國」，活佛僭稱帝號。
民國十年	俄		俄策動唐努烏梁海獨立，製造「唐努拓跋人民共和國」，唐歸蘇保護。
民國十年 十一月三日	俄	蘇蒙修好條約	（一）策動「蒙古人民國」成立。 （二）俄蒙互相承認為合法政府。 （三）簽訂蘇蒙商約礦約。
民國十二年 二月二十日	俄	蘇蒙密約	（一）外蒙所有土地、礦產為國有。 （二）無主土地撥給俄民和蒙民耕種。

			(三)蘇俄紅軍屯駐外蒙。 (四)外蒙金礦由蘇俄開採。
民國二十三年 三　月	日　本		日本立溥儀爲僞滿洲國皇帝，改僞年號「康德」，東北完全受日本控制。
民國二十九年三月二十九日	日　本		日本操縱的「汪僞組織」成立，我政府通緝漢奸首要汪兆銘、陳公博等七十七名。
嘉慶二十一年(一八一六　)	英　國	英尼條約	一八一四年英國入侵尼泊爾(廓爾喀Curha)，訂約後尼國名爲獨立，實爲英國的保護國。
宣統二年(一九一〇)	英　國	英布條約	訂約後布丹歸英管理

參考資料：
(一)吳相湘著：帝俄侵略中國史，初版第十次印(臺北：國立編譯館，民國七十五年八月)，上篇。
(二)李方晨著：中國近代史，上下冊，再版(臺北：陽明出版社，民國四十七年九月)。
(三)趙明義著：不要忘記外蒙古，初版(臺北：蘇俄問題研究社，民國七十五年一月)。

伍、沿岸及內河航行權

　　本項權力的喪失最嚴重者，即中國成了「無國防」之國家，隨著條約的訂立各國商船兵鑑幾乎在中國境內各通商口岸、各江河流域，都來去聽便。例如馬關條約簽訂，日本輪船得行駛長江流域，將我國沿海航權與內河航權喪失殆盡。享有此項特權的國家有英國等十四個，其情形如表一－六所示。

表一~六各國在中國「沿岸及內河航行權」之條約

年代＼項目	國　家	條　約　名　稱	航　　行　　地　　區
道光二十三年(一八四三)	英　國	中英五口通商附粘善後條款	廣州、福州、廈門、寧波、上海。
咸豐八年(一八五八)	英　國	中英續約五十六款	長江一帶、及牛莊、登州、臺灣、潮州、瓊州。
咸豐十年(一八六〇)	英　國	中英續增條約九款	天津郡城海口

同 治 八 年 （一八六九）	英　國	中英新定條約	溫州，前約所訂瓊州作罷。
光 緒 二 年 （一八七六）	英　國	中英煙台條約	宜昌、蕪湖、溫州、北海、重慶、大通、安慶、湖口、武穴、陸溪口、沙市
光緒二十三年 （一八九七）	英　國	中緬條約附款	香港至三水、梧州，廣州至三水、梧州、江門、甘竹墟、肇慶、德慶。
光緒二十八年 （一九〇二）	英　國	中 英 續 議 通商行船條約	長沙、萬縣、安慶、惠州、江門
道光二十四年 （一八四四）	美　國	中美五口貿易 章　　　程	廣州、福州、廈門、寧波、上海
咸 豐 八 年 （一八五八）	美　國	中美條約三十 款	各處通商港口，聽其船隻往來貿易。（原約第二十六款）
道光二十四年 （一八四四）	法　國	中法五口通商 章　　　程	廣東、廈門、福州、寧波、上海
咸 豐 八 年 （一八五八）	法　國	中法條約四十 二　　　款	瓊州、潮州、臺灣、淡水、登州、江寧
同 治 四 年 （一八六五）	比 利 時	中比條約四十 七　　　款	牛莊、天津、煙台、上海、寧波、福州、廈門、臺灣、淡水、廣州、汕頭、瓊州、漢口、九江、鎮江、江寧
光 緒 七 年 （一八八一）	巴　西	中巴條約十七 款	別國民人所到之中國各地區，巴國民人亦准前往貿易。（第五款）
同 治 二 年 （一八六三）	丹　麥	中丹條約五十 五　　　款	各國議定通商口岸，丹國民人亦可任便出入通市。（第十一款）
光緒二十一年 （一八九五）	日　本	中日馬關條約	(一)各國所到之處，日本同享。 (二)加開蘇州、杭州。 (三)日船得駛：從宜昌溯長江到重慶，從上海進吳淞江及運河，及到蘇州、杭州。
光緒二十五年 （一八九九）	墨 西 哥	中墨條約二款	別國所到之處，墨國人民同享。
同 治 二 年 （一八六三）	荷　蘭	中荷條約十六 款	約同前
道光二十七年 （一八四七）	挪　威	中瑞挪條約三 十　　三　款	約同前
同 治 十 三 年 （一八七四）	秘　魯	中秘條約十九 款	約同前
光 緒 十 三 年 （一八八七）	葡 萄 牙	中葡條約五十 四　　　款	約同前
參考資料： 列強侵略，第四冊，頁五二一－五三〇。			

陸、領事裁判權與最惠國待遇

所謂「領事裁判權」，就是一種國家司法權，指對於外國人免除其

司法管轄權，也有稱列強在我國的領事裁判權為「外國僑民在中國享有
之非法的治外法權(Exterritoriality)」(四八)但兩者性質各殊，不可混為一
談。晚清列強在我國取得領事裁判，始於道光廿三年(西元一八四三年)
中英五口通商章程，其後各國相繼援例。八國聯軍後增加「觀審權」及
「會審權」兩種，各國領事又藉口行權之方便，乃設置警察。上海租界
內的「會審公堂」、「巡捕房」都是此種特權下的畸形機關。於是「使
館區」和「租界」成為中國「國家內的國家」，中國國家裡面，又有許
多國家政權存在。其對中國的法律、政治、經濟、社會、倫理、心理，
是一種全面性的侵略與破壞。(四九)

　　「最惠國待遇」自形式而言，有相互最惠與片面最惠兩種，前者兩
國互惠均沾其利益，後者即李鴻章所言「利在洋人，害在中土」。(五○)
不幸晚清與各國所訂條約除巴西外，均屬後者；在中國享有「領事裁判
權」與「最惠國待遇」的國家及所訂條約，如表一－七所示。

表一~七各國在中國享有「領事裁判權」的條約

年代＼項目	國　　家	所　　訂　　條　　約	備　　考
道光廿三年	英　　國	中英五口通商章程(一八四三年)	
道光廿四年	美　　國	中美五口貿易章程(一八四四年)	
道光廿四年	法　　國	中法五口通商章程(一八四四年)	
咸豐十年	俄　　國	中俄續約十五款(一八六○年)	
咸豐十一年	德　　國	中德條約四十二款(一八六一年)	
同治元年	葡萄牙	中葡和好貿易條約(一八六二年)	
同治二年	丹　　麥	中丹條約五十五款(一八六三年)	
同治二年	荷　　蘭	中荷條約十六款(一八六三年)	
同治三年	西班牙	中西和好貿易條約(一八六四年)	

同治四年	比利時	中比條約四十七款(一八六五年)	
同治五年	義大利	中義條約五十五款(一八六六年)	
同治八年	奧地利	中奧條約四十五款(一八六九年)	
同治十三年	秘魯	中秘條約十九款(一八七四年)	
光緒廿二年	日本	中日通商行船條約(一八九六年)	

參考資料：
列強侵略，第四冊，頁五三一－五五二。
附記：
(一)以上各國同時享有「最惠國待遇」。
(二)另有墨西哥、巴西、瑞典、挪威等四國，只享有「最惠國待遇」，而無「領事裁判權」。

柒、租借地與租界

　　租借地(Leased － territory)，被租借國將一定土地定期轉移其管轄權於承租國，被租借國在租期內對租借地主權受到限制，甚至暫時喪失。如俄租旅順、英租威海衛。

　　租界(Settlement)，被租國將通商口岸一定地區租與承租國，承租國人民有權在此地區內居住、通商或建築等，此地區叫租界。原則上，租界內主權仍屬被租國，但通常與喪失主權無異。(五一)而列強在我國凡訂有通商口岸條約，按條約指定地點，如上海、天津、九江等各地區，則劃定地界，租與該國，司法權、行政權，甚至主權，都隨之斷送。各國租借地和租界情形可參閱表一－八和一－九。

表一~八各國在中國的租借地

年代 ＼ 項目	簽訂國家	依　據　條　約	租　　　　借　　　　地
光緒二十四年 (一八九八)	中德	膠州灣 租借條約	(一)租期九十九年，德國在租區 　　內行使主權，建砲臺，但不

			得轉租他國。 (二)自膠州灣水面潮平點起，周圍一百里陸地爲中立地。
光緒二十四年 (一八九八)	中俄	旅順大連租借條約	(一)租期二十五年，期滿後得商酌續借。 (二)旅順口作爲俄海軍軍港，只准中俄兩國出入。
光緒二十四年 (一八九八)	中英	威海衛租借條約	(一)威海衛灣內(含劉公島及諸島嶼，濱岸十哩內之地)，爲租借區域。
光緒二十四年 (一八九八)	中英	九龍租借條約	(一)租期二十五年。 (二)九龍半島全部，香港及附近四十餘島嶼。 (三)租期九十九年。
光緒二十五年 (一八九九)	中法	廣州灣租借條約	(一)廣州灣(含湛川島、磁州島全部) (二)租期九十九年。
光緒十三年 (一八八七)	中葡	澳門租界條約	慶郡王奕劻與葡國公使羅沙，在北京簽訂中葡條約五十四款，專款一條，澳門正式割於葡萄牙。

參考資料：
(一)吳相湘著；帝俄侵略中國史，初版第十次印(臺北：國立編譯館，民國七十五年八月)，上篇。
(二)李方晨著；中國近代史，再版(臺北：陽明出版社，民國四十七年九月)，上下冊。
(三)趙明義著；不要忘記外蒙古，初版(臺北：蘇俄問題研究社，民國七十五年一月)。

表一~九各國在中國租界所在地

國 家	地 點	劃 定 年 代	國 家	地 點	劃 定 年 代
英 國	營口	光緒八年	俄 國	漢口	光緒二十二年
	天津	咸豐十年		天津	光緒二十七年
	漢口	咸豐十一年	比利時	天津	光緒二十七年
	九江	咸豐十一年	德 國	天津	光緒二十一年
	鎮江	咸豐十一年		漢口	光緒二十一年
	廈門	咸豐十一年	日 本	杭州	光緒二十二年
	廣州	咸豐十一年		蘇州	光緒二十三年
法 國	上海	道光二十九年		天津	光緒二十四年

	天津	咸豐十一年		沙市	同前
	廣州	咸豐十一年		漢口	同前
	漢口	光緒二十二年		廈門	光緒二十五年
奧　　國	天津	光緒二十九年		福州	同前
義大利	天津	光緒二十八年		重慶	光緒二十七年
公共租界	上海	道光二十五年	公共租界	鼓浪嶼	光緒二十八年
	煙台	同治五年			

參考資料：
(一)蔣總統集，第一冊，頁一二一－一二九。
(二)列強侵略，第四冊。

　　列強對中國的侵略尚不止於此。　中山先生統計過，每年洋貨入侵奪我利權五萬萬元，銀行之紙票、匯兌、存款等奪我利權有一萬萬元，運費約有一萬萬元，租界與割地之賦稅、地租、地價計有五萬萬元。特權營業一萬萬元，投機事業約有數千萬元，總計約有十三萬萬餘元。(五二)還有，例如大匹軍警駐紮，在我國領土內設立電氣交通事業，鴉片輸入使白銀輸出，教案賠款，政治貸款以控制我國內政，築路開礦等。各國爭相攫取中國這塊「肥肉」，終於確立對中國的分割局面－各國劃定勢力範圍，俄帝控制東北，德帝佔有山東全境，法帝握有華南地區，英帝據有滇黔蜀鄂豫贛皖蘇浙九省，日本戰敗中國後更怒苴強大而欲獨吞中國。列強雖經協商分割，仍潛伏著劇烈的衝突，美國珊珊來遲倡「中國門戶開放政策」，列強在中國勢力乃保持均勢。國家淪落到此，有志之士自然要起來救國。救國之道從組黨結社開始，以「固結人心，糾合群力」，「倘此第一步能行，行之能穩，則逐步前進，民權發達，必有登峰造極之一日。」(五三)為達此目的，近代中國真各種政治結社之擅場，競相奮鬥，乃有民國卅一年十月十日的廢除不平等條約，民國卅二年一月十一日以後與美英法等各國重訂平等新約，以及八年抗戰的最後勝利。

第三節　滿清政府政治改革失敗

　　滿清統一中國之後，對內施政雖然有過不少值得稱道之處。例如世祖軫念民生，力除明季弊政以甦民困；康熙蠲免被災錢糧，盛世滋生人丁，永不加賦；對文人開科取士，搜求遺書，四庫設館等，其他如制度改良等。也曾收攬天下人心，文治武功極盛一時，與前代盛世相較並不遜色。然而為何遭致中國歷史上前所未有之敗亡覆滅，並導向世界歷史上史無前例的罪惡？先總統　蔣公在《中國之命運》一書上有發人深省的闡釋：

　　滿清一代，論其建國規模的宏遠，政制法令的精密，猶能遠紹漢、唐的餘緒，實可以超越宋、明，更為元代所不及。此兩百六十年間，正是歐美現代各國，脫離中古黑暗時期，開國創業，發憤圖強的際會。假使滿清對國內漢、滿、蒙、回、藏各宗族，不存界限，一視同仁，認識我五族在實質上本是整個的一體，使各宗族不分宗教職業階級男女，皆一律平等，更扶助邊疆各族，培植其自治能力，保障其平等地位，則中國必已早與歐美現代各國，並駕齊驅，以自致於康樂富強，決不致遭受此百年來不平等條約束縛之恥辱，亦不致任日寇為禍於亞洲，乃可斷言。（五四）

　　有清一朝二百六十餘年，正是歐美各國進步圖強之際，清廷朝野同受列強激盪，不能不有所感動而思改革之道，還是走向滅亡之途。吾人考究原因，可歸為一項政策錯誤和三次缺乏誠意所造成的改革失敗。前者指屠殺政策形成的文字獄和滿漢之間所存在的歧視，是民族之間極難磨滅的記憶。三次改革失敗指自強運動、維新運動和最後的立憲運動。分述如下。

壹、屠殺政策與漢族歧視

　　滿清爲徹底瓦解漢民族的反抗，繼平定武力反清後，接著是想從思想中把漢族民族意識連根剷除，這就是康熙、雍正、乾隆三朝的文字獄。凡在詩詞歌賦或任何文學小說，發現有反滿思想與諷刺清朝，甚至有所聯想影射者，一律格殺無赦。例如莊廷鑨獄，株連近二百人，家屬十六歲以上者全死，正是輔政大臣鰲拜所爲。戴名世獄，處死流刑數百人。徐駿詩集中有「清風不識字，何得亂翻書」之句，指爲譏訕，遭正法。從表一－十可知清代文字獄，順治兩案、康熙四案、雍正八案、乾隆十七案。案案血淚，或追戮屍首，或株九族，或破家亡命，當時冤獄之重，有清一朝滿漢對立，實由此開其端。

表一~十　清代文字獄表

興　獄　年　月	西　曆	禍　源	肇禍者	肇禍者籍貫	告　發　人	下　　場
順治九年三月	1625	試　策	程可則	廣東南海	大學士范文程	
順治十八年	1661	哭　廟	金人瑞	江蘇長州	蘇撫朱國治	
康　熙　二　年	1663	明　史	莊廷鑨	浙江歸安	知縣吳之榮	誅二百二十一人
康熙六年四月	1667	詩　集	沈天甫	江南人	吳元萊	正　法
康熙二十一年	1682	密　書	朱方旦	湖北漢陽	侍講王鴻緒	
康熙五十年十月	1711	南山集	戴名世	安徽桐城	左都史趙申喬	刑三百人
雍正三年十二月	1725	西征隨筆	汪景祺	浙江杭州	刑部等衙門	處　死
雍正四年四月	1726	上年羹堯詩	錢名世	江蘇武進		革　職
雍正四年九月	1726	試題日記	查嗣庭	浙江海寧人	言　官	剉屍梟首
雍正五年正月	1727	河清頌	鄒汝魯		世　宗	革職充工
雍正七年五月	1729	呂留	呂留良	呂留良浙	川　督	禍及

		良　文　集	曾靜	人曾靜湖南人	岳　鍾　琪	九　族
雍正七年六月	1729	注釋大學	謝濟世	廣西全州人	順承郡王錫　保	苦　役
雍正七年七月	1729	細書通鑑論	陸　生	廣西人	順承郡王錫　保	斬
雍正八年十月	1730	詩　集	徐　駿			
雍正八年二月	1743	時務策	杭世駿	浙江仁和人	高　宗	
乾隆十九年	1754	詩　稿	世臣	盛京禮部侍郎		流　黑龍江
乾隆二十年	1755	堅磨生詩鈔	胡中藻	江西廣信人		凌　死
乾隆二十二年六月	1757	吳三桂檄文明季野史	段昌緒彭家屏	河南夏邑人		處　死
乾隆二十九年九月	1764	書中隱語	賴宏典	秦州知州		正　法
乾隆三十二年十二月	1767	著　作	齊周華	浙江天台人	浙撫熊學鵬	磔
同　年	同年	所作詩	蔡顯	江蘇華亭人	松江知府鍾某	
乾隆四十年閏十月	1775	編行堂集	滄歸	韶州丹霞寺僧	南韶連兵備道李璜	遣戍
乾隆四十二年十月	1777	字貫	王錫侯	江西新昌人	江西巡撫海成	獄死
乾隆四十三年五月	1778	李範墓誌	王爾揚	山西人	山西巡撫巴延三	
乾隆四十三年七月	1778	呈詞	金從善	奉天錦縣人	高　宗	
乾隆四十三年八月	1778	一柱樓詩	徐述夔	江蘇東台人	江蘇學政劉墉	剖棺戮屍
乾隆四十三年八月	1778	黑牡丹詩	沈德潛	江蘇長洲人	高　宗	剖棺戮屍
乾隆四十三年	1778	其父行述	章玉振	江蘇贛榆人	韋昭	下獄
乾隆四十六年二月	1781	著作	尹嘉銓	直隸博野人	高　宗	絞刑

| 乾隆四十六年三月 | 1781 | 鄭友清壽文 | 程明禋 | 湖北孝感人 | 鄭友清 | |
| 乾隆四十七年五月 | 1782 | 濤洮亭詩 | 方國泰 | 安徽歙縣人 | 皖撫譚尙忠 | |

參考資料：
(一)革命遠源，下冊，頁一－十。
(二)李方晨著；前揭書，頁一四九－一五三。

　　當恐怖屠殺政策告一段落後，清帝國表面上已無反抗者。但是滿漢待遇不平等的政策，縱貫清代各朝，使得漢人耿耿於懷。據學者研究，清代滿漢待遇概要依下列原則安排：

　　(一)清初，朝廷大吏參用滿、漢，漢人則任重而品低，滿人則位尊而權重。

　　(二)雍正以後，滿員、漢員官職同者品級亦同；然滿員掌印，漢員主稿，滿員權力重，漢員義務重。

　　(三)京師各衙門官缺；或滿、漢同數，或滿多於漢，或有滿無漢。

　　(四)外官；巡撫以下間用漢人，總督則不多覯。

　　(五)武官；駐防旗營皆用滿人，綠營將官始參用漢人。

　　(六)朝廷有大征討，往往以滿員充仗鉞秉旄之任，而以漢員服衝鋒陷陣之勞。及其成功，則滿員以元帥資格受上賞，漢員以偏將資格居其下。

　　(七)凡同等戰功，照例滿員賞厚，漢員賞薄。

　　(八)川、湖、陝教匪之役，戰時鄉勇居前，綠營漢兵次之，旗兵殿後。戰勝則旗兵受上賞，綠營兵次之，鄉勇不得與。戰死則旗兵必須具

奏，蒙優卹，綠營兵亦須咨部，鄉勇則募人另補，不必上聞。平時餉糈，旗兵最優，綠營兵次之，鄉勇最下。(五五)

當代美國政治學者達爾(Robert　A. Dahl)認為，在整個系統內，政治資源分配造成不平等時，極可能是怨恨、不滿與反叛的溫床，使政治系統更不安定，而政權更易於走向極權專制。(五六)清廷滿漢待遇不平，正是漢人怨恨、不滿、反叛的根源，政治更不安定，政權也易於趨向極權，就更易於爆發革命。證之史實，確是如此。

貳、第一次改革－自強運動失敗

從鴉片戰爭到甲午戰敗，歷時五十餘年(西元一八四○－一八九四年)，此期間僅在學習西洋的船堅砲利，史家稱之「自強運動」，有稱「西法模仿」或「同光變法」者，其目的想藉船炮器械，以達國家富強。

鴉片戰爭失敗，簽下喪權辱國的江寧條約和虎門條約，部份中國人如夢初醒，到太平天國瓦解，更感到自強之必要。朝廷內的奕訢、文祥，朝外的曾國藩、李鴻章、左宗棠等人，是此時期洋務運動的領導人。由表一－十一所知同治年間重在軍械輪船之製造，光緒元年到十年之間則擴展到礦產與交通，再往後十年則偏重輕工業。

日本侵略中國緒意甚早，朝鮮半島為日本北進的跳板。當光緒廿年中日因朝鮮問題局勢緊張時，主持自強運動的翁同龢就主張對日宣戰，其以為中國經過三十年新政建設必能「拯韓民於塗炭」，並將日軍「迎頭痛擊，悉數殲除」。(五七)乃於光緒廿年七月一日對日宣戰。

甲午之戰，除北洋艦隊全部被殲外，馬關條約割讓臺澎，證明自強運動是徹底失敗的。為甚麼？其關鍵在於只習西洋器械之毛皮，而中國官場之惡習，朝廷政治之腐敗已極。清帝德宗雖曾親政，但實權始終在那拉太后手中，表示落伍頑固的守舊勢力把持政權，李鴻章等人有天大之本事，也僅能進行枝葉之改革罷了。

甲午一敗，　中山先生上書李鴻章，謂圖強之策，非僅依船堅炮

利，必求人盡其才、地盡其利、物盡其用、貨暢其流。不果，遂於檀香山創興中會，企圖經由革命之手段拯救中國。

表一~十一自強運動時期的重要建設

年　代	負　責　人	興建項目
咸豐十一年 (一八六一)		北京設立總理各國事務衙門。天津、上海各設立南北洋通商大臣。
同治元年 (一八六二)	李鴻章	北京設同文館。上海設砲局三所。淮軍隨英德軍官學習洋槍術。
同治二年 (一八六三)	李鴻章 劉長佑 曾國藩	上海設方言館。 廣州設外語訓練機構。 安慶設洋器工廠。
同治三年 (一八六四)		開始興建金陵兵工廠
同治四年 (一八六五)	李鴻章	設江南製造局
同治五年 (一八六六)	左宗棠	設立馬尾船政局，附設前後兩學堂，前學堂學法文及造船學，後學堂學英文及駕駛術，所造輪船編成南洋水師。
同治六年 (一八六七)	曾國藩 李鴻章 崇　厚	設上海汽爐、機器、熟鐵、洋槍、木工、鑄廠、火箭等廠。中國自造第一號輪船竣工，名「恬吉輪」。設兵工學校。設天津機器局。
同治十年 (一八七一)	李鴻章	第一批留學生赴美，李鴻章籌設大沽口礮台。
同治十一年 (一八七二)	李鴻章	設輪船招商局，希望收回長江外海航運利權。挽救軍事上內外聯絡之缺陷。
光緒元年 (一八七五)	李鴻章	在湖北廣濟、江西興國設新式採煤。 創辦四川兵工廠。
光緒二年 (一八七六)	李鴻章 李鴻章 沈葆楨	創設濟南新城兵工廠。 奉派留學生七人赴德習陸軍。 奉派閩廠前後學堂學生十八人赴法習駕駛，十二名赴英習水師作戰。
光緒三年 (一八七七)	李鴻章 丁寶楨	奏開張家口外科爾沁鉛礦。設灤州開平礦務局。設四川成都機器局。
光緒四年 (一八七八)	左宗棠	在蘭州設織呢總局，聘德人為技師，製造軍用品及軍服。
光緒五年 (一八七九)	李鴻章	設上海楊樹浦機器織布局。在大沽、大塘海口諸　間設電線通天津。
光緒六年 (一八八〇)	李鴻章 張樹聲	築旅順軍港，設天津水師學堂，建唐山運煤鐵路，為我國自築鐵路之始。 設黃浦海軍學校
光緒七年 (一八八一)		中國自架津滬電線竣工，吉林省城設機器局。

光緒九年 (一八八三)	李鴻章	架設天津至通州電報線。奏請設北塘至山海關，經營口，直達旅順電報線。
光緒十年 (一八八四)	李鴻章	設海軍部，整頓船政局、機器局，籌設軍火公司，織洋布呢局。
光緒十一年 (一八八五)	李鴻章	設天津武備學堂。 海軍衙門成立。
光緒十二年 (一八八六)	李鴻章 張之洞	籌開黑龍江漠河金礦。 設廣州繼絲局。
光緒十三年 (一八八七)	李鴻章 張之洞 唐	設天津造幣局。興建津沽鐵路。經營大連灣　台。設廣州鑄錢、銀元局。 開採雲南東川白錫、臘、銅礦。 設廣州石井製造鎗彈局。
光緒十四年 (一八八八)		北洋艦隊成立，居世界海軍第八位。 李鴻章奏准興建津通鐵路。
光緒十五年 (一八八九)	張之洞 劉銘傳	在廣州設織布局，籌設製鐵廠。 奏辦蘆溝橋至漢口鐵路
光緒十六年 (一八九〇)	李鴻章	在威海衛劉公島設水師學堂。 創辦開封兵工廠。
光緒十七年 (一八九一)	張之洞	設漢陽鐵政局。創武昌織布局。 上海兵工廠開始生產後膛快砲。
光緒十八年 (一八九二)		旅順船塢完成。
光緒十九年 (一八九三)	張之洞	在武昌設織布、紡紗、製麻、繼絲四局，另設針釘、　呢等廠。
光緒二十年 (一八九四)	張之洞 盛宣懷	在湖北設盛昌、聚昌火柴公司。 在上海設織布總廠，另在寧波、鎮江等地，分設大純、裕源、華新、裕晉等十廠

參考資料：
(一)《清廷之改革與反動》，下冊，第二十章。
(二)李方晨著；前揭書，頁三九三－四〇四。
(三)李守孔著：《中國近代史》再版，(臺北：三民書局，民國六十四年七月)，第四章，第一、二節。

參、第二次改革—維新運動成泡影

　　維新運動的領導者是康有為，及其受業門下梁啟超。光緒十四年就曾有南海上書變法圖強，廿一年公車上書，(五八)陳富國強兵養民教士之法，廿三年有為又上書變法之不可緩，廿四年正月再上書才提出統籌全局之改革方案。加上各種學會的組織，例如保國會、強學會等不斷鼓動風潮，康梁等人到處發表演說，變法已是如箭在弦。清廷不得不下詔變法，在政治、經濟、制度及軍事各方面確有一番新作為，百日維新重

要改革項目如表一－十二所示。

戊戌政變後，慈禧重掌政權，守舊派以太后為中心，其黨羽有榮祿、載漪、載勳、剛毅、徐桐、崇綺等人，氣燄萬丈，再度廢除新政行舊政，對內主張廢帝，並採排外政策，迷信義和團之能殺盡洋人，卒惹起八國聯軍，簽訂辛丑之恥。清廷再一次政治改革的失敗，正有助於國民革命運動之發展。不久有唐才常起兵於湖北，有革命黨人發動惠州之役，有史堅如炸兩廣總督德壽，風聲日緊。

表一~十二百日維新重要改革項目

日　　期	重　　　要　　　措　　　施
光緒二十四年 （一八九八） 四月二十三日	詔定國是，諭中外諸臣，自王公至於士庶，各宜發憤為雄，以聖賢義理之學植根本，兼采西學之切時勢者。
二十四日	詔各省立商務局。
二十八日	帝召見康有為於頤和園之仁壽殿。
五月一日	詔陸軍改習洋操，軍械由各省機器局酌定。
五　　日	廢除八股考試，改試策論。
十　三　日	立京師大學堂。賞梁啟超六品銜，設譯書局。
十　六　日	詔地方官振興農業。
十　七　日	獎勵發明、製造、創造、興學，並頒給執照，酌定年限，准其專利售賣。
二十一日	諭西法練兵，整軍經武。
二十三日	詔改各省書院為高等學，郡書院為中等學，州縣書院為小學，其地方義學社亦如之。
六月一日	改定科舉新章，考試講求實學實政為主。
八　　日	改時務報為官報，命康有為督辦。
十　一　日	修訂衙門則例，凡有語涉兩歧，易滋弊混，揆之情理，概行刪去，另定簡明章則。
十　五　日	諭大小臣工士民，均有上書言事權。
二十二日	諭康有為參酌泰西報律，以訂中國報律。
二十三日	諭南北大臣籌辦水師及路　學堂。
七月三日	停新進士朝考，罷試時賦，惟經濟實學取士。
五　　日	諭京師設農工商總局，省州縣設農務學堂。
十　四　日	裁撤詹事府、通政司、大理、光祿、大僕、鴻臚詩寺，歸併其事於內閣禮兵刑部辦理。各省閒冗一律嚴加甄別沙汰，限一月辦竣覆奏。
十　九　日	禮部尚書懷塔布等六人，對新政執行不力，革職處分。

二　十　日	諭內閣侍讀楊銳、刑部侯補主事劉光等、內閣候補中書林旭、江蘇候補知府譚嗣同,均賞加四品卿銜,參預新政事宜。
二十四日	命設立醫學堂,歸大學堂兼轄。
二十六日	在各產茶絲省分設立茶務學堂及蠶桑公院。
二十七日	布告天下,示變法之意。
二十八日	許天下士民人人上書言事,由本處道府等隨時代奏。
二十九日	聽八旗人自謀生計。
八月一日	命戶部按分門別類,編年度預算,頒行天下。命軍機大臣會同大學士各部院,並翰林科道各官,會議審定官職。責成袁世凱專辦練兵事務。
六　日	太后復垂簾聽政,幽囚光緒帝於瀛臺,下詔逮捕所有推動新政人員。

本表參考資料:
(一)梁啓超:戊戌政變記事本末;中華民國開國五十年文獻編纂委員會,清廷之改革與反動,臺二版(臺北:正中書局,民國六十二年九月),頁三三三一三四七及頁三四七一三六六。
(二)李方晨著:中國近代史,下冊,頁五〇五一五〇六。

肆、第三次改革－－光宣立憲運動再敗

慈禧太后受了八國聯軍的奇恥大辱,不得不修正其一貫的頑固態度。光緒三十年(一九〇四年)日俄戰起,日本連戰皆捷,俄人大敗。一時論者多謂立憲戰勝專制,乃有立憲主張,海外保皇黨人推波助瀾。因此輿論界與官場中都以為非立憲不足強國,除康有為、梁啓超、湯壽潛、何啓等人外,官吏中如駐法使臣孫寶琦、兩江總督周馥、兩湖總督張之洞、兩廣總督岑春　等,也都奏請立憲。直隸總督袁世凱且建議派親貴分赴各國考察政治,滿清宗室中開明份子,亦有主張維新,如端方主張最力。滿清不得已乃再頒預備立憲之詔,此次改革運動是清廷最後一次機會,其情形如表一－十三所示。

表一~十三光宣立憲運動要目

日　　　期	重　要　項　目　(　含　重　要　政　治　運　動　)
光緒三十一年 (一九〇五)	派載澤、載鴻慈、端方、李盛鐸、尚其亨等五大臣出洋考察,次年夏憲政考察告畢回國,光緒、慈禧召見,並舉行大臣會議,同意立憲。

光緒三十二年 (一九〇六)	下詔天下，頒預備立憲，未定立憲時間，但以忠君愛國，服從朝廷為要旨。
光緒三十三年 (一九〇七)	頒布外官制，令直隸、東三省及江蘇先行試辦。八月梁啓超組政聞社。九月籌設諮議局、縣議會等。
光緒三十四年 (一九〇八)	政聞社被查禁，但各省立憲團體紛紛出現，對清廷造成極大壓力，已無從鎮壓或查禁。八月頒布憲法大綱。
宣統元年 元月二十七日	命各省諮議局在九月如期成立。二月朝廷宣示預備立憲，維新圖強之宗旨。
宣統元年 十二月六日	各省諮議局代表在預備立憲公會事務所集會，至十四日決議推定孫洪伊等三十餘人，進京請願，提早立憲，至二十日清廷終未允所請，各代表於當晚組織「國會請願同志會」，準備明年春進行第二次請願。
宣統二年	三月下旬由諮議局聯合國會合併所有請願國會團體，共同合成組織「國會請願代表團」，請願速開國會，提倡政黨，到五月二十一日未果，乃降旨慰諭諸代表，令不得再行　請。
宣統二年 九月六日	國會請願代表團第三次請願，致九月底各界不斷施壓請願。
宣統二年 十月三日	清廷下詔准將立憲籌備期限縮短，於宣統五年開設議院，並預行組織內閣。 三月有廣州之役，四月清政府成立內閣，輿論譁然，稱之「皇族內閣」。
宣統三年	是月，郵傳部大臣盛宣懷奏請宣佈鐵路國有，任端方為督辦粵漢川漢鐵路大臣，反對者紛起。七月四川保路風潮起，紛組「保路會」。
宣統三年 八月十九日 (陽曆十月十日)	武昌起義，清湖廣總督瑞澂及陸軍第八鎮統制張彪棄城逃走。革命軍推廿一混成協協統黎元洪任都督，渡長江、陷漢口、漢陽。
宣統三年 十二月廿六日	清隆裕太后及清帝溥儀宣告退位，清亡，立朝二百九十六年，是清朝最後立憲改革運動的最後下場。
參考資料： (一)張朋園著，《立憲派與辛亥革命》(臺北：中國學術著作獎助委員會，民國五十八年十月)，第一章，第一、二節。 (二)李守孔著，《中國近代史》，再版(臺北：三民書局，民國六十四年七月)，第十章。 (三)中華民國開國五十年文獻編纂委員會，清廷之改革與反動，下冊(臺北：正中書局，民國六十二年九月臺二版)，頁四七三一六八五。	

　　觀察這次立憲經過，從一開始就是不得已之舉，已註定不易成功，接著是立憲派的三次大請願都未獲清廷接納。當清廷縮短三年立憲上諭頒布後，國會請願代表團密商決議：「同人各返本省，向諮議局報告清

廷政治絕望，吾輩公決秘謀革命，並即以各諮議局中之同志為革命之幹部人員，若日後遇有可以發難之問題，各省同志應竭力響應援助起義獨立。」(五九)可以確知從此時開始各立憲團體逐漸倒向革命陣營。接著皇族內閣在十三閣員中，漢四人，滿八人，其中皇族又佔五人，更不可能得到支持。到宣統三年四川保路風潮起，清廷已眾叛親離，註定要敗亡了。

　　就政治結社的興起背景來看，在戊戌維新前後，有各種學會和維新團體的出現。到光宣之際因立憲風潮起，故有各種立憲團體出現。又因保路事件擴大，故有保路同志會等相關組織的出現。這些民間政治團體都被清廷視為眼中釘，非去之而後快，基本上清末的維新改革是由上而下，多是統治者自導自演的革命(Revolution from above)，極難給自治團體有生長的機會。(六○)就當時的社會風氣而言，在滿清王朝統治下是一種重視權威的傳統社會，一般官吏只知對上承顏屈膝，對下作威作福的專制性格(Authoritarion Personality type)，一脈相傳，甚難見到顯著的社會變化。(六一)所以，清末的改革從自強運動到立憲運動，是完全失敗的，因其本質仍然未變，即專制極權前後是相同的，當然要被革命浪潮沖垮。

第四節　國際共產主義在中國的滋長與擴張

　　一八四八年二月馬克斯(Karl Marx 1818－1883)與恩格斯(Frederick Engels 1820－1895)發表共產黨宣言中說：「他們的(筆者註：指共產黨人)目的只有用強力推翻全部現存社會制度才可以達到。讓那些統治階級在共產主義革命面前發抖吧！無產者在這革命中只會失去自己頸上的一條鎖鍊。他們所能獲得的卻是整個世界。全世界無產者，聯合起來。」(六二)這是國際共產主義運動最初且最有力的根據，即依據這個宣言，共產黨人有一套世界革命的理論和很厲害的策略。一八六四年由西歐各國工會代表及社會運動家組成第一國際(國際工人協會)；一八八九年由各

國社會主義的政黨合組第二國際,其領袖有列寧(V.I. Lenin)、考茨基(Karl Kautsky)、盧森堡(Rosa Luxemberg)、柏恩斯坦(Eduard Bernstein)等人。一九一九年列寧組成第三國際,並由於蘇聯共產革命的成功,以其所謂「一國社會主義」爲基地,來支援世界各國共產黨人搞世界革命。(六三)從表一-十四可以察覺共產黨人以其「科學的社會主義」爲理論基礎,以蘇聯共產黨爲總指揮,運用各種策略,配合「鬥爭口號」「鬥爭形式」、「組織形式」,最後赤化世界。於是中國也是共產國際染指的對象,表一-十四中的「東方農民運動」正是指中國。從此中國災難於焉開始,本節擬區分共產主義的移植、運用「聯合戰線」擴張實力、武裝暴動僭立政權、僞裝抗日不斷坐大、全面叛亂大陸淪亡等五個時期加以概述。

壹、共產主義的移植

共產主義的唯物觀念,否認私有財產,階級鬥爭與無產階級專政,這些都是非中國的,與中國傳統文化和生活方式原本背道而馳。然而,不幸的很,共產主義居然在中國土壤上生長與蔓延爲禍,其因安在,茲試從歷史的腳步聲中尋求答案。

一、晚清列強侵略與清廷改革失敗

由於這兩部份史實(本章第二、三節已述),使中國人對自己失去信心,中國所固有的政治思想和科學技術,並不完全能致中國於富強。從張之洞的「中學爲體、西學爲用」到 中山先生的三民主義,都不是「完全中國式」的,必須吸收更多西洋新知。

二、辛亥革命的不完全革命

中山先生雖然領導國民革命,推翻滿清,建立民國,但其主張的三民主義並未徹底實現。辛亥革命最大的意義是推翻數千年君主政體,建立民主共和國,這個成就是民族的。但在民權方面,不論政治制度的設

計，或革命方略的貫徹，都不完全，也未盡合　中山先生之意。(六四)
而具有社會主義性的民生主義並未被中國人民乃至革命黨人所普遍接
受。　中山先生自己就說：

　　不圖革命初成，黨人即起異議，謂予所主張者理想太高，不適中國
　　之用，眾口鑠金，一時風靡，同志之士亦悉惑焉。是以予為民國總統時
　　之主張，反不若為革命領袖時之有效而見之施行矣。此革命之建設所以
　　無成，而破壞之後，國事更因之以日非也。(六五)

　　當時國人對三民主義即無普遍之信仰，故政局動亂，國民心理意識
消沉而分歧，　中山先生乃嘆未　建設有成，而國事日非，人民日苦，
午夜思維，不勝痛心疾首。(六六)內心空虛時，須有以填滿，共產主義
乘機闖入。

三、蘇聯共產國際用心的移植

　　早在一九一二年列寧在《?瓦明星報》發表〈中國的民生主義與民粹
主義〉一文，就有一個構想，欲以　中山先生所領導的組織為母體，將
共產黨移植進去，再用共產主義修正孫文主義。(六七)一九一四年又著
《論民族自決權》(六八)，一九一六年發表〈社會主義革命與民族自決權
提綱〉(六九)，更為迎合中國人心理，主張用「民族自決權」為手段，以
反對列強侵略中國為表象，骨子裡則透過社會革命和民族革命的聯合運
用，將共產主義向中國移植。列寧先提出中共移植概念，史達林對中共
的移植更積極。他在一九一八年十一月發表〈不要忘記東方〉如是說：

　　可是，一分鐘也不能忘記東方，至少因為它是世界帝國主義底「取
　　之不盡」的後備力量和「最可靠的」後方。

　　共產主義底任務就是打破東方各被壓迫民族成百年的沉睡，以解放
　　的革命精神來感染這些國家底工人和農民，……誰願社會主義勝利，誰
　　就不能忘記東方。(七〇)

　　　　　　　表一~十四共產國際赤化世界陰謀

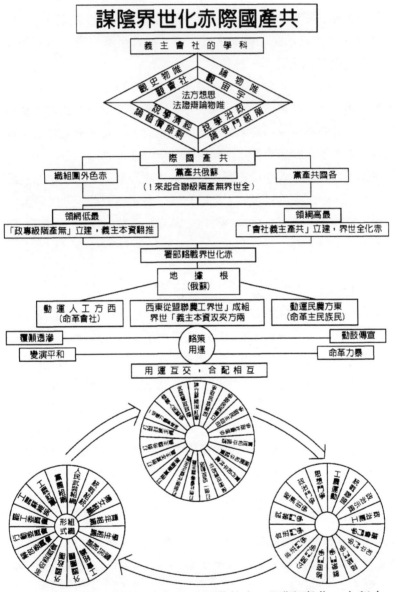

資料來源：法務部調查局，認識敵人，四版(臺北：自印本，民國七十五年元月)，頁五。

在這篇文章中所謂的「東方」，他一再明白指出就是中國、印度、波斯、埃及、摩洛哥，而中國首當其衝。第二年(即民國八年，一九一九年)中國發生「五四運動」，在原本對中國文化已經搖撼，只要科學和民主，更有主張「打倒孔家店」、「把線裝書扔到毛廁裡去」、「全盤西化」者，此時共產主義不入侵，尚待何時？一個研究五四運動的學者就指出，當時中國雖無共產黨的組織，但一般知識份子對俄國革命是樂觀其成的，對共產主義也略有認識，而共產黨的高級知識份子，如李大釗、毛澤東、陳獨秀等人都參與此次運動，並且是重要的主導力量。(七一)

一九二○年東方民族會議發表「巴庫宣言」，係列寧起草，其警句云：

只有八億亞洲人民堅固的和我們站在一起的時候，只有非洲人民和我們攜手的時候，只有全世界無數人民準備接受共產主義的時候，才能燃起世界革命之火。……到歐洲之路是經過亞洲(中國和印度)，北京是去巴黎的大門。

這就是共產國際計劃赤化世界的藍圖與手段，其下手處正是中國。既然老早就有計劃，為對中國人民示好，更為迷惑中國人民，一九一九年七月廿五日曾對華發表宣言，稱「從前俄羅斯帝國政府時代，在中國滿洲以及別處，用侵略手段而取得的土地，一律放棄。」(七三)次年又對華發表宣言，稱放棄在華一切特權，重締平等新約，建設中俄「親密友誼」(七四)。蘇聯一面對中國展開偽善攻勢，一面派人來華推動共產運動，一九二○年四月到次年六月是維丁斯基(Grigorii Nammovich Voitinsky)。(七五)是他完成了共黨在華成立前的各項準備工作，由他一手策劃的有成立匪黨臨時中央，創辦《共產黨月刊》，成立社會主義青年團，成立華俄通信社，組織機械、印刷工會。

接著馬林(H. S. Maring)來華，是他使「中國共產黨」(CPC)正式誕生，並召開第一次代表大會，經過史實概要如下：

(一)民國十年七月第一次全國代表大會在上海法租界貝勒路李漢俊

寓所，後繼在浙江嘉興之南湖召開，出席者十三人，代表五十七名黨員，前後歷時一週。

　　(二)十三個代表名單：

　　　　廣東代表：陳公博、包惠僧。

　　　　上海代表：李漢俊、李　達。

　　　　武漢代表：董必武、陳潭秋。

　　　　長沙代表：毛澤東、何叔衡。

　　　　濟南代表：鄧恩銘、王盡美(又名燼美、俊美)。

　　　　留日代表：周佛海。

　　　　第三國際代表馬林、吳廷康列席指導。

　　(三)大會通過「黨綱」、「大會宣言」以及「大會決議案」等。

　　(四)成立中央局，作爲共黨最高領導機關：

　　　　書記：陳獨秀。

　　　　組織委員：張國燾。

　　　　宣傳委員：李　達。(七六)

　　至此共產主義正式移植成功，在人員、經費上都接受第三國際的支援。此次大會通過的「中國共產黨關於其目標的決議案」中說：「本黨中央機關每月應向第三國際作一報告，必要時應派一正式代表於第三國際遠東秘書處所在地之伊爾庫茨克，此外並應派遣代表至遠東各國，促進階級鬥爭的聯合計劃。」(七七)從成立之初，其明目張膽要赤化世界的野心，就已昭然若揭了。

貳、「聯合戰線」時期的擴張

　　共產主義既已移植成功，建黨告竣，下一步就是積極擴張勢力。民國十一年七月十六日至廿三日，中共在上海召開第二次全國代表大會。會中決議「國民聯合戰線」的策略，此即聯合中國國民黨以壯大自己，並強調是暫時的合作，仍維持自己原有組織。共產黨人此時接受第三國

際的指導，認為：「從民生主義到共產主義期間，在經濟與政治的轉變中，無產階級(按：意指共產黨)對資產階級(意指國民黨)的決戰是不可避免的」(七八)

策略既定，接著是各種擴張行動，其要者如把持國民黨組織部，借國民黨的有形組織，注入共黨毒案；滲透黃埔軍校，在國民革命軍陣營中秘密把持軍中政工，成立武裝部隊；操縱工農運動，破壞北伐。餘如策動中山艦事件，陰謀劫持先總統 蔣公，製造「汪僞政權」，其結果是國民革命受到損害，共黨勢力迅速擴張。所幸國民黨及政府斷然實行清共，使共黨陰謀未遂。惟此時期中共不論黨與軍之勢力，已有相當快速之擴張，是爲本項所要彰顯之要點。

民國十三年一月廿日，中國國民黨第一次全國代表大會在廣州高等師範學院召開，出席代表共計一九八人。(七九)在這次大會中中共參加的代表有：

湖南：謝　晉、林祖涵、李維漢、夏曦、袁達時、毛澤東。

江西：趙　幹。

浙江：沈定一、胡公冕、宣中華。

直隸：于樹德、韓麟符、于蘭渚、陳鏡湖。

山東：王爐美。

江蘇：朱季恂。

安徽：陳獨秀。

湖北：詹大悲、劉　芬。

廣州市特別區：譚平山、方瑞麟。

北京特別區：李大釗、張國燾。

漢口特別區：李能至、廖乾五。(八〇)

一月三十日國民黨一全大會選舉中央執行監察委員，其結果如表一-十五所示，中央執行委員共黨佔百分之十二強，而後補中央委員有百分之四十一強。此時兩黨的黨員數目和代表比例如表一-十六。可以看清一個事實，以當時中共黨員只有國民黨的千分之二弱，卻有國民黨

一大代表人數的百分之十二強，中央執監委則將近五分之一。

表一～十五　中國國民黨一全大會中央執監委黨派分析表

職　位	中　國　國　民　黨		中　國　共　產　黨	
中央執行委員（24 人）	胡漢民、汪精衛、張人傑、廖仲愷、李烈鈞、居正、戴傳賢、林森、柏文蔚、石瑛、丁維汾、鄒魯、譚延闓、覃振、石青揚、熊克武、恩克巴圖、王法勤、于右任、楊希閔、葉楚傖	21人（87.5%）	譚平山、李大釗、于樹德。	3人（12.5%）
候補中央執行委員（17 人）	邵元冲、鄧家彥、茅祖權、李宗黃、白雲梯、張知本、彭素民、傅汝霖、張葦村、張秋白。	10人（58.82%）	沈定一、林祖涵、毛澤東、于方舟、瞿秋白、張國燾、韓麟符。	7人（41.18%）
中央監察委員（5 人）	鄧澤如、吳敬　、李石曾、張繼、謝持。	5人（100%）		
候補中央監察委員（5 人）	蔡元培、許崇智、劉震寰、樊鍾秀、楊庶堪。	5人（100%）		

資料來源：吳恆宇著，《容共時期中共勢力之擴張》(政治作戰學校政治研究所，碩士論文，民國七十三年六月)，頁八一。

表一～十六　中國國民黨一全大會黨員、代表、中央執監委黨派分析表

區分	總　　數	中　國　國　民　黨		中　國　共　產　黨	
黨　員　數	238,432人	238,000人	99.82%	432人	0.18%
國民黨一大代表人數	198人	173人	87.37%	25人	12.63%
國民黨一大中央執監委人數	51人	41人	80.39%	10人	19.61%

資料來源：吳恆宇著，前揭書，頁八二。

　　中國國民黨一全大會閉會翌日，在廣州舉行第一屆中央執監委員第一次全體會議，到會者廿七人，由　中山先生任主席。首推廖仲愷、戴傳賢、譚平山三人為常務委員，組織秘書處。中共乃又有機會滲透進入中國國民黨決策階層。中央黨部除秘書處外，另設八部，在上海、北京、漢口、哈爾濱、四川等地區均派員前往組織執行部。此時共產黨人在中央與地方各部已把持相當勢力。其情形如表一－十七所示，在中央有組織、工人、農民三部，在北京有組織、宣傳、學生、婦女四部，在上海有組織、宣傳兩部，在漢口有組織、工人、農民三部，都已被共黨所把持或滲透。

　　到民國十五年元旦，中國國民黨在廣州召開第二次全國代表大會。

在此之前共產黨人雖早有破壞黨務之情事，各地國民黨員已有檢舉，中央監察委員也對共黨彈劾。僅到民國十三年八月各地國民黨員的建議和檢舉之多，如表一－十八所示，但彈劾案並未能給共黨有效約束，反造成中國國民黨的分裂，使共黨勢力更加坐大。

　　所以中國國民黨的二全大會幾乎是受共黨把持的。此次會議重大決定有：接受總理遺囑、完全繼承一次大會所定之政綱、修正黨章、發佈宣言、整飭黨紀、選舉中央委員等重大事宜。其中最須注意者為發佈宣言和選舉中央委員，前者宣言固然以完成　中山先生所倡導之國民革命為依歸，但其論點幾完全同於列寧的理論，並指中國國民革命為世界革命命之一部份，應與反帝之蘇俄聯合，最後更直接高呼「世界革命萬歲」。(八一)而中央常務委員當選者九人：汪兆銘、譚延闓、譚平山、蔣中正、林祖涵、胡漢民、陳公博、甘乃光、楊匏安，據當代史學家的研究，當時除胡漢民遠在莫斯科外，「真正堅持三民主義的純粹國民黨人，僅有　蔣中正和譚延闓兩人而已。」(八二)從表一－十九和一－二十兩表，不但可看出共黨及左傾人員所佔的比率，更可知道共黨的擴張已經很嚴重。此外，共黨對黃埔軍校、國民革命軍的滲透也是不遺餘力的，甚至開始建立自己的武力。

表一~十七　中國國民黨一全大會後中央與地方黨部組織人事分析表

區　分	執　行　委　員		部　名	部　長	秘　書	共黨所佔比率	備　　考
中央執行委員會（廣州）	正	鄒魯、柏文蔚林森、譚平山▲李烈鈞、戴季陶譚延闓。	組織部	譚平山▲	楊匏安▲	26%（國民黨14人 共產黨5人）	
			宣傳部	戴季陶	劉蘆隱		
			工人部	廖仲愷	馮菊坡		
	候補	鄧家彥、李宗黃林祖涵▲、	農民部	林祖涵▲	彭　湃		

		彭素民	青年部	鄒　魯	孫甄陶		
			婦女部	廖冰筠	唐允恭		
北京執行部	正	李大釗▲、石瑛 于樹德▲、王法勤 丁維汾、恩克巴圖	組織部	李大釗▲		46%(國民黨8人 共產黨7人)	管轄北方各省。
			宣傳部	馬敘倫▲			
			學生部	于樹德▲			
			婦女部	褚松雪▲			
	候補	于方舟▲、張莩村 韓麟符▲、張國燾▲ 傅汝霖、白雲梯	工人部	丁維汾			
			農民部	譚熙鴻			
			調查部	王法勤			
上海執行部	正	胡漢民、汪精衛、 葉楚傖、于右任、 張人傑	組織部	胡漢民	毛澤東▲	31%(國民黨9 人共產黨4人)	管轄江蘇、浙江、安徽、江西四省。
			宣傳部	汪精衛	惲代英▲		
			工人部	于右任	邵力子		
	候補	毛澤東▲、邵力子 沈定一▲、茅祖權 瞿秋白▲。	青年婦女部	葉楚傖	何世楨		
			調查部	茅祖權	孫　鏡		
漢口執行部	正	覃　振	組織部	林祖涵▲	李實蕃	25%(國民黨6 人共產黨2人)	管轄湖南、湖北、四川各省。
			宣傳調查部	張知本			
			工人農民部	劉伯垂▲	李慎广		
	候補	張知本	青年部	覃　振	李廷鏗		
			婦女部	覃　振	楊道馨		
四川執行部		熊克武、石青陽					未成立
哈爾濱執行部		居　正、張秋白					未成立

本表參考申宇均著，《中共黨的建設理論之研究》(國立政治大學東亞研究所碩士論文，民國六十七年六月)，頁一八一－一八二。 ▲：示共黨份子。

表一~十八 各地區檢舉共黨活動案

來自地區	主 持 人	檢 舉 理 由 及 意 見	備 考
武 漢	京漢鐵路總工會總幹事張德惠	共黨向工人宣傳馬克斯主義，拉工人入共產黨，請予驅除	八月十三日提出
北 京	王文彬等三百零五人，皆北京各大學學生	北京共黨分子破壞黨務	
	鄒德高等一百人，皆北京學界人	檢舉共黨分子不忠於國民黨	
	金家鳳、毛一鳴等	於北方各黨部私結團體，壟斷選舉	
上 海	上海大學畢業生程永言等十六人	請取締共黨	檢舉人為大學生
	何治渶等五十一人	請開除跨黨分子	檢舉人為大學生
	南方大學學生七十六人	請斥逐所有跨黨之共黨分子	檢舉人為大學生
	施承謨等五十五人	請斥退共產黨	檢舉人為老黨員
	任重等八人	請擯斥共產黨	（同）
	鄧嘉縉等七人	檢舉共黨違反黨紀	（同）
	曾貫吾、石克士等	檢舉共黨違紀	（同）
	何士楨等二十人	檢舉共黨違紀	檢舉人為老黨員
	何子培、楊峻峰等	檢舉共黨違紀	（同）
廣 州	譚達三等二百八十三人	請將黨內共黨革命黨籍	
	林熾南等四百餘人	請嚴辦破壞國民黨人員	
澳 門	孫鏡亞	向中山先生檢舉李大釗等違反黨紀，承認北京政府。	民國十三年四月提出
	朱中和	向中山先生要求嚴辦《新青年》等刊物，言論混淆視聽。	民國十三年四月提出
	孫科、黃季陸	向中央執行委員會提請制裁共黨份子的不法行為。	民國十三年六月一日
	張繼、謝持、鄧澤如（均中央監察委員）	正式向中山先生及中執會提案彈劾共黨非法及擅自發表主張（如承認中俄協定等）	民國十三年六月十八日

參考資料：張玉法著，《中國現代史》下冊，頁三九三 - 三九五。

參、武裝暴動時期共黨組織之擴張

共黨「聯合戰線」策略的失敗，加上北京搜查俄使館，使俄國赤化中國之陰謀大白於天下，(八三)再依第三國際指示，要發動「武裝暴動」及「蘇維埃運動」。(八四)乃於國民黨實施清黨後，展開一連串的武裝暴力，到民國廿六年止約略有下列活動：策動武裝暴動、非法割據、僭立政權、推行暴政、擴張黨軍勢力。

一、策動武裝暴動

民國十六年八月有南昌暴動，張國燾、周恩來等策劃。

同年九月有兩湖秋收暴動、瞿秋白、毛澤東等指揮。

表一~十九　中國國民黨二全大會後中央黨部人事分析表

		部名	部長	祕書	共黨所佔比率	
中央常務委員 (9人)	汪精衛、譚延闓 蔣中正、林祖涵▲ 譚平山▲、胡漢民 陳公博、甘乃光 楊匏安▲。	組織部	譚平山▲	楊匏安▲	職務	百分比(%)
		宣傳部	汪精衛(毛澤東代▲)	沈雁冰▲	中央常務委員	33.3
		工人部	胡漢民	馮菊坡▲		
秘書處書秘	譚平山▲、林祖涵▲甘乃光。	農民部	林祖涵▲	羅綺園▲ 彭湃	秘書處秘	66.7

	部			書	
	農民部	宋子文	黃樂裕 ▲	書	
	青年部	甘乃光	黃白葵 ▲	各部部長	37.5
	婦女部	宋慶齡	鄧穎超 ▲ 黎沛華	各部秘書	90
(3人)	海外部	彭澤民▲	許甦魂 ▲		

資料來源：吳恆宇著，《容共時期中共勢力之擴張》，頁一〇六。

表一~二十　中國國民黨二全大會中央執監委黨派分析表

職　　位	中　國　國　民　黨		中　國　共　產　黨	
中央執行委員（三十六人）	汪精衛、譚延闓、胡漢民、蔣中正、宋慶齡、陳公博、恩克巴圖、于右任、程潛、朱培德、徐謙、顧孟餘、經亨頤、宋子文、柏文蔚、何香凝、伍朝樞、丁維汾、戴傳賢、李濟琛、甘乃光、劉守中、蕭佛成、孫科、陳友仁、李烈鈞、王法勤	27人（75％）	譚平山、林祖涵、李大釗、于樹德、吳玉章、楊匏安、惲代英、彭澤民、朱季恂	9人(25％)
候補中央執行委員（二十二人）	白雲梯、周啓剛、鄧演達、黃實、陳其瑗、朱霽青、丁超五、何應欽、陳樹人、褚民誼、繆斌、吳鐵城、詹大悲、陳肇英	14人（63.63％）	毛澤東、許甦魂、夏曦、韓麟符、路友于、董必武、屈武、鄧穎超	8人（36.37％）

中央監察委員（十二人）	吳敬　、張人傑、蔡元培、古應芬、王寵惠、李煜瀛、柳亞子、陳果夫、陳璧君、鄧澤如、邵力子	11人（91.66%）	高語罕	1人（8.34%）
候補中央監察委員（八人）	黃紹竑、李宗仁、郭春濤、李福林、潘雲超。	5人（62.5%）	江浩、鄧懋修、謝晉	3人（37.5%）

來源：吳恆宇著，前揭書，頁一〇一－一〇二。

民國十六年十月有陝西渭華暴動，劉子丹、高崗等人策劃。

同年十一月海陸豐暴動，由南昌暴動殘部所形成。

同年十二月廣州暴動，張太雷、葉挺、張發奎、黃琪翔等人發動。其他如江浙地區也有暴動。這些暴動主要由蘇聯暴動專家如紐曼(Heing Neumann)、羅明納茲(Besso Lominadze)、愛斯拉(Cerhart Eisler)等人主持，無不造成無數民眾死傷。

二、非法割據的根據地

有湘贛、海陸豐、湘鄂贛、洪湖、贛南、閩浙贛、鄂豫皖、海南島、廣西左右江、閩粵贛、湘鄂西、川陝、陝甘等十三處。其根據地與時間參閱圖一－一。

三、僭立「中華蘇維埃共和國臨時政府」

這是民國廿年十一月在江西設置的偽組織，後受國軍五次圍剿、長途西竄，實際已不存在，惟正式取消在民國廿六年抗戰前夕。此期間先後在江西、福建、閩贛、粵贛、閩浙贛、湘贛、湘鄂贛等地區成立偽省級蘇維埃政府，以推行其共產主義政策。

四、黨軍勢力之擴張

　　國家對中共用兵，自民國十九年起至廿五年止，歷時六年，動員百萬兵力。民國十九年到廿年九月有三次圍剿，民國廿二年第四次圍剿，到民國廿三年十月完成第五次圍剿。此後僞中央蘇區日蹙，勢將就殲，中共中央乃奉莫斯科指示，離瑞金，遠走外蒙，覓取安全之地，此即中共自詡爲「二萬五千里長征」。國軍亦於民國廿三年到廿五年底進行追剿。不過從民國十六年到抗戰前夕，中共勢力的發展仍極快速。僅民國十六年到十九年的擴張情形如表一－二十一所示。

圖一~一　中共非法割據(蘇區)形勢略圖

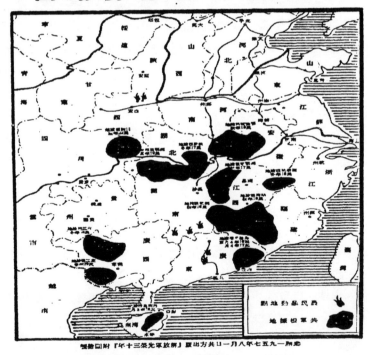

資料來源：王健民著，《中國共產黨史稿》，第二編，頁一八六。

表一~二十一　民國十六年至十九年紅軍勢力

番　號	領導者	人　數	建 立 時 間	中 心 活 動 區 域
中國工農紅軍第一軍	徐向前	一千餘人	一九二七年十月以　　　　後	鄂、豫、皖，以皖北金家寨為中心
中國工農紅軍第二軍	賀龍	一千餘人	—	湖北、湘西、鄂西
中國工農紅軍第三軍	羅炳輝	四百餘人	—	江西吉安
中國工農紅軍第四軍	朱德毛澤東	二千五百餘　　　人	一九二九年一月以　　　　後	贛南、閩南
中國工農紅軍第五軍	彭德懷	一千二百餘　　　人	一九二八年七月以　　　　後	湘、鄂、贛邊區
中國工農紅軍第六軍	周逸群	—	一九二七年底以後	湖北嘉魚、監利間的洪湖地區
中國工農紅軍第七軍	張雲逸	—	一九二九年十二月　以　　後	廣西右江
中國工農紅軍第八軍	鄧小平	—	一九三〇年二月以　　　　後	廣西左江
中國工農紅軍第九軍	蔡承熙	—	—	豫、鄂邊區
中國工農紅軍第十軍	方志敏	四百餘人	一九二七年底以後	江西弋陽、上饒
中國工農紅軍第十一軍	彭湃	五百餘人	—	廣東東江
中國工農紅軍第十二軍	高崗劉子丹	—	—	陝西

其他在江蘇、河北、山西、四川等省亦有共產黨游擊隊，到十九年時共軍控制有一二四縣，軍隊有六萬兩千餘人。參考資料：
（一）張玉法著《中國現代史·下冊》，頁四一七｜四一八。
（二）王健民著《中國共產黨史稿》·第二編，頁四四九｜四五〇。
（三）盧國慶著《抗戰初期的黨派合作》(政治作戰學校政治研究所，碩士論文，民國七十三年六月)，頁六十五。

民國廿、廿一、廿二、廿三歷年的中共黨員、團員、工會會員、工會數量、農會數量及其分布情形可參閱表一－二十二、一－二十三、一－二十四、一－二十五。其中須注意表一－二十四，由於國軍大圍剿

的勝利，偽軍傷亡極大，故在民國廿二年(一九三三年)到廿三年七月連續進行擴紅突擊運動，在這一年之間紅軍擴張了一一二‧一〇五人。

表一~二十二　民國廿年到廿三年之共黨勢力。

地區	類別＼時間	二　十　年　三　月	二　十　三　年　三　月
蘇　區	黨　　員	五〇‧〇〇〇	一〇〇‧〇〇〇
	團　　員	四〇‧〇〇〇	九〇‧〇〇〇
	工會會員	一〇〇‧〇〇〇	一六〇‧〇〇〇
非蘇區	黨　　員	一八‧五五〇	九‧九三〇
	團　　員	九‧五八〇	六‧五一〇
	工會會員	五〇‧〇〇〇	四〇‧〇〇〇
全　國	黨　　員	六八‧五五〇	一〇九‧九三〇
	團　　員	四九‧五八〇	九六‧五一〇
	工會會員	一五〇‧〇〇〇	二〇〇‧〇〇〇

資料來源：盧國慶著，前揭書，頁六二。

表一~二十三　民國廿一年紅軍擴張情形

番　號	姓　　名	政　　委	竄　擾　地	轄　　　　　部
第一軍團	朱　德	毛澤東	贛　東　南	三、四、十二等軍
第二軍團	賀　龍	夏　曦	鄂　西　北	三、六各軍

第 三 軍 團	彭 德 懷	滕 代 遠 袁 國 平	贛　　西 湘　　西	五、七、八、十六各軍
第 四 軍 團	曠 繼 勛	陳 昌 浩	鄂 豫 皖 邊 區	四、廿五各軍
第 五 軍 團	季 振 同	蕭 勁 光	興 國 雲 都	十三、十五各軍
資料來源：盧國慶著；前揭書，頁六六。				

資料來源：盧國慶著；前揭書，頁六六。

表一~二十四　中共在民國廿二年的擴紅運動

一年來擴大紅軍統計

1933.8-1934.7

1933 年

八月份擴大	6290 人
九月	5868 人
十月	2214 人
十一月	1958 人
十二至一月	23258 人

1934 年

二月	5868 人
三月	3344 人
四月	2970 人
五月	23035 人
六月	29688 人
七月(至 15 號止)	2450 人
其他	5467 人
總計	112105 人

資料來源：王健民著《中國共產黨史稿》，第二編，頁四八八。

　　擴紅運動總計擴大紅軍十一萬二千餘人，分別來自西江、長勝、瑞京、長汀、兆徵、勝利、興國、汀東、寧化、博生、石城、贛、太雷、雩都、公略、洛口、會昌、龍崗、萬太、楊殷等廿個縣，都是中共盤據的蘇區。(八五)

　　然國軍第五次圍剿共黨成功，至民國廿四年三月共軍及各蘇區，幾爲國軍完全消滅，到追剿結束，即民國廿六年三月，紅軍主力已經不到三萬人了。(八六)

肆、偽裝抗日時期的擴張

　　共產國際於一九三五年七月廿五日至八月二日，在莫斯科舉行第七次大會。中共出席者有陳紹禹、康生等人，其時中共正在西竄途中，有被殲之可能，而德、義、日反共勢力日張，關係日密，對共產國際極不利。史達林遂提出「統一戰線」口號，號召各國共產黨，假借維護和平，反對法西斯及日本軍閥侵略之美名，共同爲保護蘇俄而奮鬥。(八七)

　　中共實際已接受統一戰線策略，並展開大規模統戰宣傳，例如〈抗日救國宣言〉、〈爲創立全國各黨各派的抗日人民陣線宣言〉、〈停戰議和一致抗日通電〉、〈致國民黨書〉等。(八八)直到天下人誤信其爲愛國的民族主義者而後已。

　　終於在民國廿六年七月十五日，中共發佈「國共合作宣言」，誓言共赴國難，其四項諾言爲：

　　表一~二十五　　民國廿三年共黨勢力分布情形

地　　　　　區		黨　員　數	團　員　數	工　會　數	農　會　數
非蘇區	貴　　州	10	—	—	—
	雲　　南	30	—	—	—
	福　　建	1054	330	500	5400
	廣　　西	100	—	—	—
	廣　　東	150	—	—	—
	綏　　遠	135	275	—	—
	東　三　省	1444	1013	—	—
	甘　　肅	10	—	—	—
	山　　東	78	—	—	—
	山　　西	75	13	—	—
	河　　南	1890	103	—	—
	綏　　遠	50	—	—	—
	直　　隸	6792	774	1474	2900
	四　　川	728	100	530	4820
	湖　　北	數百人	—	—	—

	湖　　南	數　　人	—	—	—
	安　　徽	1171	81	26	4693
	江　　西	300	—	—	—
	浙　　江	200	—	—	—
	上　　海	383	337	—	—
	江　　蘇	1140	288	—	—
	贛　東　北	2萬	—	—	—
	鄂豫間及川陝	2萬	—	—	—
	湘　鄂　間	3萬	—	—	—
	湘鄂贛間	5萬	—	—	—
	湘　贛　間	3萬	—	—	—
	福　　建	2萬	—	—	—
	江　　西	10萬	—	—	—

資料來源：盧國慶著，前揭書，頁一二一~一二二。

　　(一)孫中山先生的三民主義爲中國今日必需，本黨願爲其實現而奮鬥。

　　(二)取消推翻國民政府的暴動政策及赤化運動，停止以暴力沒收地主土地政策。

(三)取消現有蘇維埃政權。實行民權政治，以期全國政權統一。

(四)取消紅軍，改編為國民革命軍，受軍委會統轄。(八九)

當時日本對華發動戰爭，企圖三月內亡華，我中華民族正處於存亡關頭，對中共的共赴國難只得接受。中共紅軍隨即編入國民革命軍。但是毛澤東立即對他的幹部指示：「中日之戰，是本黨發展的絕好機會，我們決定的政策是百分之七十發展自己，百分之二十作為妥協，百分之十對日作戰。」為達成這個目標，毛劃分成妥協、競爭和奪取政權三個階段完成。(九〇)

顯而易見的，中共所謂抗日全是謊言，真正目的還在擴張勢力。從中共加入國民革命軍後，抗戰前四年，每年擴增情形如表一－二十六。(九一)

民國廿九年之後，共軍勢力不斷擴張，到民國三十三年末，中共已在全國各地建立了十六個基地，五個有各級政府，八個行政委員會，三個軍事區域。(九二)其野戰軍人數已近三十五萬，地方武力人數近十萬，民團人數近二百萬，如表一－二十七所示。

表一~二十六　抗戰前四年中共擴軍情形

年　　　　　代	八　　路　　軍	新　　四　　軍	合　　　　計
一 九 三 七 年	八〇、〇〇〇	一二、〇〇〇	九二、〇〇〇
一 九 三 八 年	一五六、七〇〇	二五、〇〇〇	一八一、七〇〇
一 九 三 九 年	二七〇、〇〇〇	五〇、〇〇〇	三二〇、〇〇〇
一 九 四 〇 年	四〇〇、〇〇〇	一〇〇、〇〇〇	五〇〇、〇〇〇
附註：正規軍游擊隊均包括在內			

表一－二十七　民國三十三年底共軍擴張情形

政區別	軍區別	基地名稱	人　　口	野戰軍人數	地方武力人　　數	民團人數
有邊區政府者	十八集團軍	陝甘寧邊區	1580000	50000	｜	｜
		晉綏邊區	3000000	26000	5000	50000
		晉冀豫邊區	4200000	50000	25000	320000
		晉察冀邊區	18000000	35000	29000	630000
		冀魯豫邊區	10000000	17000	11000	80000
		山東行政委員會	14000000	42000	28000	500000
有行政委員會者	新四軍	蘇北行政委員會	3700000	23000	—	85000
		蘇中行政委員會	7608075	19000	—	130000
		蘇南行政委員會	1908843	6000	—	25000
		淮北行政委員會	3021318	18000	—	—
		淮南行政委員會	2083600	21000	—	—
		皖中行政委員會	1660000	5000	—	25000
		豫皖行政委員會	9200000	22000	—	—
無行政組織者	十八集團軍	海南基地	—	5000	—	—
		東江基地	1000000	3000	—	—
	新四軍	浙東基地	—	5000	—	100000

資料來源：張玉法著《中國現代史》，下冊，頁六二二－六二三

伍、全面叛亂時期共軍勢力擴張

　　中國對日抗戰雖然勝利，但中共已經坐大發展，並進入其第三階級－－奪取政權。此時期正是戰後國家元氣大傷，經濟凋敝，人心厭戰，而國際共黨滲透美國決策部門，左右對華政策。蘇聯更直接、間接對中共提供支援，即國內外環境均對中共有利，中共於是從軍事與政治各個層面對國民政府發動總攻擊。運用「民主同盟」發動罷工、罷課、罷市、罷耕、罷稅等，製造社會動亂。光是民國三十五年十二月到三十七年六月，由中共策動的學潮，就有九十六次，禍延全國十八個大都市，廿九所大專院校。而使用的手段不外反美、反戡亂、要挾學校行政、反對會考與積點制度。(九三)總之，無論任何雞毛蒜皮的事，都能策動成一個困擾政府的學潮。

　　再者俄軍乘國軍來不及進入東北時，迅速奪取日軍戰利品，如飛機、坦克車、步槍、騾馬、彈約庫、倉庫、指揮車等，全數交給中共使用。故此時期共軍勢力大增，而國軍勢力削弱。抗戰勝利後三年國共軍力消長如表一－二十八所示。(九四)

　　到民國三十八年三月，共軍經過冬季整編後，其兵力已達三三〇萬人，分編如下：

　　第一野戰軍司令員彭德懷，兵力六〇萬人。

　　第二野戰軍司令員劉伯承，兵力七〇萬人。

表一~二十八　抗戰勝利後三年國軍與共軍力量消長表

年　　　　月	國　軍　人　數	共　軍　人　數	備　　　　考
三 十 五 年 六 月	三、〇〇〇、〇〇〇	一、〇〇〇、〇〇〇	
三 十 六 年 六 月	二、七〇〇、〇〇〇	一、一五〇、〇〇〇	
三 十 七 年 九 月	一、五〇〇、〇〇〇	一、六〇〇、〇〇〇	

第三野戰軍司令員陳毅，兵力八〇萬人。

第四野戰軍司令員林彪，兵力一〇〇萬人。

華北野戰軍司令員聶榮臻，兵力二〇萬人。(九五)

　　由於中共在各種主客觀環境均有利之下，其勢力乃逐年增加，由最初的五十七人增加到民國三十八年的三百多萬。其實中共實力依據某些史料記錄，尚不止於此，如表一－二十九所示，到民國三十八年已有四百餘萬。(九六)此足以造成中國大陸之淪陷。從另一角度看，從民國十年到三十八年，共黨不斷作亂，企圖赤化中國，而國民政府及中國國民黨則不斷剿共戡亂，這裡面就等於是共產主義和三民主義之鬥爭。或可謂持「共產主義意識形態」的各種政治結社與持「非共產主義意識形態」的政治結社之長期鬥爭。這二十餘年間，真是這些政治結社之擅場。

　　歷史總是那麼的「弔詭」，中共以叛亂起家。如同中國歷代王朝政權推翻前朝，經五十年「掙扎」，如今的改革開放漸漸「中國化」，已在中國歷史取得「合法的歷史地位」，反觀中華民國，在國民黨執政時期，因「中國化」而有合法性的生存權；但到獨派執政，因「去中國」，可能將成為「不法政權」。無奈！分離主義政權本來便是不法政權。

表一~二十九　　民國十年至三十八年中共勢力之消長

1st revolutionary civil war

1921(1st Congress)	57	—	—
1922(2d Congress)	123	1	66
1923(3d Congress)	432	1	309
1925(4th Congress)	950	2	259
1927(5th Congress)	57967	2	28508
1927(after "April 12")	10000	—	—

2d revolutionary civil war

1928(6th Congress)	40000	1	30000
1930	122318	2	41159
1933	300000	3	59227
1937	40000	4	- 65000
Anti-Japanese war			
1940	800000	3	253333
1941	763447	1	- 36553
1942	736151	1	- 27296
1944	853420	2	58635
1945(7th Congress)	11211128	1	357708
3d revolutionary civil war			
1946	1348320	1	137192
1947	2759456	1	1411136
1948	3065533	1	306077
1949	4488080	1	1422547

John Wilson Lewis, Leadership in Communist China, 1st.　(New York: Cornell University Press, 1963), P.110.

第五節　國民革命運動的蓬勃發展

中國歷史五千年，何以到近代才從英雄革命轉變成國民革命，一百多年來(從　中山先生自乙酉中法戰敗之年，始決傾覆清廷，創建民國之志開始。(九七)的國民革命運動，雖時有勝敗或沉寂，至今愈挫愈奮，爲甚麼？

壹、「革命」的來源與意義

《易經・革卦彖辭》曰：「天地革而四時成，湯武革命，順乎天而應乎人。革之時大矣哉。」(九八)革即有求新求變之意，而湯武之放伐之所以是順天應人的革命，在孟子和齊宣王的對話中有詳盡解釋，為後世革命之典範：

齊宣王問曰：「湯放桀，武王伐紂，有諸？」

孟子對曰：「於傳有之。」

曰：「臣弒其君可乎？」

曰：「賊仁者謂之賊，賊義者謂之殘；殘賊之人，謂之一夫。聞誅一夫紂矣。未聞弒君也。」(九九)

這是中國最早對革命的肯定，係指經過急劇的變革，以去殘賦，而其動向是要找尋順天應人的政治制度和生活方式。在近代中國最早使用「革命」一詞的是洪門，又稱「天地會」。該會的革命詩云：「三點暗藏革命宗，入我洪門莫通風，義成銳勢復仇日，誓滅清朝一掃空。」(一〇〇)其富革命精神，甚為明顯。

而　中山先生使用「革命」二字之開始，應在乙未(一八九五年)廣州之役失敗後，據憑自由所述：

在清末乙未(光緒二十一年)興中會失敗以前，中國革命黨人向未採用「革命」二字為名稱。從太平天國以至興中會，黨人均沿用「造反」或「起義」「光復」等名辭。及乙未九月興中會在廣州失敗，孫總理、陳少白、鄭弼臣三人自香港東渡日本，舟過神戶時，三人登岸購得日本報紙，中有新聞一則，題曰支那革命黨首領孫逸仙抵日。總理語少白曰，革命二字出於易經湯武革命順乎天而應乎人一語，日人稱吾黨為革命黨，意義甚佳，吾黨以後即稱革命黨可也。(一〇一)

按日人所稱「革命」一詞，係從 Revolution 英譯而來，而英語有此

一名詞，據《雲五社會科學大辭典》所述：

在一六〇〇年左右，克朗威爾時代(Oliver Cromwell 1599-1658)，但其意義指回復舊秩序。因為西班牙、拉丁美洲和中東許多國家，經常有動亂政變，執政者此起彼伏，但社會無所變動，作風一仍舊貫，儘管亦以革命號召，只是政變而已。(一〇二)

現在所謂革命，都是揭櫫進步、自由和社會正義的旗幟，向專制、腐敗、和陳腐的社會經濟秩序宣戰。(一〇三)可見革命的意義甚為崇高，係指一個社會的政治制度、社會結構、領導體系、政治活動和政策，及其主要價值和秘思做急促的、根本的和暴力的內在改變。而暴亂、叛亂、反抗、政變、和獨立戰爭則有別於革命，政變只是改變領導權和政策；暴亂、叛亂可能改變政策、領導權、政治制度，但不改變社會結構和價值；獨立戰爭是一個社區要脫離外國社區的統治，不一定改變社區的社會結構。(一〇四)

中山先生所謂「革命」也正有崇高、積極、社會正義之意。他認為革命是為國民多數造幸福；(一〇五)革命與改造完全一樣，先有建設計劃，再進行破壞；(一〇六)今日的革命，是建設民國，成功之後，諸君做民國的主人翁，做公司的股東，所以此次革命是推翻專制，替諸君謀幸福；簡單的說，革命是救國救民的事，消除災害，為自己謀幸福，為四萬萬人謀幸福。(一〇七)從　中山先生一再提示「革命是要消災謀幸福」，及其一生所揭櫫的三民主義、建國大綱、建國方略、五權憲法等最完美的建國理想，就可以知道　中山先生的革命，在改造腐敗專制的舊社會，而求整個社會系統的全面徹底改變。(一〇八)經由這個改變，使國家走上現代化，實即為人民謀最大之幸福。

貳、「國民革命」的來源與意義

　　「國民革命」運動蓬勃發展已有百餘年，但此一名詞最初源於一九〇六年冬發表之〈軍政府宣言〉中謂：

　　惟前代革命，如有明及太平天國，祇以驅除光復自任，此外無所轉移。我等今日與前代殊，於驅除韃虜、恢復中華外，國體民生尚當與民變革；雖經緯萬端，要其一貫之精神，則為自由、平等、博愛。故前代為英雄革命，今日為國民革命。（一〇九）

　　這是　中山先生首次提示國民革命與前代革命不同之處，並解釋「國民革命」之意，指一國之人皆有自由、平等、博愛之精神，即皆負革命之責任，軍政府不過是發動之樞機而已。（一一〇）後來　中山先生也曾使用過兩個同義辭，云：「今日之革命，與古代之革命不同。在中國古代，固已有行之者，如湯武革命，為帝王革命。今日之革命，則為人民革命。」（一一一）又曰：「夫湯武革命，孔子且艷稱之。彼不過為帝王革命，英雄革命；而我則為人民革命，平民革命，乃前不及見，後不再來之神聖事業。」（一一二）到民國十三年，在〈中國國民黨第一次全國代表大會宣言〉說：「吾國民黨則夙以國民革命，實行三民主義為中國唯一生路。」（一一三）最後　中山先生尚在臨終留下「余致力國民革命，凡四十年」之遺言，以勵國人。這是　中山先生一生使用「國民革命」一詞的歷程，前後使用名詞有異，而意義皆同，最後則以「國民革命」一詞確定，蓋其能殊於前代，又能明確告知國民所負之革命任務，且其概念(Concept)、語義(Meaning)均明確也，實為最科學之用語。

　　國民革命是整個社會系統的轉變，其中政治、經濟、親屬、文化、人的型態、價值及各個層面都要有革命性的轉變，這不是革命領袖及黨人等少部份人所能完成。所以　中山先生有一次對廣州商團及警察演講時說：

　　諸君現在不必問我，這次革命能不能成功。我要問諸君，革命到底能不能成功？諸君要有明白的答覆，成功是人民的事，是於我沒有關

係；我不過是革命的發起人，要人民來贊成。如果多數人贊成革命，便可成功；少數人贊成革命，自然難得成功。我為革命始終奮鬥，鞠躬盡瘁，死而後已。至於成功與不成功，是人民的責任。（一一四）

這段話很明顯指出國民革命要落實在全民的覺悟甚至參與支持，才能成功。西方人談論偉大的革命，是指出它要有特別意涵(Particular Sense)，影響是廣大的(Far- reaching)，從政治領域擴充到其他領域，如工業革命(Industrial Revolution)、或科學革命(Scientific Revolution)等方面。(一一五)從革命的成功與否要得到國民共識贊成，中外皆然。但據杭廷頓(Samuel P. Huntington)研究，西方革命，先有舊王朝的崩潰，然後再有政治動員(Political Mobilization)；而在東方革命，政治動員促使舊政權的崩潰。(一一六)　中山先生深明這層道理，無時無刻不在喚醒民眾，只有「人人知道自己要救自己，所造成的大力量」才能促使革命徹底成功。(一一七)　中山先生為能激勵一般國民，認清中國非革命無以救國，人民更無地位幸福可言，很痛心的講了兩個事例，一個是上海外國公園有個招牌寫著：「狗同中國人不許入。」(一一八)另一個說爪哇有個中國的千萬富翁，但他地位不如當時的日本妓女。(一一九)這些都是　中山先生在民國建立後的十二、十三年所講，到他逝世尚念念不忘「革命尚未成功，同志仍須努力」，已經明白告訴我們，民國紛亂，民生日困的道理，就是國民革命尚未成功，實即指國民尚未覺悟，整個社會系統也沒有全面革命，還需要全體國民再革命。

中山先生一生致力國民革命，凡四十年，他實在是個偉大的革命家，那麼他主張的國民革命所要達到之目標何在呢？實即前述　中山先生所講的「吾國民黨則矢以國民革命，實行三民主義為中國唯一生路」；又說：「吾黨自提倡革命運動以來，內審本國之國情，外按世界之趨勢，幾經斟酌，始確定三民主義為中國革命運動中唯一之根據」。(一二○)所以國民革命最後的總目標在實現三民主義，是無可置疑的，此為中國唯一生路，亦為中國人想要謀幸福唯一之道，除此別無他途。

參、科學的革命建國方略

　　大凡一種偉大的革命運動，若沒有方略做指引，是極難完成的。故中山先生領導革命之際，曾著有《革命方略》一書，惜是書已佚。(一二一)所幸在《國父全集》中尚能看出革命方略之全部過程，若不依此方略來推動國民革命與建設民國，則國民革命全程的各個目標均將落空或失敗。因為「方略」是一種作戰謀略與政治策劃，(一二二)所以　蔣公也認為國民革命的方法和步驟是由軍政訓政以達於憲政，自同盟會以來相沿不變的。(一二三)

　　按《國父全集》所訂方略有中國同盟會革命方略、中華革命黨革命方略、建國方略、地方自治開始實行法、建國大綱等五種，概述如下：(一二四)

一、中國同盟會革命方略

　　本方略訂頒於民前六年多(西元一九〇六年)，主要內容有軍政府宣言、軍隊編制、賞恤、軍律、招軍與招降事項、略地規則，因糧規則、安民布告、對外宣言、掃除滿洲租稅釐捐布告等項。建國分軍法、約法、憲法三期即此時提出，但其階段任務是結合所有革命團體，先推翻滿清政府。

二、中華革命黨革命方略

　　本方略分軍政、軍政府、服制勳記、軍律軍法、因糧徵發、文告等各編。此時期正值袁世凱亂政，故革命軍首揭四大目的：推翻專制政府，建設完全民國，啓發人民生活，鞏固國家主權。為瓦解袁氏背叛民國，帝制自為，通告海內外國民黨改組為中華革命黨，共圖三次革命，迄於革命成功，憲法頒布，國基確定時，均由吾黨員完全負責。(一二五)

三、建國方略

本方略為實踐三民主義的精實方案，原包括三部份，即孫文學說（心理建設）、民權初步（社會建設）、實業計劃（物質建設）。先總統　蔣公於民國二十八年講〈三民主義之體系及其實行程序〉時，補充倫理建設和政治建設，合稱五大建設；後於「中國之命軍」一書內，亦以此五項建設為今後建國工作之重點。

(一)《孫文學說》（《心理建設》）：作於民國七年，當時黨人因信仰不堅，民國建設一敗塗地。中山先生以為中「知之非艱，行之維艱」之說，乃著《孫文學說》以破除此心理障礙。

(二)《民權初步》（《社會建設》）：作於民國六年，分結會、動議、修正案、動議之順序、權宜及秩序問題等五卷，凡二十章，一百五十八節。蓋　中山先生認為滿清之世，集會有禁，偶語棄市，是以人民皆不知如何集會結社，乃作此書。民權何由發達？從「固結人心，糾合群力」始，而此非集會不為功，是國強民固的第一步。

(三)《實業計劃》（《物質建設》）：以英文著於民國十年，歐戰甫完之夕。　中山先生欲以國際共同開發中國實業，並能解決各國戰後工人問題。此書內容博大精深，為中國經濟、實業之寶典。

(四)《倫理建設》（《國民道德建設》）：要以　總理所講的忠孝仁愛信義和平八德為精神，以昌明我國固有的人倫關係。並進而恢復民族固有道德，養成人民高尚健全人格，盡忠國家，盡孝民族。(一二六)顯然，倫理建設可視為心理建設之發展，二者相輔而行，其實踐則從教育和宣傳入手。　蔣公所推行的新生活運動，就是倫理建設和心理建設的實行。

(五)政治建設：「是以建國大綱為政治的法典，以民政、財政、教育、建設、軍事各種業務為政治建設的內容，以訓練人民行使四權為政治建設的起點。」(一二七)這些內容正是社會建設的要項，所以　蔣公對兩者的區別與層次另有所闡釋。政治建設和社會建設，實際上本來是不能嚴格劃分的，社會建設是政治建設的基礎，社會建設有了良好的成

績，政治建設就有了確實的憑藉。(一二八)社會建設促使各種社團成立，進而國民知道如何組織政治團體，則各級鄉鎮縣市省至國家各部會的會議及組織等，得以正常運作。

四、地方自治開始實行法

　　本法發表於民國九年，為試行民權、民生兩主義為目的，完全為開啓民智以行地方自治。其範圍以一縣為充分區域，若不得一縣，則聯合數鄉村，或縱橫二、三十里之田野亦可試辦。首要辦理之事項有清戶口、立機關、定地價、修道路、墾荒地、設學校等六事。如辦理有成，可推及其他，則農業、工業、交易、銀行、保險、運輸等合作事業，均應由地方自治團體辦理，此不止為一政治組織，亦為經濟組織。由縣而推及省，以至全國，民國之基於是乎立。

五、建國大綱

　　中山先生將革命建國程序分軍政、訓政、憲政三時期，最早見於同盟會宣言，次為孫文學說第六章，復有民國十二年中國革命史，最後最完備具體則成於十三年之建國大綱。革命建國何以要分三時期？因其合於循序漸進之科學料神；而非常破壞之後必繼以非常建設才能稱「革命」，否則不過一政變而已；最要者三民主國之實行端賴方法及步驟。所以後來　蔣公說：「建國大綱可以說是我們國民革命的憲章。」(一二九)

肆、國民革命的分期及其任務

　　國民革命遵循三民主義而行已有百餘年，但依革命戰爭與革命對象為準來分期，有學者分為四個階段：(一三〇)

　　(一)第一階段：興中會成立到辛亥革命(一八九四－一九一一年)，以推翻滿清為目標。

　　(二)第二階段：民國成立到北伐完成(一九一二－一九二八年)，又

分兩期：

　　　　前期：北洋系軍閥為目標。

　　　　後期：軍閥與帝國主義為主要目標，共黨為次。

　　(三)第三階段：全國統一到抗戰勝利(一九二九－一九四五年)。前期以共黨為主要目標，抗戰則以日本帝國主義為目標。

　　(四)第四階段：戡亂失利到反共抗俄(一九四六年以後)，以中共與俄帝為主要目標。

　　以上為學者李方晨先生的分期，但早在民國三十八年九月廿日　蔣公以中國國民黨總裁身份在重慶發表〈本黨改告告全黨同志書〉，及四十一年十月十六日著《反共抗俄基本論》，均將國民革命分三期，簡述如下：(一三一)

　　(一)國民革命第一期：自壬辰(光緒十八年，一八九二年)至辛亥(宣統三年，一九一一年)，凡二十年，革命對象是滿清，革命本質是民權革命。而民權革命的成就，乃在於推翻君主專制，創建中華民國，頒訂《臨時約法》，成立議會政治的規模。

　　(二)國民革命第二期：自辛亥革命至抗戰勝利凡三十四年，革命對象是軍閥及其依存的帝國主義，可分兩階段：

第一階段：民國元年至民國十三年，革命奮鬥是為了「保障國民，打倒軍閥」。

第二階段：民國十三年以後，以帝國主義為主要目標，最後發動對日抗戰。

　　第二期國民革命在本質上是民族革命，任務則在撤銷不平等條約，打倒侵略強權，為國家取得獨立自由地位。

　　(三)國民革命第三期：抗戰勝利以後，革命對象是共產國際第五縱隊之共黨，革命本質是社會鬥爭，而兼民族與民權主義的革命。

　　以上對國民革命的分期有兩種不同分法，但以　蔣公所分為合適正確，因軍閥賴帝國主義生存，相互利用，只要打敗其一，餘就不生作用。在此三期的國民革命戰爭中，第一、二期都獲輝煌戰果，使國家民

族免於淪亡。而唯獨第三期任務遭致反共政策和戰略上的錯誤、中共玩「反戰運動和暴力決戰」的魔術。(一三二)以下簡要分述其要點。

一、反共組織和技術缺點方面

　　中共運用俄共的鬥爭方式，來對付國民革命陣營，並組成各種共黨的外圍組織，來「反圍剿」其主要敵人，而我們在反共組織和技術上有重大缺失，可分四方面來分析此時期國民革命在方略上的錯誤。

　　(一)反共組織不能嚴密而警覺不夠：在當時共黨本為非法集團，經民國十六年清黨後，隨即對俄絕交，實行剿共，就在將要消滅赤禍之際，民國廿六年又接受共黨停戰，使其有合法發展的機會。而一般國民，甚至國民黨員「認識不清，警覺不夠，隨聲附和，對於我們的反共組織，指為不民主。」(一三三)共黨詭計得以施逞。

　　(二)宣傳不能主動而理論不夠充實：要消滅共黨只有用軍事力量尚有把握，如清黨和剿共就是明證。但抗戰勝利後國際共黨及其同路人製造並擴大宣傳「反共即是法西斯」、「共產黨可能消滅，共產主義不能消滅」、「共黨不是軍事所能解決，而必求政治解決」(一三四)等三個詭異理論，國人竟信以為真，剿共頓失支持，乃演成空前浩劫。

　　(三)反共意志不能集中而手段不夠徹底：有了前述(一)、(二)兩項問題之存在，必然招致「反共意志不堅，對敵人仁慈」的結果。

　　(四)外交陷於孤立與經濟陷於崩潰－通貨惡性膨脹：蘇俄是國際共黨的基地和總指揮，對滲透各國的共黨有統一指揮操縱之利。反觀民主陣營則意見紛歧，中國陷於孤立乃勢所必然。再者中國歷經長期戰亂，抗戰勝利後通貨膨脹已極嚴重，再經中共破壞，經濟財政均陷於崩潰。

二、反共政策和戰略上的錯誤

　　在反共鬥爭政策上錯誤，一般以為是接受雅爾達密約與蘇俄訂立友好同盟、接受美國的國共衝突調停及剿共未成而行憲。但　蔣公不認為這三點是剿共失敗主因，而是在政策和戰略上犯了四個錯誤。

(一)民國二十一年十二月對俄復交，使往後的十餘年俄共公開合法的在中國支持中共的赤化行動，也使部份人相信「聯俄才能抗日」。

(二)廿六年蘆溝橋事變後收編共軍，固然是日本侵華所逼迫，及共產國際的策略運用。也使國人誤信中共是民族主義者，愛國者。

(三)對東北接收的錯誤：抗戰勝利後，俄共、中共就近先下手佔有東北領土及一切資源，我政府決策收復東北。一面對蘇俄談判，一面將國軍精銳主力調赴東北，陷於遙遠一隅，補給調度困難，最後東北一經淪陷，華北相繼失守。局勢乃不可收拾。按　蔣公之意，我們應「停止接收決策，一面將部隊集中平津，堅守榆關，而以錦州爲前進據點，而將東北問題提出聯合國公斷。「(一三五)如此政府在關內有充分實力以控制華北全局。

(四)受停戰協定牽制太多，處處陷於被動挨打的劣勢姿態。　蔣公認爲「政府如不必太顧慮對外關係，針對中共違反停戰協定，集中力量嚴厲制裁，雖發展成全面戰爭，在所不惜，還是可以獲得最後勝利的。」(一三六)

三、「反戰運動和暴力決戰」之魔術

不論那一國的共產黨，其一切作爲基本上都只是一種策略運用，只求目的，不擇手段。對許多人(甚至高級知識份子)而言，都只是像玩魔術，說穿了就是辯證法的運用，「從量變到質變」和「從漸變到突變」。抗戰勝利後中共就玩了兩套「魔術」。

(一)動員其外圍組織，如民主同盟等宣傳反戰，即所謂反征兵、反徵糧、反動員、反內戰。又運用「自由」與「人權」的煙幕，操縱一些宗教團體、秘密社會、三教九流、黑團體、流氓群、落伍政客、投機商人等，全都向中共一邊倒，使國民政府動員不得。

(二)宣傳與情報魔術，按　蔣公的估算，到中共全面叛亂之際，其軍事上的效用最多不過百分之二十，而國際宣傳和情報活動的力量要在百分之五十以上，其餘百分之三十是國內所運用的統一戰線、中立戰

術、失敗主義發生的力量。

本章所研究的五節內容，實即中國近代統治結社盛行的背景，若無這些背景，則結社無由產生。在近代史上所產生的政治結社，從清季到民國三十八年大陸淪陷爲止，此起彼落，三人一黨，五人一社，總計近千，分別在第二章概述。

無疑的，不論國民革命分成幾期，其最終的目標是完全中國統一、繁榮和富強，準此而言，現階段的目標是中國共產黨和中國國民黨應聯合起來，團結海內外一切力量，完成國家統一之目標，亦是中山先生所願。

註釋

（一）　　孫中山講，「民族主義第一講」，國父全集，第一冊，頁壹―三。

（二）周昆田著《中國邊疆民族簡史》再版(臺北，中華大典編印會，民國五十五年十二月)，頁二八。

（三）程光裕、徐聖　合編《中國歷史地圖集》，再版第一冊(臺北：中華文化出版事業委員會，民國四十四年二月)，頁二－五。

（四）《國父全集》，第一冊，頁參－一

（五）周昆田前揭書，頁五―三八；另見孟森編著，清代史，臺二版(臺北：正中書局，民國五十七年三月)，頁六―一二。

（六）見孟子滕文公上篇；王天恨編註，四書新解(臺南：大夏出版社，民國六十八年五月)，頁孟子之部―八一。

（七）同上，頁論語之部－九六。

（八）同上，頁論語之部－二二。

（九）同上，頁孟子之部－八一。

（一〇）谷瑞照著，《先秦時期之民族思想與民族關係對於　國父民族思想之影響》初版(台北，阿爾泰出版社，民國七十一年五月)，頁二九－五七。

(一一)蕭公權著,《中國政治思想史》,上冊,新三版(臺北,中國文化大學出版部,民國七十四年七月),頁七三。

(一二)《國父全集》第二冊,頁肆-五。

(一三)同註,頁肆-八-九。

(一四)同註(二),下冊,頁六六九。

(一五)《革命遠源》下冊,頁一二八。

(一六)同註上。

(一七)同註(一二)。

(一八)「復社」,明末文人組織,初為文人詩酒留連的結社,後演變成政治性結社。明亡後社局有變為依嚴結寨的抗清組織,有演變成秘密會黨,復社當然也在這樣的演化中;詳見謝國楨著,《明清之際黨社運動考》臺三版(臺北:臺灣商務印書館,民國六十七年二月),第六、七及十二章。

(一九)蕭公權著;前揭書,下冊,頁六二三—六二六。

(二〇)蕭公權著;前揭書,下冊,頁六二三—六三〇。

(二一)《革命遠源》,下冊,頁一三九。

(二二)黃宗羲;原君;革命遠源,下冊,頁一五九。

(二三)黃宗羲;原臣;革命遠源,下冊,頁一六〇。

(二四)余廷燦著;王船山先生傳;革命遠源,下冊,頁一六六。

(二五)《革命遠源》,下冊,頁一七七。

(二六)王夫之著;黃書原極,革命遠源,下冊,頁一七四。

(二七)王夫之著;黃書後序,革命遠源,下冊,頁一七四。

(二八)《革命遠源》,下冊,頁一七四。

(二九)王夫之著;論通鑑論,革命遠源,下冊,頁一七六。

(三〇)見《革命遠源》,上冊,頁二四-三三:「在中國歷代變亂之際,民眾謀生命財產之保障,每有寨堡之形成,以抵抗異族或土寇盜匪的侵擾。其組織與軍隊差不多,有私人寨堡,也有公共寨堡,惟大多由豪紳、地主的私人建築,或民眾共同組合。在明末清初寨堡有幾種不同名

稱：砦、堡、壁、壁壘、山寨、土寨、均見記載。詳見李文治著，《明末的寨堡與義軍》。」

(三一)《革命遠源》，上冊，頁三○－三二。

(三二)韓菼—江陰守城記；革命遠源，上冊，頁九九。

(三三)梅村野史；嘉定之屠；革命遠源，上冊，頁七六。

(三四)《革命遠源》，上冊，頁一－二○四，本節明宗室及各地區抗清詳情。

(三五)李方晨著，《中國近代史·上冊》(臺北，陽明出版社，民國四十七年九月再版)，頁七八。

(三六)謝國楨著；前揭書，頁二五四。

(三七)謝國楨著；前揭書，頁二五五。

(三八)鄒魯編，《中國國民黨史稿》臺二版(臺北，臺灣商務印書館，民國五十九年五月)，頁三。

(三九)《蔣總統集》，第一冊，頁五四二。

(四○)《蔣總統集》，第一冊，頁五四七。

(四一)《國父全集》，第一冊，頁壹－三五。

(四二)光緒五年崇厚所訂「中俄里華特條約」，使中國遭受重大損失，崇厚被收押論斬。清廷改派曾紀澤，改訂「伊梨條約」挽回部份權益。詳見吳相湘著；俄國侵略中國史，初版第十次印行(臺北：國立編譯館，民國七十五年八月)，頁六二二—七四。

(四三)哲孟雄，即今之錫金王國，約在三百多年前，西藏人做了錫金國王，此後錫金歷代王妃都從西藏貴族中物色。錫金的種族、宗教、風俗無異於西藏，以西藏語言為上流語言，錫金乃成為西藏天然的附庸國；詳見李方晨著；中國近代史，下冊，頁五八八。

(四四)日本昭和二年(民國十六年，西元一九二七年)，日本由中義一組閣，其征服世界政策就是有名的「田中奏章」，要點為「欲征服世界，必先征服中國，欲征服中國，必先征服滿蒙」；詳見李方晨著；前揭書，下冊，第七卷，第四章。

(四五)辛丑和約各國要求賠款額如下表：

俄　國	130,371,120 兩	當時假定中國人口有四億五千萬人，每人賠一兩。則為四億五千萬兩。實依各國出兵比率分配之。
德　國	90,070,515 兩	
法　國	70,878,240 兩	
英　國	50,712,795 兩	
美　國	32,939,055 兩	
日　本	34,793,100 兩	
意大利	26,617,005 兩	
奧地利	4,003,920 兩	
比利時	8,984,345 兩	
荷　蘭	782,100 兩	
其　他	212,40 兩	

本表資料來源：李方晨著；前揭書，下冊，頁五五○。

(四六)從總收益中減去契約性的成本支出，例如勞動者的工資，借入資本的利息、土地地租、原料、工具等費用，其差額就是商業利潤。在資本主義體系內，資本家以賺錢為目的，就極盡所能把成本支出壓到最低，使商業利潤提到最高。而不顧慮甚麼「人道」或「國計民生」的，因為一切以賺錢為目的。

(四七)《列強侵略》，第四冊，頁五二六。

(四八)馬起華著，《政治學原理》下冊(臺北，大中國圖書公司，民國七十四年五月)，頁六九二。

(四九)《蔣總統集》，第一冊，頁一三○－一三六。

(五○)《列強侵略》，第一冊，頁五八。

(五一)馬起華著；前揭書，下冊，頁六九○。

(五二)《國父全集》，第一冊，頁壹－一八－一九。

(五三)《國父全集》，第一冊，頁參－一七六。

（五四）《蔣總統集》，第一冊，頁一二二。

（五五）《革命遠源》，上冊，頁五五一。

（五六）Robert　A. Dahl,　Polyarchy Participation and Opposition.（New Haven and London: Yale University Press 1971）P. 103。

（五七）見對日宣戰詔書；李方晨著；前揭書，頁四四二。

（五八）四次上書要點，詳見李方晨著，《中國近代史》，下冊，頁四九六－五○二。所謂「公車」，指乘公家的車子入京會試的人。按當時到京會試者數千人，康有為以其名高望重，議論縱橫，乃號召各省入京公車，計六○四人，由康祖詒領銜上書，乞及時變法。此為有名的「公車上書」。

（五九）李守孔著，《中國近代史》，再版（臺北，正中書局，民國六十四年七月），頁一九○。

（六○）江炳倫著，《政治發展的理論》，五版（臺北，臺灣商務印書館，民國七十四年三月），頁一○七。

（六一）江炳倫；前揭書，頁一一七。

（六二）馬克斯、恩格斯合著，《共產黨宣言》（中華民國國際關係研究所暨國立政治大學東亞研究所輯印，共產黨原始資料選輯，第一集，民國五十八年十月），頁六五。

（六三）王克儉著，《列寧主義析論》，初版（臺北，黎明文化公司，民國七十三年五月），第三章，第三節。

（六四）蕭耀清著，《國父革命方略未能貫徹因素之分析》（政治作戰學校政治研究所，碩士論文，民國七十六年六月），參閱全書。

（六五）孫中山著，《孫文學說》（《心理建設》），《國父全集》，第一冊，頁參－一一三；又見王健民著，《中國共產黨史稿》，第一編，初版（臺北，王健民，民國五十四年十月），頁四。

（六六）《國父全集・第一冊》，頁參－一一四。

（六七）中共中央馬克斯、恩格斯、列寧、斯大林著作論編譯局，《列寧

選集》，第二版，第六次印刷(北京，人民出版社，一九七六年四月)，第二卷，頁四二八。

(六八)同上，頁五〇七。

(六九)同上，頁七一六。

(七〇)王健民著，前揭書，第一編，頁九－十。

(七一)Chow Tse - tsung, The May Fourth Movement.(Cambridge Massachusetts: Harvard Universiry Press 1964)P. 355-356。

(七二)王健民；前揭書第一編，頁六。

(七三)王健民；前揭書第一編，頁二一。

(七四)王健民；前揭書第一編，頁二四。

(七五)在中國各有關書籍所載，維丁斯基、威丁斯克、魏金斯基、胡定康、胡定斯基及維金斯基，都指同一人，而其中國名字是吳廷康。又據秦孝儀主編，《中國民國政治發展史》，臺北，近代中國出版社，民國七十四年十二月廿五日初版，第一冊，頁五九七。他另有一名查爾金(Zerkhin)。為因應不同場合，使用不同名字。

(七六)關於中國共產黨第一次全國代表大會史料，王健民前揭書第一編，頁三六—四三。

(七七)王健民前揭書第一編，頁四三。

(七八)王健民前揭書第一編，頁五六。

(七九)羅家倫主編，《國父年譜》，下冊，增訂版(臺北：中國國民黨中央委員會黨史史料編纂委員會，民國五十八年十一月廿四日)頁一〇五三。

(八〇)吳恆宇著，《容共時期中共勢力之擴張》(政治作戰學校政治研究所，碩士論文，民國七十三年六月)，頁七九－八〇。

(八一)詳見中國國民黨第二次全國代表大會宣言；孫子和編；民國政黨史料，臺初版(臺北：正中書局，民國七十年十月)，頁七五—九二；王健民前揭書第一編，頁一四三—一五三。

(八二)秦孝儀主編，《中華民國政治發展史》，第二冊(臺北，近代中國

出版社，民國七十四年十二月廿五日），頁七四五。

(八三)民國十六年四月六日，在北京之張作霖搜查俄國大使館，得數百箱文件，後編為「蘇聯陰謀文證彙編」，於是俄國赤化中國陰謀大白於天下。另外在淵口俄輪 Pamiat Lenina 號的搜查，及後在天津俄機構及倫敦搜查都發現同樣陰謀。詳見張玉法著；中國現代史，下冊，七版（臺北：東華書局，民國七十四年十月），頁四〇六；及王健民；前揭書第一編，頁三一〇。

(八四)王健民；前揭書第一編，第八章，第三節「第三國際之指示」。

(八五)王健民；前揭書第二編，頁四四八—四八九。

(八六)王健民；前揭書第一編，頁六七六。

(八七)王健民；前揭書第三編，頁三六。（共產國際七六與八一宣言）

(八八)王健民；前揭書第三編，第二十二章，第四節。

(八九)王健民；前揭書第三編，第二十三章，第四節。

(九〇)郭華倫著，《中共史論》，第三冊(臺北，國立政治大學國際關係研究中心東亞研究所，民國七十一年十月，四版)，頁二二二 - 二二三。

(九一)喬金鷗著，《抗戰時期中共實力之擴張》(政治作戰學校政治研究所，碩士論文，民國七十二年六月)，頁六四一。

(九二)張玉法著，前揭書，下冊，頁六二二。

(九三)閔　編著，《中共群運與青運剖析》，初版(臺北，黎明文化事業公司，民國六十九年四月，初版)，頁一四三 - 一五四。

(九四)張玉法；前揭書，下冊，頁七一九。

(九五)王健民；前揭書第三編，頁五九一。

(九六)John Wilson Lewis, Leadership in Communist China, 1st. (New York: Cornell University Press 1963)P. 110.

(九七)孫中山；「孫文學說」，國父全集，第一冊，三版(臺：中國國民黨中央黨史委員會，民國六十九年八月)，頁參—一六一。

(九八)易經，「革卦」，詳見善本易經(臺北：老古文化公司，民國七十

三年三月），頁二二九。

(九九)孟子；「梁惠王下」，王天恨編譯；前揭書，頁孟子之部—二十九。

(一○○)羅剛著，《中國民族主義運動與臺灣》（臺北，國民圖書出版社，民國四十七年十二月，五版），頁七一－七二。又見魏紹徵著，《國民革命與臺灣》（臺北：中央文物供應社，民國四十七年十一月），頁十二。

(一○一)馮自由著，《革命逸史》，第一集，臺三版（臺北，臺灣商務印書館，民國六十五年十一月，臺三版），頁一。

(一○二)羅志淵主編；雲五社會科學大辭典（普及本），第三冊（政治學），六版（臺北：臺灣商務印書館，民國七十三年十一月），頁二三一。

(一○三)羅志淵；前揭書第三冊，頁二三二。

(一○四)杭廷頓(Sammuel P. Huntington)著；江炳倫、張世賢、陳鴻瑜合譯，《轉變中社會的政治秩序》(Political Order in Changing Countries)，三版（臺北，黎明文化事業有限公司，民國七十四年十二月），頁二七五。

(一○五)孫中山；「自由的真諦」，國父全集，第二冊，頁捌—十。

(一○六)孫中山；「改造中國之第一步只有革命」，國父全集，第二冊，頁捌—九九。

(一○七)孫中山；「革命在最後一定成功」，國父全集，第二冊，頁捌—二一○—二一一。

(一○八)此處指　中山先生所要改造(革命)的是整個社會系統(Social system)，包含結構(Structures)、文化和人(Persons)。馬起華；政治學原理，頁四八—四九。

(一○九)孫中山；「中國同盟會革命方略」，國父全集，第一冊，頁參—一。

(一一○)同註(一○九)。

(一一一)孫中山；「軍人精神教育」，國父全集，第二冊，頁捌—一二九。

(一一二)轉引吳輝旭著，《國民革命與臺灣抗日民族運動》(政治作戰學校政治研究所，碩士論文，民國七十六年六月)，頁一一‐一二。

(一一三)《國父全集》，第二冊，頁肆‐四六。

(一一四)《國父全集》，第二冊，頁捌‐二一二。

(一一五)Adam kuper and Jessica Kuper, The Social Science Encyclopedia. (London, Boston and Henley: Routledge and Kegnn Paul plc, 1985), P. 705.

(一一六)杭廷頓著；前揭書，頁二七七。

(一一七)《國父全集》，頁捌‐二一二。

(一一八)孫中山；「國民以人格救國」，國父全集，第二冊，頁捌—一七七。

(一一九)孫中山；「革命成功始得享國民幸福」，同前引書，頁捌—二四六。

(一二〇)孫中山；「中國國民黨關於黨務宣言」，同前引書，頁肆—五三。

(一二一)轉引周弘然著；中國民主思想運動史(臺北：帕米爾書局，民國五十三年七月)，頁一四五。(據馮自由著；「中華民國開國前革命史」第二十七章所述)。

(一二二)陳國弘編著，《辭海》(臺南，正業書局，民國七十三年七月)，頁七四二，另按現代觀點，「謀略」是智慧鬥爭的作為，往昔係以武力戰為主體，侷限於「兵學」範圍，近代所指謀略，除軍事戰外，尚有宣傳戰、心理戰、群眾戰、政治戰、經濟戰、外交戰、思想戰及謀略戰，而又以謀略戰居於主導地位。詳見杜陵著《謀略學》(臺北，自印本，民國七十年十二月)，頁一。惟　中山先生的〈革命方略〉，除具有謀略之意外，特指某一時期，為完成某一任務，所擬訂之行動方案(如通則、法規、組織等)。

(一二三)蔣中正著；「中國之命運」，蔣總統集，第一冊，頁一三七。

(一二四)以下有關方略之概述，均參考《國父全集》，第一冊，頁參－
一－三七二，非有特別之處，不再註明。

(一二五)《國父全集》，第二冊，頁肆－一九。

(一二六)《蔣總統集》，第一冊，頁一一四四。

(一二七)《蔣總統集》，第一冊，頁一一四五。

(一二八)蔣總統集，第一冊，頁一一四五。

(一二九)蔣總統集，第一冊，頁二一七。

(一三〇)李方晨著；前揭書，下冊，頁六四八。

(一三一)孫子和編；前揭書，頁一四九。

(一三二)蔣中正著，《蔣總統集》，第一冊，頁三一八－三六九。

(一三三)同註(一三二)，頁三二四。

(一三四)一九三五年共產國際第七次大會，指使各國共黨，極力求其社
會黨乃至各民主黨派結成「統一戰線」，而以「反法西斯主義」為其共
同目標。經各國共黨及同路人宣傳煽動，變成了「反共就是法西斯」。
他們為求進一步迷惑國人，又宣傳共產主義自原始社會已經存在，並且
斷言現代社會必然轉變為共產主義社會，乃有「共產黨可能消滅，而共
產主義不會消滅」的謬論。接著國際共黨又在國際社會宣傳「共黨不是
軍事所能解決，而必須求政治解決」，終至國內外人士都相信「剿共即
是造共」，當時政府對國際反共宣傳又無能為力，大陸乃淪入鐵幕。詳
見《蔣總統集》，第一冊，頁三二四－三二五。另見王健民著，第三編，
頁三六。

(一三五)《蔣總統集》，第一冊，頁三三一。

(一三六)同註(一三五)。

第二章　中國近代各時期政治結社概述

蔣介石

◀康有為像

孫中山先生三十四歲
（一八九九年）時攝於橫濱

◀梁啟超像

陳獨秀像

中華革命黨成立於東京

◀參加武昌起義的一羣新軍

▲黃興

孫中山在革命成功後
回國接受革命黨人的歡迎

◀黃花岡七十二烈士墓

在廣州的黃埔陸軍軍官學校，孕育了許多革命軍
人，也是北伐軍的基地。

在東京灣參加投降儀式的日本代表

降書

一、日本帝國政府及日本帝國大本營已向聯合國最高統帥無條件投降

二、聯合國最高統帥第一號命令規定「在中華民國（東三省除外）、台灣與越南北緯十六度以北地區內之日本全部陸海空軍與輔助部隊應向蔣委員長投降」

三、吾等在上述區域內之全部日本陸海空軍及其輔隊之將領願率屬部隊向蔣委員長無條件投降

九、投降之日本陸海空軍中佐何人員對於本降書所列各款及其與其代表何應欽上將嗣後所授之命令俱有來能履行或遲延情事各組員首官及違抗命令者願受懲罰

　　　　　　　　　　此令

日本帝國政府及日本帝國大本營代牟人中國派遣軍總司令官陸軍大將
岡村寧次
昭和二十年（公曆一九四五）九月九日午前九時　分簽字於中華民國南京

代表中華民國美利堅合眾國大不列顛聯合王國蘇維埃社會主義共和國聯邦並為對日本作戰之其他聯合國之利益接受本降書於中華民國三十四年（公曆一九四五）九月九日午前九時　分在中華民國南京中國戰區最高統帥特級上將將中正特派代表中國陸軍總司令陸軍一級上將
何應欽

日本代表在南京呈遞的降書

　　中國近代史上政治結社爲數極多，限於篇幅不能詳論，本章擬以年代爲經，人物或事件爲緯，概分五期予以探討。第一期，清季的政治結社(約從天地會成立－西元一九一一年十二月廿九日　國父當選臨時大總統)；第二期，民初的政治結社(民國建立－－民國五年六月五日袁世凱死亡)；第三期，北伐時期的政治結社(袁死－民國十七年十二月廿九日全國統一)；第四期，抗日時期的政治結社(全國統一－民國三十四年八月九日日本在南京簽署降書)；第五期，抗戰勝利後的政治結社(勝利－民國三十八年十二月廿七日中央政府播遷臺北，大陸淪陷)，以上的五期實即本章的五節。

　　由於各種不同性質的政治結社太多，兼以某一政治結社所屬的次級系統(Sub－system)亦多，因此，爲求一目瞭然的效果，除針對最重要者概述外，餘均以表示之。

第一節　清季的政治結社

　　清季的政治結社可以很明顯的區分爲三大部份。其一、秘密會黨，具有反清復明、反清復漢或單有反清的政治思想；其二、革命團體，主張中國要有任何改革圖強之前，首先必須推翻腐敗無能的滿清政府，否則一切全是空談；其三、立憲團體，主張在不推翻現有滿清政府的前提下，實行體制內改革。此三者也都有鮮明的政治目標(Political Objective)做爲奮鬥方向，清季(尤其晚清)這許許多多的政治結社都有輝煌的記錄，雖然初始的目標，立憲與革命有明顯不同，終因滿清之不識風潮，導致三者在辛亥年匯爲一流，一舉而衝垮滿清王朝，結束專制統治，建立民國。

壹、清季秘密會黨

　　清代秘密會黨據學者研究只有白蓮教和天地會兩大系統，前者具有秘密宗教特質，後者是典型的秘密會社。(一)

　　白蓮教是由東晉的白蓮社(又名蓮社)假名釋氏，代代相傳而來。宋朝亡後爲「復宋滅元」的秘密組織，當時叫白蓮會。到滿清王朝時稱白蓮教，清乾隆三十九年(西元一七七四年)有王倫在山東首先發難抗清，但起事規模最大者要算嘉慶初年由劉之協、徐天德、張士龍等人領導的起義事件。而與晚清國民革命運動有密切關係者，是白蓮教在北方的支派在理教(或稱在禮教)，東北的馬賊多屬之，西元一九〇六年以後黃興、宋教仁等重要革命領袖爲策動革命大業，與馬俠頭目李逢春、朱二角、金壽山、王飛卿、楊國棟、孟福亭、藍黑牙等人均有聯絡，河北保定一帶的同盟會員亦有投入在理教，從事策動或聯絡者。(二)白蓮教勢力盛於清代中葉以前，以中國北方爲活動範圍，與晚清的國民革命運動關係不深，但與天地會同樣代表民間反滿傳統。各地區教派甚多，名稱亦不同。如紅蓮教傳布秦隴，青蓮教傳布川豫，在理教傳布魯冀，八卦會傳布魯豫，乾字門傳布皖秦冀等地。惟除在理教與晚清革命運動有關外，餘據近人考證似無關係。

　　天地會，初名洪門，洪秀全起義抗清時，滿清、太平天國、回教、天地會已將中國四分天下，稱當代的四個政權。(三)到　國父領導革命，不但於一九〇四年一月十一日加入洪門，更因而結合各會黨勢力，終於推翻滿清，可見洪門勢力之大，實與中國近代國民革命運動不可分。

　　關於洪門的起源，因年代久遠，考證不易，故各種說法不一。惟近代學者大致同意鄭成功始倡，而其部將陳永華(近南)負責策劃，約從西元一六六一年(明永曆十五年，清順治十八年)鄭氏在臺灣開「金臺山」開始，到滿清末年凡山堂四十有七，爲各地洪門勢力中心。(四)又爲適應每個年代的社會背景與地理環境，各地均曾出現不同的名目派別，如三點會、三合會、添弟會、哥老會、致公堂、公司、清水會、小刀會、漢留，表二~一可概知其分佈狀況。

　　表二~一　洪門組織在海內外分布情形

會 黨 名 稱		開 始 傳 佈 年 代	傳 佈 地 區	備　　　　　　註
天地會			臺閩粵滇湖廣	洪門名稱
添弟會		乾隆五十一年	閩粵贛	天地會化名
會		乾隆五十七年	閩　粵	天地會化名
三點會		嘉慶以後	閩粵桂及海外	天地會化名
三合會		嘉慶以後	閩粵江南海外	天地會化名
拜父母會		雍正九年	粵省饒平縣	天地會轉化
江湖會		嘉慶年間	閩	天地會轉化
雙刀會		嘉慶年間	粵鄂川	添弟會別支
小刀會			閩粵及海外	天地會轉化
仁義會		嘉慶以後	閩	天地會轉化
孝義會		嘉慶以後	閩	天地會轉化
在園會		嘉慶以後	閩	天地會轉化
青教		咸豐元年	湘川	天地會轉化
千刀會		(又稱添刀會)	贛	添弟會一系
漢留		清初	川滇黔粵桂	與洪門同系
哥老會		清初至二十世紀	川及湖廣	
公司	義　興	一七九〇年後	南洋各地	在南洋另有蘭芳、石龍門、義保、華記等,不下數十,未及備戰,均以公司名義成立。
	華　勝	一八一〇年	檳榔嶼地區	
	海　山	一八二〇年	南洋各地	
	和　勝	一八二九年	檳榔嶼地區	
	大伯公	一八四七年	檳榔嶼地區	
	義　福	一八三〇年後	新加坡	

美國致公總堂	十九世紀中葉洪門在美國的組織形式名曰「致公堂」，其下尚有二十餘分支：秉公堂、瑞端堂、協英堂、協勝堂、合勝堂、華勝堂、莘英堂、保良堂、保安堂、秉安堂、群賢堂、昭義堂、保善社、西安社、松石山房、華亭山房、竹林山房、聚良堂、安益堂、俊美堂、儀美堂、協善堂、敦睦堂、安平公所、洋文政務司、廣德堂、協義堂、丹山堂等，二十九支。	光緒三十年（一九〇四年）夏， 中山先生重訂致公堂章程，其綱領第一條：本堂名曰「致公總堂」，設在金山大埠，支堂分設各埠，前有名目不同者，今概改正，名曰「致公堂」，以昭劃一。自是以後，各處均以「xx地區致公堂」名之。

當公致大拿加	名　　　稱	主 持 人	加拿大有洪門致公堂者凡五十餘處，上列各埠乃 中山先生、馮自由曾遊歷募餉之地，其他未到之地，以爲期迫促及路程遼遠，未能遍及。其捐款多匯溫哥華洪門籌餉局，對革命助益極大。
	維多利致公總堂	馬 延 遠	
	金巴侖埠致公堂	容 家 珖	
	奶磨埠致公堂	林 德 渠	
	滿地可埠致公堂	林 華 生	
	魁北克埠致公堂	馬 傑 三	
	渥太華致公堂	吳 謙 民	
	坎文頓致公堂	陳 竹 平	
	卡忌利埠致公堂	雷 卓 平	
	溫利辟致公堂	盧 慶 文	
	笠巴篤致公堂	馬 達	
	列必珠致公堂	關 平	
	雷振打致公堂	黃 元 任	
	京士頓致公堂	李 一 平	
	山打允致公堂	關 策 吾	
	把利佛致公堂	胡 三	
	沙士加寸致公堂	黃 璧	
	那士比致公堂	司徒漢民	
	蘭頓埠致公堂	李 壽	

本表係根據下列資料編撰而成（僅包含民國以前的洪門分佈情形）。
(一)麥留芳（Mak Lau Fong）著，《星馬華人私會黨的研究》，張清江譯述，臺初版
　　（臺北：正中書局，民國七十四年五月），頁一七三－一七八。
(二)王爾敏著〈秘密宗教與秘密會社之生態環境及社會功能〉，近代史研究所集刊，
　　第十期（民國七十年七月），頁四三－四五。
(三)革命之倡導與發展(興中會下)，第二十五章。
(四)革命遠源，(下冊)，第五章。

　　各處雖有名目之不同，但會中人自稱洪門或洪家，別稱洪幫，世訛稱為紅幫。洪門系統的反清運動，如前述第一章，表一－一所示計有八十五次，大多數不以洪門名義發動。洪秀全是天地會成員，但他創的拜上帝會並非洪門系統內的組織。(五)由　中山先生所領導的革命運動，第一次到第八次起義是以會黨為主力，第九次和第十次則以會黨為助力，武昌起義各省洪門會黨群起響應，厥功至偉。在洪門二百五十年(西元一六六一－一九一一年)革命史中，雖曾被洪秀全、左宗棠、康梁的保皇黨等利用。(六)但他們對中國近代革命運動的貢獻，確為不可抹殺的事實，他們保存了民族主義，支持各種革命組織的成立，參與起事行動，海外洪門輸餉贊助革命，動員各階層群眾(新軍、知識份子、下層社會份子)參加革命，推波助瀾，造成時勢，實功不可沒。

貳、清季的革命團體

　　中國近代第一個革命團體是輔仁文社，由楊衢雲、謝纘泰、周昭宏等人於西元一八九二年三月十三日成立於香港，他們自稱是「革命總部」，而此時　中山先生因尤烈的介紹，也向他們宣傳革命思想。(七)

　　但輔仁文社並無鮮明的政治目標，直到西元一八九四年十一月廿四日　中山先生在檀香山正式成立興中會，才以「驅除韃虜，恢復中華，創立合眾政府」為宗旨。其後數年，在香港、日本、南非、河內、臺灣、舊金山等各地區相繼有興中會的組成，其情形如表二－二所示。但有研究近代史的學者認為，興中會自一八九五年廣州之役後只是一個有名無實的團體。(八)依筆者愚見，如此偉大的革命事業，開始時困難重

重應屬當然，其所以珍貴的是點燃了革命火炬。此後革命團體相繼組成，到同盟會成立時已有七十二個革命團體組織(如表二－三所示)。其要者如　中山先生與會黨在香港組成的興漢會，唐才常等人在上海所成立的國會，葉瀾等人在東京組成的青年會，徐錫麟等人所組織的光復會，黃興等人在長沙成立的華興會都是。

　　在晚清革命運動的里程上，同盟會的成立是極重要的關鍵。庚子以後，立憲和革命團體不斷相互激盪，八國聯軍之起，俄拒撤軍，日俄戰爭，英侵西藏等，凡此種種啟示和國難日危，使得革命情勢進入國內外大聯合的階段，同盟會就是在此種需要下於一九○五年八月廿日成立於日本東京。由此開始到辛亥革命為止的六年間，革命團體雖有分有合，但發展迅速，目標一致。同盟會到民國成立前所成立的革命團體有一五四個(參閱表二－三)，如焦達峰等人自同盟會分出而組成共進會，及軍學各界所組成的革命團體都是。合興中會時代的革命團體共計有二百餘個，在一九○五年後可視分頭進行各項任務，而為達成同一目標。在這個大潮流中，實以同盟會為主流，並以同盟會為主要的推動力和影響力，在二百多個革命團體中，大多與同盟會有關或直接為同盟會員所組成。同盟會為何有如此大的影響力呢？我人僅從組織分布上來探討(參閱表二－四)，便可窺其梗概。

　　從東京同盟會本部成立後，開始積極在當時的南洋、美洲、歐洲、澳洲、中國各省區、港澳及尚屬日本所殖民下的臺灣等地區，發展組織與會務，到西元一九一一年為止，稱同盟會、支分會及通訊處者共有九十八個。表二－四因限於資料，所列尚不完全，有學者推考僅在南洋一帶的同盟分會就有百餘處。(九)　中山先生及革命先烈們的魄力與決心不得不為其當代的人折服。洪門及其所屬的秘密會黨均樂於效勞，各革命團體樂於接受指導。

　　隨著革命團體的蓬勃發展，起義運動的頻率不斷增加。其重要者如表二－五所示，計一八九五年一次，一九○○年四次，一九○二年和一九○三年各一次，一九○四年至一九○六年各二次，一九○七年有九

次，一九〇八年五次，一九〇九年四次，一九一〇年四次，一九一一年二十五次(含十五省起義光復，一省光復以一次計算(一〇))。

在各種革命團體中，有一類屬學校的性質，爲革命黨人所辦爲機關或活動基地，或原非黨人所辦而傾向革命者，按其成立年代計，一八九四年一所，一八九六年一所，一八九七年一所，一八九八和一九〇〇年各一所，一九〇二年二所，一九〇三年十七所，一九〇四年八所，一九〇五年五所，一九〇六年十六所，一九〇七年十所，一九〇八年四所，一九〇九年二所，光宣之際六所，一九一〇年二所，一九一一年二所，年代不詳者七十二所，(一一)以上合計一五二所。此類學校大多具有軍事、情報、訓練、聯絡志士、革命機關、宣傳革命義等多重功能，故爲革命運動中不可或缺。

對革命宣傳有很大貢獻的尙有報社和劇團。前者成員大多爲革命黨人或受革命思潮影響者，其所發行的報刊多爲宣傳革命主義，此類革命報刊依其創刊年代分，計一八九九年一種，一九〇〇年四種，一九〇一年二種，一九〇二年四種，一九〇三年十四種，一九〇四年八種，一九〇五年九種，一九〇六年十八種，一九〇七年十八種，一九〇八年十二種，一九〇九年九種，一九一〇年十種，一九一一年十一種。劇團則經過戲劇演出，從事革命宣傳，按有年代可考者，計一九〇五年一團，一九〇七年一團，一九〇八年三團，一九〇九年一團，一九一一年五團。(一二)

倘把革命團體、革命學校、革命報刊及革命劇團合併歸納，可製成如表二－六所示，促使滿清政府崩潰的革命運動發展總表。我人從這個表中可看出自一九〇三年後各種政治勢力不斷增加，而同盟會成立(一九〇五年)後，則不論革命團體的增組，革命學校的增設，甚至革命報刊的發行都逐年增加，影響所及導致起義事件的前仆後繼。就政治系統(Political System)觀點而言，這二二六個革命團體、一五二所革命學校、一三二種革命報刊、十一個革命劇團及六十次起義事件，其存在意義和行動表示，乃是對現存政治系統不滿的表示，但這些表示或要求絕大多

數不能輸入(Input)到政治系統中，當然也就不能有所輸出(Output)而讓那些政治勢力有了滿意的決策(Decisions)，因之政治系統所得到的支持(Support)愈來愈少，則距離崩潰乃愈來愈近。

表二~二 興中會各處組織發展情形

名　稱	創建人	成　員	備　　註
廣州興中會	孫中山	尤　烈 陸皓東 鄭士良	時間約在一八九三年多，已有興中會之名，但無正式組織。其秘密集會地點為廣雅書局之南園抗風軒，革命由此時而進入實行階段。
檀香山興中會	孫中山	何　寬 李　昌 鄧蔭南 宋居仁	一八九四年十一月二十四日成立。鄧、宋等多人先後回香港，是乙未廣州首義的導火線。本會到一八九九年多之際，地盤已被保皇黨奪去，一九○三年秋　中山先生重遊檀島再予重組，名「中華革命軍」。
香港興中會	孫中山 楊衢雲	陸皓東 鄭士良 陳少白 楊鶴齡	一八九五年元月二十七日　中山先生聯合輔仁文社組成，外稱「乾亨行」。九月發動廣州之役失敗。本會在香港機關尚有：雅麗士醫院、楊耀記商號、澳門中西藥局、杏花樓、革命黨聯合總會、香港法國郵船會議、九龍青山農場。
廣州興中會	孫中山	鄭士良陸皓東 陳少白鄧蔭南	一八九五年十月六日成立。聯絡城內防營、水師及會黨，定十月二十六日廣州起義，事敗陸死。本會在廣州的機關尚有：廣州博濟醫院、東西藥局、聖教書樓、廣雅書局抗風軒、鹹蝦欄張公館、東亞同文會等。
橫濱興中會	孫中山	馮鏡如 趙明樂 馮紫珊	一八九五年十一月成立。本會在橫濱的機關尚有：橫濱華僑學校、橫濱兩俱樂部、橫濱文經商店、廣東獨立協會、支那亡國紀念會、振華商店、東京軍事學校。一八九七年因康梁勢力介入，興中會消沉。
南非興中會	楊衢雲	黎氏占 霍汝丁 王　熾	時約翰尼斯堡保皇黨極盛，會員起而組織「思漢閱書報社」，與保皇黨大戰，直至其偃旗息鼓，形同瓦解。 本會成立於一八九六年。
臺灣興中會	陳少白	楊心如、 容祺年 吳文秀	一八九七年成立。一九○○年九月二十八日中山先生到臺北策劃惠州起義，在臺停留四十二天，楊心如等會員多方協助奔走。
河內興中會	孫中山	黃隆生 楊壽 彭羅錚	一九○二年秋多間成立。會員不多，未設會所，每次開會均假「隆生公司」名義，越三年改組為同盟會。

舊金山興中會	孫中山	鄺華泰等數人	時舊金山華僑民風保守，又受保皇黨深毒未解，均表示「身家在內地、助款則可，入會不必」，故無發展。 本會成立於一九〇三年十二月下旬。
希爐分會	孫中山	毛文明 黎　協 鄭　鑒 黃　灶	一九〇五年成立。
巴黎興中會	孫中山	賀之才 史　青 朱和中 劉成禺	吸收黨人，並籌款供　中山先生國際酬酢之需。 一九〇五年春成立

本表係根據下列資料編撰而成：
(一)張玉法著，《清季革命團體》，初版(臺北，中央研究院近代史研究所，民國六十四年二月)，第三章。
(二)馮自由著，《革命逸史》，臺三版(臺北，臺灣商務印書館，民國六十七年二月)，第四冊。
(三)杜元載主編，《興中會革命史料》(臺北，中國國民黨中央委員會黨史委員會，民國六十二年十二月)。

表二~三　清季革命團體統計簡表

編號	名　　　稱	成立年代	地　點	主持人物	備　　　　註
1	輔仁文社	1892 年	香　港	楊衢雲、謝纘泰周昭岳	
2	興中會	1894 年	檀香山	孫中山、劉　祥何　寬、黃華恢	三民主義
3	中和堂	1897 年	香　港	尤　列	聯絡革命
4	中和堂	1898 年	橫　濱	尤　列、陳少白	聯絡革命
5	興漢會	1899 年	香　港	孫中山、陳少白畢永年、鄭士良楊衢雲、平山周	興中會、哥老會、三合會組成，推　中山先生為會長

6	國　　　會	1900 年	上　　海	唐才常、容閎	另組有自立會、正氣會
7	東 文 學 社	1900 年	上　　海	田野橘次	國會的運動機關
8	浙　　　會	1900 年	杭　　州	王嘉　、孫翼中	宣傳民族主義
9	勵　志　會	1900 年	東　　京	戢翼翬、葉瀾	留東學生組成
10	強　國　會	1900 年	南　　京	相文蔚、湯作霖	謀反清，湯死
11	革命黨聯合總　　　會	1900 年	香　　港	孫中山、陳少白楊衢雲	會黨組成，　孫中山為總會長
12	廣東獨立協會	1901 年	東　　京	王寵惠、馮自由馮斯欒	主張廣東向滿清宣佈獨立
13	作　新　社	1901 年	上　　海	戢翼翬	鼓吹革命
14	中　和　堂	1901 年	新加坡	尤　列、鄒魯	宣傳革命
15	興　亞　會	1901 年	東　　京	戢翼翬、秦鼎彝下田歌子	中、日同時革命，建共和政體
16	碧 螺 詩 社	1901 年	長　　沙	陳樹人、炎輝	鼓吹革命
17	聯　莊　會	1901 年	東　　北	徐珍、顧仁宜	抗清自衛
18	中夏亡國二百四十二年紀　念　會	1902 年	東　　京	章炳麟、孫中山馮自由	起於東京，移橫濱開會，陳少白等亦在香港舉行儀式
19	中國教育會	1902 年	上　　海	章炳麟、蔡元培吳敬	另組有愛國學社、自治學社
20	協助亞東遊學　　　會	1902 年	上　　海	吳敬、戢翼翬葉瀾	屬中國教育會
21	益　聞　社	1902 年	福　　州	鄭權、鄭蘭蓀	聯絡革命
22	演　說　社	1902 年	石　　岐	劉思復、徐桂	倡革命、斥保皇

23	青　年　會	1902 年	東　京	葉　瀾、 張　繼	倡民族主義
24	拒俄義勇隊	1903 年	東　京	秦毓鎏、 葉　瀾 藍天蔚	先後改名學生軍和軍國 民教育會
25	共　愛　會	1903 年	東　京	林宗素	加入拒俄義勇隊任看護
26	演　說　會	1903 年	嘉　興	敖嘉熊	鼓吹革命
27	教　育　會	1903 年	嘉　興	敖嘉熊	鼓吹革命
28	自　治　會	1903 年	壽　州	范傳甲、 畢少珊	鼓吹民氣
29	日　新　社	1903 年	湖　北	胡鄂公	倡導革命
30	保　滇　會	1903 年	蒙　自	周雲祥、 黃顯忠	保礦、抗清
31	共和山堂	1903 年	福　建	林覺民、 陳以理 楊子玉	另組有籐山文明社，為 秘密機關
32	四民公會	1903 年	上　海	馮鏡如、 吳敬 鄒　容	原名拒俄大會，後改名 國民公會
33	對俄同志會	1903 年	上　海	蔡元培、 劉師培 葉　瀚	拒俄，後改名爭存會
34	福建學生會	1903 年	上　海	翁　浩、 林　森	閩籍學生組成，革命為 宗旨
35	愛　國　會	1903 年	蕪　湖	陳獨秀、 潘進華	
36	作民譯社	1903 年	長　沙	張鎮衡	華興會聯絡機關
37	華　興　會	1903 年	長　沙	黃　興、 劉揆一	知識份子結成
38	自　強　會	1903 年	吉　安	鄒永成、 吳　任	與華興會有聯絡
39	抗俄鐵血會	1903 年	北　京	丁開嶂	聯絡東北馬賊，與俄軍 屢戰

40	張園演說會	1903 年	上　海	吳　敬 蔡元培	倡言革命道理
41	同　仇　會	1903 年	長　沙	黃　興 馬福益	華興會結合哥老會的組織
42	光　華　會	1903 年	東　京	葛　謙	與華興會有聯絡
43	易　知　社	1904 年	南　昌	張惟聖 鄧文輩	後社員大多加入同盟會與共進會
44	湘　西　學　會	1904 年	東　京	宋教仁	主張湘省獨立
45	科學補習所	1904 年	武　昌	曹亞伯 呂大森 胡　瑛	華興會在鄂之機關
46	福建學生聯合　　　會	1904 年	福　州	黃光弼 林　自	
47	文　明　社	1904 年	福　建	林溫如	聯絡會黨
48	武　毅　會	1904 年	安　慶	程家檉 萬福華	
49	新　華　會	1904 年	東　京	仇　鰲 劉道一	後併入同盟會
50	革命同志會	1904 年	東　京	黃　興 宋教仁 唐繼堯	
51	溫台處會館	1904 年	嘉　興	敖嘉熊 魏　蘭	聯絡會黨
52	三　合　會	1904 年	橫　濱	馮自由 秋　瑾	聯絡國內會黨
53	光　復　會	1904 年	上　海	徐錫麟 秋　瑾	
54	青　年　學　社	1904 年	上　海	黃　興	
55	十　人　團	1904 年	東　京	秋　瑾 劉道一	
56	實行共愛會	1904 年	東　京	秋　瑾 陳擷芬	倡男女平權

57	黃　漢　會	1904 年	長　沙	陳天華 李柱中	華興會運動軍隊的組織
58	岳　王　會	1904 年	蕪　湖	陳獨秀 熊成基	後併入同盟會
59	北 方 暗 殺 會	1904 年	北　京	吳　樾 楊守仁	謀殺清廷要員
60	東 亞 義 勇 隊	1904 年	北　京	朱錫麟	抗俄爲名，實謀革命
61	關 東 保 衛 軍	1904 年	北　京	張　榕	抗俄爲名，實謀革命
62	誓　死　會	1904 年	昆　明	李伯東	謀保雲南
63	漢 族 獨 立 會	1905 年	福　建	鄭　權 鄭祖蔭 鄭蘭蓀	後改同盟會福建支部
64	公　強　會	1905 年	巴　縣	楊樹堪 朱之洪	
65	女 子 雄 辯 會	1905 年	東　京	秋　瑾	宣傳革命倡女權
66	演 說 練 習 會	1905 年	東　京	秋　瑾 宋教仁	宣傳革命
67	日　知　會	1905 年	武　昌	劉大雄	
68	公　民　黨	1905 年	比利時	賀之才 史　青	吸收革命黨員
69	同　袍　會	1905 年	保　定	錢　鼎	
70	大 湖 南 北 同 盟　　　會	1905 年	東　京		湘鄂留日學生所組
71	改 進 學 社	1905 年	杭　州	丁嘉均	
72	華 北 救 命 軍	1905 年	張家口	丁開嶂 秦宗周	改革爲名，實謀革命
73	中 國 同 盟 會	1905 年	東　京	孫中山 黃　興 蔣　翊 張　繼	三民主義

74	台山聯志社	1905 年	台　　山	李自重 李是男	
75	合肥學會	1905 年	安　　徽	吳春陽	爲同盟會外府
76	中國留日女學生會	1905 年	東　　京	李　元 燕　斌 唐群英	鼓吹女權，聯絡革命
77	明　明　社	一九〇五　年	東　　京	谷思慎 康寶忠	爲同盟會招會員
78	信　義　會	1906 年	壽　　縣	張匯滔 管曙東	
79	革命演說堂	1906 年	北　　京	丁開嶂	丁爲同盟會員
80	保　亞　會	1906 年	廣　　州	葛　謙 譚　馥	聯絡巡防營志士
81	開　明　會	1906 年	無　　錫	華玉梁 范承昌	與光復會聯絡
82	公　學　會	1906 年	昆　　明	楊振鴻 陳文翰	聯絡志士
83	興　漢　會	1906 年	昆　　明	楊振鴻 李伯東	聯絡志士
84	長樂留學公所	1906 年	廣　　州	張谷山	運動新軍
85	鐵血丈夫團	1906 年	東　　京	閻錫山 李烈鈞	同盟會中留日陸軍士官學生組成
86	安郡公益社	1906 年	湖　　北	彭養光 趙鵬飛	聯絡軍中志士
87	女界自立會	1906 年	昆　　明	張雄西	倡導女權
88	連江光復會	1906 年	連　　江	吳　適	後有會員十餘人參加黃花岡之役
89	國學講習會	1906 年	東　　京	章炳麟	
90	岳　王　會	1906 年	蕪　　湖	陳獨秀 柏文蔚	

91	安 仁 會	1906 年	阜 陽	程恩普	程是同盟會員
92	浙江旅滬學會	1906 年	上 海	王 廉 沈 民	光復會掩護機構
93	中國青年益賽會	1906 年	吉隆坡	程澤民	程假為革命機關
94	輔 仁 會	1906 年	湖 北	胡鄂公 熊得山	聯絡志士
95	科 學 會	1906 年	貴 陽	彭述文 平 剛	響應萍醴瀏之役
96	自 治 學 社	1906 年	廣 東	葉夏聲	聯絡志士
97	自 治 學 社	1907 年	貴 陽	張百麟 陳永錫	密謀革命
98	奉 天 公 益 會	1907 年	奉 天	趙中鵠 甯 武 李樹華	外稱基督教青年會為掩護
99	共 進 會	1907 年	東 京	張伯祥 焦達峰	同盟會員組成
100	死 絕 會	1907 年	昆 明	楊振鴻	運動革命
101	四 省 協 會	1907 年	東 京		多豫甘晉陝學生
102	神 交 社	1907 年	上 海	陳去病	紀念秋瑾而設
103	岳 王 會	1907 年	安 慶	熊成基 常 芳	新軍中革命組織
104	世 界 社	1907 年	巴 黎	張人傑 吳敬	鼓吹無政府主義
105	東亞亡國同盟會	1907 年	東 京	陶成章 章炳麟	與印度、安南、緬甸諸國志士組成，章為會長
106	維 新 會	1907 年	安 慶	范傳甲	軍中革命組織
107	同 心 會	1907 年	安 慶	范傳甲	結納志士

108	岳王會	1907 年	南京	柏文蔚	蕪湖之分會，設於軍中
109	社會主義講習會	1907 年	東京	劉師祜 張繼	宣傳社會主義
110	北振武社	1907 年	北京	丁開嶂 劉盥訓	抗俄鐵血會之化名，暗謀革命
111	滇學會	1907 年	昆明	李伯東	師範師生組成
112	敢死會	1907 年	昆明	李伯東 范石生	參加者多學生
113	雜誌同盟會	1907 年	東京	趙伸	各革命刊物組成
114	文明演說會	1907 年	昆明	許謙	宣傳革命
115	利群社	1907 年	東京	邱丕振	邱為同盟會員
116	勤學社	1908 年	東京	黃克強	革命志士寄寓
117	雲南獨立會	1908 年	東京	楊振鴻 李根源	
118	騰越自治會	1908 年	騰衝	張文光	張為同盟會員
119	群治學社	1908 年	武昌	黃申薌	宣傳革命
120	湖北軍隊同盟會	1908 年	武昌	任重遠	士兵的革命組織
121	我們的學會	1908 年	合肥	吳春陽	吳為同盟會員
122	待雪社	1908 年	安慶	周振豐	組於軍中，響應熊成基起事
123	五路保礦會	1908 年	山東	于洪起 陳幹	于為同盟會員
124	自治同志會	1908 年	騰衝	張文光	聯絡志士

125	讀　書　會	1908 年	安　慶	韓衍	聯絡革命機關
126	秋　　　社	1908 年	紹　興	陳去病	紀念秋瑾
127	尚志學社	1908 年	東　京	黎仲實 胡靈媛	次年遷香港
128	種族研究會	光宣之際	湖　北	黃申薌	聯絡軍中志士
129	文學研究社	（同）	湖　北	賀公俠	（同）
130	將校研究團	（同）	湖　北	蔡濟民	（同）
131	自　治　團	（同）	湖　北	高尚志	（同）
132	益　智　社	（同）	湖　北	邱文彬	（同）
133	武德自治社	（同）	湖　北	李嶽松	（同）
134	柳營詩社	（同）	湖　北	謝超武	（同）
135	德　育　會	（同）	湖　北	向炳焜	（同）
136	數學研究館	（同）	湖　北	李春萱	（同）
137	振武尊心會	（同）	湖　北	馬驥雲	（同）
138	義　譜　社	（同）	湖　北	杜邦俊	（同）
139	神州學社	（同）	湖　北	鄧漢鼎	（同）
140	群　英　會	（同）	湖　北	向海潛	（同）
141	競　存　社	（同）	湖　北	席正銘	（同）

142	輔 仁 會	（同）	湖 北	陳佐黄	（同）
143	忠 漢 團	（同）	湖 北	陳國楨	（同）
144	武學研究會	（同）	湖 北		（同）
145	黄岡軍界講習 會	（同）	湖 北	熊子貞	（同）
146	集 賢 學 社	（同）	湖 北	張聘安	（同）
147	群 治 社	（同）	湖 北	梁耀漢	（同）
148	鐵 血 軍	（同）	湖 北	吳之銓	（同）
149	楚 社	（同）	湖 北	胡石庵	（同）
150	證 人 學 會	（同）	黄 梅	詹大悲 何亞新	聯絡志士
151	知 恥 學 社	光宣之 際	南 京	鄭 權	聯絡志士
152	公 強 會	（同）	重 慶	楊庶堪	聯絡志士
153	學生聯合會	（同）	福 建	黄光弼	聯絡青年學生
154	克 復 學 會	（同）	天 津	童啓曾 童冠賢	報刊宣傳
155	嚶 鳴 社	（同）	長 沙	曾 傑 劉 勁	吸收革命份子
156	同 袍 社	光宣之 際	保 定		陸軍學生組成
157	共進會總部	1909 年	漢 口	焦達峰 孫 武	與黄申薌的群治學社合 作
158	保定學生斷 髮 會	1909 年	保 定	胡鄂公	保定學生組織

159	蘭　友　社	1909 年	湖　北	趙士龍 胡祖舜	組於湖北軍中
160	南　　　社	1909 年	上　海	陳去病 景耀月	多同盟會員參加
161	國 民 捐 會	1909 年	貴　陽	張百麟 鍾昌祚	集款謀起事
162	共　和　會	1909 年	保　定	胡鄂公 熊得山	學生、士兵組成，北京、天津、太原、廣州、桂林、武昌有分會，後併入同盟會
163	擊　楫　社	1909 年	加拿大維多利亞	吳子垣 李翰屏	推銷革命書籍，後社員入同盟會
164	少 年 學 社	1909 年	舊 金 山	李是男 黃芸蘇	後改組為同盟會
165	壽 州 農 會	1910 年	安　徽	張匯滔 管　騰	聯絡志士
166	黃 縣 農 會	1910 年	山　東	徐鏡心 鄒斌元	暗謀革命
167	支 那 暗 殺 團	1910 年	香　港	劉思復 朱述堂 林冠慈 等 廿八人	謀殺滿清大吏，如炸李準、鳳山等案均是
168	敢　死　團	1910 年	上　海		行暗殺
169	共　和　會	1910 年	荊　州	胡鄂公	
170	振 武 學 社	1910 年	武　昌	楊王鵬	群治學社改組成
171	武 學 研 究 會	1910 年	錦　州	龔柏齡 商　震	新軍革命組織
172	武 學 研 究 會	1910 年	新　民	馮玉祥 商　震	二十鎮革命組織
173	武 學 研 究 社	1910 年	西　安		多軍中同盟會員
174	山 東 同 鄉 會	1910 年	新　民	施從雲 王金銘	聯絡魯籍軍人

175	陸軍同學會	宣統年間	保定	錢鼎 呂公望	鼓吹革命
176	醒獅社	（同）	保定	錢鼎 呂公望	鼓吹革命
177	青年秘密會	（同）	保定	劉仙洲 許潤民	後併於共和會
178	克復堂	（同）	北京	李季子 段亞夫	聯絡志士
179	急進會	宣統年間	北京	黎宗嶽 張榕	聯絡志士
180	勤公社	（同）	三原	柏惠民 張立卿	革命機關
181	軍事研究社	（同）	西安	張光奎 張伯英	革命機關
182	共和會	（同）	北京	錢鐵如	
183	共和會	（同）	通州	蔡德辰	
184	戲曲改良社	1911年	濟南	徐鏡心 劉冠三	暗謀革命
185	文學社	1911年	武昌	蔣伯夔 王憲章	振武學社改組成
186	共和會	1911年	公安	胡鄂公 譚虛谷	參加者多學生
187	共和會	1911年	武昌	胡鄂公	保定共和會分會
188	中國敢死隊	1911年	上海	朱家驊 徐霽生	聯絡志士
189	中華民國總會	1911年	上海	陳其美 傅夢豪 李懷霜	同盟會的外圍組織，辛亥助攻江南製造局，後併入國民黨
190	共和會	1911年	天津	白雅雨 胡憲	策劃灤州起事，保定共和會分會
191	共和會	1911年	南昌	鄭摩漢 王振漢	參加者多學生

192	國民尙武分會	1911 年	寧 波	陳訓正 范賢方	會員後大部加入同盟會
193	共 和 會	1911 年	開 封	卜寶珩	胡鄂公倡組
194	文 學 社 共進會聯合會	1911 年	武 昌	蔣翊武 孫武武	蔣任革命總指揮，孫任參謀長，另設政治籌備處
195	北方革命協會	1911 年	天 津	胡鄂公 張 榕 段亞夫	由克復堂、急進會等八團體組成
196	國 民 大 會	1911 年	昆 明	王九齡	宣傳革命
197	銳 進 學 社	1911 年	上 海	陶成章 尹銳志	光復會運動機關
198	辛亥俱樂部	1911 年	山 西	閻錫山	軍中革命組織
199	軍 國 民 會	1911 年	東 京	李肇甫 馬伯援	支援國內革命
200	贛 學 社	1911 年	贛 州	劉景熙 陳培元	聯絡志士
201	大 同 會	1911 年	甘 肅	黃 鉞 順 爻	聯絡志士
202	仁 義 會	1911 年	開 封	周培德 余化龍	會黨、同盟會、共和會組成
203	洪門籌餉局	1911 年	舊金山	黃三德 李是男 朱三進	孫中山督促組成，爲革命籌款
204	洪門籌餉局	1911 年	溫哥華	馮自由 劉儒	爲革命籌款
205	先鋒敢死團	1911 年	浙 江	蔣中正	促成浙江光復
206	奉天國民保安會	1911 年	奉 天	（黨人）	吉林、黑龍江有類似組織
207	軍事訓練班	1911 年	九 江	吳鐵城	聯絡軍中志士
208	國民聯合會	1911 年	天 津		主張共和

209	國民聯合會	1911 年	黑龍江		主張黑省獨立
210	大同民黨	1911 年	上　海	伍廷芳 黃　興	推行共和
211	四川共和黨	1911 年	成　都	張輯伍 黃伯琴	主張共和
212	湖南共和協會	1911 年	長　沙	熊希齡 張學濟	促清廷退位
213	共和統一會	1911 年	上　海	伍廷芳 王寵惠	謀全國統一
214	松郡政論會	1911 年	松　江	蔣　軾 張景良	
215	女子軍事協進會	1911 年	南　昌		贊助革命
216	急進共濟會	1911 年	金　山		揚革命、造共和
217	上海女界協贊會	1911 年	上　海	張默君 唐群英	募餉助戰
218	女子參政同盟會	1911 年	上　海	沈洽貞 唐群英	與同盟會接近
219	中國社會黨	1911 年	上　海	江亢虎 張　繼	
220	共和中國聯合國	1911 年	上　海	章炳麟 胡　仰	促臨時政府成立
221	旅蘇湘團聯合協濟會	1911 年	上　海	蔣鳳棠 易著勳	實行北伐建共和
222	國民共進會	1911 年	上　海	殷汝驪 范源濂	後併入統一共和黨
223	中華共和促進會	1911 年	上　海	沙　金 伍廷芳	促進共和，行國家主義
224	共和建設會	1911 年	上　海	江亢虎 王寵惠	促進共和
225	共和急進會	1911 年	煙　台	徐鏡心 劉藝舟	鞏固山東革命勢力

| 226 | 中華共和憲政會 | 1911 年 | 上 海 | 李平書
伍廷芳 | 促進共和憲政，制定憲法 |

本表係根據下列資料編撰而成：
(一)張玉法著，《清季的革命團體》，初版(臺北，中央研究院近代史研究所，民國六十四年二月)，第八章。
(二)張玉法著，《民國初年的政黨》，初版(臺北，中央研究院近代史研究所，民國七十四年五月)，第二章。
(三)國防部史政局編纂，《開國戰史》上冊，臺二版(臺北，正中書局，民國六十五年三月)，附表三十一。
(四)革命之倡導與發展(同盟會，第二冊)，第三十一、三十二章。
(五)許師慎編著，《國父革命緣起詳注》，臺五版(臺北，正中書局，民國六十八年十月)，第十八章。

表二~四　中國同盟會本部及支分會分布表

名　稱	成立年代	主　要　參　與　人	備　　　　註
同盟會本部	1905 年 8 月 20 日	孫中山、陳天華、胡漢民、 汪兆銘、鄧家彥、黃興、 宋教仁	成立於東京，總理下轄執行、評議、司法三部及各省區主盟人。
新 加 坡 同 盟 會	1905 年冬	陳楚南、張永福、林義順等四百餘人	一九〇七年在怡保、芙蓉、瓜　卑、金寶、林明、太平、武叻、麻坡、砂　越、麻六甲、關丹等處，設有分會或聯絡處。
西貢提岸 同 盟 會	1905 年冬	李曉初、李卓峰、劉易初等	同盟會在越南的組織尚有萃武精廬（即越南南圻中國同盟會分會）。講學社、中興社、衛生社、興仁社、啟明社、標標南僑社、篤黃社、尚志社。
檳 榔 嶼 同 盟 會	1906 年	吳世榮、黃金慶、陳新政等	辦有檳城日報及檳城書報社，以宣傳革命
吉 隆 坡 同 盟 會	1906 年	阮英舫、阮德三、陳占梅等	為新加坡同盟會派人所設
荷屬各埠 同 盟 會	1907—1908 年	劉亞泗、謝良牧、李中柱、梁默庵、（三二九之役後，有未死同志林激真等人成立同盟會帝	各埠指：泗水、巴達維亞、八打威甲太、文島檳港、雙溪烈、勿里洋、勿里洞嗎吃、武靈、流石、

		文分會）	日裡棉蘭、坤甸、三寶壠等埠，多稱書報社或學堂
河內海防同盟會	1907年春	楊壽彭、黃隆生等數百人	中山先生親往將興中會改組而成，支援欽廉、鎮南關、河口等役。
高棉同盟會	1910年	李芳舟、陳順和	書報社名義成立，高棉同盟會機關另有新漢社。
仰光同盟會	1908年春	莊銀安、盧喜福等二千三百四十三人	較大的分會另有：木各具、沙巳、毛淡棉、居脈、洞遇、彬文那、興沙搭、蒙摩、吉桃、力不丹、新彪邊、渺咯、繞彬九、榜地、知畝、勃臥、仁蘭姜、貓宇、瑞帽、卑謬、敏建、洞枝、瓦城、密沙、勃生等二十五處。
曼谷同盟會	1908年冬	蕭佛成、陳景華	中山先生親往組成，蕭辦有華暹日報，鼓吹革命，香港中國日報與通聲氣。
南洋支部	1908年秋	胡漢民、陳占梅等人	設於新加坡，胡漢民任支部長，統轄英荷兩屬分會及通訊處百數十埠。
馬尼剌同盟會	1911年春	李箕、黃三記等人	發刊公理報，宣傳革命。
美東同盟會	1909年11月	孫中山、黃溪記等八人	中山先生組於紐約，波士頓、費城等地有分會。
美中同盟會	1909年11月	孫中山、蕭雨滋等數十人	中山先生組於支加哥，在 Detriot 和 Winnemucca 等地設有分會。
美南同盟會		鄧鏡州	設於紐奧良（New Orleans）
美西同盟會	1910年2月	李是男、黃芸蘇等數百人	中山先生改組舊金山少年學社而成。在葛崙、屋崙、沙加緬都、士篤頓、斐士那、北架斐爾、洛山磯、馬些、滑慎威利、山柯些、埃崙頓、美利賀、汪古魯、享佛、山爹古、山達巴巴、西雅圖、鉢崙等地設有分會。
墨西哥同	1911年	鄧民光等十餘人	以鄧氏商店為革命機關，

盟　　　會			組織知行閱書報社，同時成立同盟會通訊處。
古巴同盟會	1910 年	黃鼎之、黃作常、吳曜初等數十人	在夏灣拿、雲丹、梨美科等處，組有三民閱書報社、三民團體會、三民同志會。
厄瓜多爾通訊處	1910 年		設在委也基（Guayaguil），並設漢族自由社，與香港中國日報通訊。
檀香山同盟會	1910 年 4 月	孫中山、曾長福等千餘人	中山先生改組興中會而成，在茂宜、希爐、秘魯設有分會。
加拿大同盟會	1911 年 5 月	馮自由等百餘人	馮自由組於溫哥華，以大漢報為宣傳機關，維多利有分會，並組擊楫學社。
歐洲同盟會	1905 年	史青、孔偉虎、朱和中、魏宸組、曹亞伯、李仲南等數十人	各地會員不多，均以通訊處方式成立。比利時有史、孔等十餘人，柏林有朱等數人，巴黎有魏等十餘人，倫敦、瑞士有曹、李等人，史青等並組公民黨。
紐西蘭分會	1908 年	呂傑、黃樹、黃國民等十二人	初創警東新報，繼組新民啟智會、旋改啟智社，再改組成少年中國會，均為與保皇黨對抗。
香港同盟會	1905 年秋冬間	馮自由、李自重、陳少白等三千餘人	會所設於中國日報社，先後組有民生、少年兩書報社，策動潮州黃岡及惠州七女湖等役。
澳門通訊處	1907 年	劉樾杭、周芷沅	粵港志士組有澳門優天影劇團，劉思復在此試驗炸藥。
南方支部	1909 年秋冬間	胡漢民、汪兆銘、陳少白、馮自由等十餘人	初以香港中國日報為機關，後另設中國閱書報社為掩護，策動黃花岡等役。
海防同盟會	1905 — 1911 年	劉岐山、甄壁、陳耿夫、林煥廷等	在廣東有同盟會機關者尚有：香山武峰閱報社、興甯興民學堂、虎門陸軍講武堂、汕頭鐵路公司、廉州小學堂新軍營、廉州中學堂新軍營、黃埔陸軍小

			學、汕頭長春堂、鳳翔書院、梁煥真醫院、雅荷塘、濂泉寺、大塘村、巡警教練所、支那暗殺團。
桂林同盟會	1905年多	黃興、葛謙等八十餘人	
廣西支部	1910年9月	耿毅、趙正平等數人	會員多在軍事學堂，辦有南報。
福建支部	1906年夏	鄭祖蔭、黃光弼等軍學各界人士	建安、蒲田、泉州、廈門設分機關，另組軍警同盟會，以聯絡士兵。
臺灣分會	1910年9月	翁俊明	
貴州分會	1908年	張百麟、平剛	組於貴陽，由張的自治學社改組而成
雲南分會	1906年	呂志伊、李根源等百餘名	刊雲南雜誌，組有文明演說會。
上海分會	1905年多	蔡元培、李衡等十數人	
江蘇分會	1906年春	陳去病、蔡元培等數十人	設於上海，併上海分會為一，徐州有支會。
同盟會中部總會	1911年6月6日	宋教仁、陳其美、居正、譚人鳳等數十人	成立於上海，策動長江一帶之革命及各省保路運動（四川為主）
江西支部	1906年	劉揆一、黃格鷗	支援萍瀏醴之役，臨川、宜黃、崇仁等處有分部。
湖北分會	1906年春	余誠、劉大雄等百餘人	由武昌日知會改組而成，萍瀏醴事敗後星散。
湖南分會	1906年	禹之謨等數十人	設於長沙。黃花岡之役後，另有長沙革命黨總機關
四川支部	1906年	余英、黃樹中等數人	初設瀘州，再遷成都，聯絡哥老會，策動起義。
浙江支部	1907年春	夏超、顧乃斌等數人	與光復會聯合，策動皖浙革命活動，新軍會黨為主。
河北支部	1906年	陳幼雲、郝仲清	設於保定，辦育德中學為機關。
山東分會	1907年	劉冠三	設於濟南
河南分會	1908年	杜潛、楊漢光等二百餘人	設於開封南關中學，新蔡設有分會。
陝西分會	1908年多	井勿幕等二十餘人	設於西安。
京津分會	1911年10月	汪兆銘、黃樹中等約二百餘人	設於天津，以民意報、國光新聞、國風日報為機關，會員胡鄂公聯絡各革命團體，組有北方革命協

			會，鐵血會、振武社、克復堂、急進會、女子北代隊等均有代表參加。對促使清廷退位，貢獻甚大。
遼東支部	1906 年	宋教仁、藍天蔚等數人	設於大連，專運動東三省馬賊及會黨。
黑龍江支部	1911 年 8 月	匡　一	

本表係根據下列資料編撰而成：
(一)張玉法著《清季的革命團體》，初版，臺北，中央研究院近代史研究所，民國六十四年二月，第五章。
(二)革命之倡導與發展(中國同盟會第一冊)，二十八章、二十九章、三十章。
(三)革命之倡導與發展(中國同盟會第二冊)，三十一章、三十二章。
(四)馮自由著，《革命逸史》，臺三版，臺北，臺灣商務印書館，民國六十七年二月，第四集。
　　(五)林衡道主編《臺灣史》，再版(臺北，眾文圖書股份有限公司，民國七十三年四月十日)，第八章，第十一節。

表二~五　清季革命運動統計表

年　　　代	起　義　事　件
乙未(一八九五年)九月九日	廣州之役
庚子(一九〇〇年)七月十五日	秦力山大通之役
庚子(一九〇〇年)七月二十八日	唐才常漢口之役
庚子(一九〇〇年)八月十五日	惠州之役
庚子(一九〇〇年)九月五日	史堅如炸德壽案
壬寅(一九〇二年)十二月三十日	廣州之役
癸卯(一九〇三年)四月十八日	周祥雲臨安之役
甲辰(一九〇四年)十月	長沙之役
甲辰(一九〇四年)十月十三日	萬福華擊王之春案
乙巳(一九〇五年)春	王漢刺鐵良案
乙巳(一九〇五年)九月二十六日	吳樾炸五大臣案

丙午(一九○六)八月	四川江油之役
丙午(一九○六年)十月十九日	萍瀏醴之役
丁未(一九○七年)四月十一日	潮州黃岡之役
丁未(一九○七年)四月二十二日	惠州七女湖之役
丁未(一九○七年)五月一日	劉思復謀炸李準案
丁未(一九○七)五月二十六日	安慶之役
丁未(一九○七)六月四日	紹興之役
丁未(一九○七年)七月二十七日	欽州防城之役
丁未(一九○七年)九月六日	汕尾之役
丁未(一九○七年)十月二十日	四川敘州之役
丁未(一九○七年)十月二十六日	鎮南關之役
戊申(一九○八年)三月二日	欽廉上思之役
戊申(一九○八年)三月二十九日	雲南河口之役
戊申(一九○八年)十月二十六日	安慶之役
戊申(一九○八年)十一月十四日	廣州之役
戊申(一九○八年)十二月一日	雲南之役
己酉(一九○九年)二月十日	四川廣安之役
己酉(一九○九年)夏	黃陳等人謀炸端方案
己酉(一九○九年)十二月十二日	嘉定之役
己酉(一九○九年)十二月	熊成基謀殺戴洵案
庚戌(一九一○年)元月三日	廣州新軍之役
庚戌(一九一○年)二月十一日	汪精衛炸戴澧案
庚戌(一九一○年)十月	酈佐治刺戴洵案
庚戌(一九一○年)十二月五日	黔江之役
辛亥(一九一一年)三月十日	溫生才鎗殺孚琦案

辛亥(一九一一年)三月二十九日	「三二九」之役
辛亥(一九一一年)六月十七日	陳林二人炸李準案
辛亥(一九一一年)八月十九日	武昌起義
辛亥(一九一一年)九月一日	湖南光復
辛亥(一九一一年)九月一日	陝西光復
辛亥(一九一一年)九月四日	李沛基炸鳳山
辛亥(一九一一年)九月八日	山西光復
辛亥(一九一一年)九月九日	雲南光復
辛亥(一九一一年)九月十日	江西光復
辛亥(一九一一年)九月十四日	貴州光復
辛亥(一九一一年)九月十五日	江蘇光復
辛亥(一九一一年)九月十五日	浙江光復
辛亥(一九一一年)九月十七日	廣西光復
辛亥(一九一一年)九月十七日	吳祿貞河北起義
辛亥(一九一一年)九月十八日	安徽光復
辛亥(一九一一年)九月十九日	廣東光復
辛亥(一九一一年)九月十九日	福建光復
辛亥(一九一一年)九月二十三日	山東光復
辛亥(一九一一年)十月三日	王、施等人起義灤州
辛亥(一九一一年)十月七日	四川光復
辛亥(一九一一年)十一月三日	張鍾瑞等起義開封
辛亥(一九一一年)十一月九日	薛尹二人炸張懷芝
辛亥(一九一一年)十一月二十八日	楊黃張三人炸袁世凱
辛亥(一九一一年)十二月七日	彭家珍等人炸良弼

本表係根據下列資料編撰而成：
（一）鄒魯著，《中國國民黨史稿》，臺二版(臺北，臺灣商務印書館，民國五十九年五月)。
（二）革命之倡導與發展(中國同盟會)，第三冊。
（三）革命之倡導與發展(興中會)，上下兩冊。
　（四）許師慎編著，《國父革命緣起詳注》，臺五版(臺北，正中書局，民國六十八年十月)。

表二~六　革命運動發展總表

年代	革命團體	革命學校	革命報刊	革命劇團	起義事件	合　計
1894 年	1	1				2
1895 年					1	1
1896 年		1				1
1897 年	1	2				3
1898 年	1	1				2
1899 年	1		1			2
1900 年	5	1	4		4	14
1901 年	6		2			8
1902 年	6	2	4		1	13

年						合計
1903 年	19	17	14		1	51
1904 年	20	8	8		2	38
1905 年	14	5	9	1	2	31
1906 年	19	16	18		2	55
1907 年	19	10	18	1	9	57
1908 年	49（宣統年間：9）	12（年代不詳：72）	12	3	5	95
1909 年			9	1	4	
1910 年	10	2	17		4	33
1911 年	42	2	16	5	25	90
合　計	226	152	132	11	60	

附　記：本表革命團體從一八九四年起算。革命學校年代不詳者有七十二，大部份在宣統年間，少部份在一九○四年前後，及一九○六年前後定詳見張玉法著，清季的革命團體，第八章。

參、清季的立憲團體

　　此處所稱立憲團體實包含戊戌時代的維新團體及其後續推動立憲的立憲團體。其原因是主張立憲的領導人物，如康有為在戊戌以前就有立憲主張，戊戌以後高唱立憲的保皇團體，在戊戌以前就已形成。所以立憲團體的由來，應該追溯到康梁的維新團體，亦可稱維新運動是立憲運

動的開端。(一三)張玉法先生亦認為,清季重要政治結社,在戊戌(西元一八九八年)時代泛言維新,丙午(西元一九〇六年)以後專主立憲,前後精神一貫。(一四)故我人以「立憲團體」名之。

就政治發展(Political Development)的角度而言,立憲團體的貢獻是在中國的晚清末葉促成政黨(Political Party)的出現,用組織群眾的方式向統治者或政府機關表達政治改革的意願,這個趨勢愈向晚清愈明顯,到宣統年間所組成的政治團體,已有政黨雛型,甚至已有政黨的實質。(一五)此一歷史演變的趨勢,要從光緒廿一年(一八九五年)七月三日康有為等人在北京成立「強學會」(西人稱 Reform Club)開始,(一六)其性質「實兼學校與政黨而一之」,在今日可能被視為一種幼稚之團體,但在當時確是戰勝數千年舊習慣,開革新中國社會之先河。(一七)以刊佈報紙,譯印圖書,廣開風氣,求中國自強為目標。可惜當時一般守舊派目之為「朋黨」,強學會乃於當年十二月八日(西元一八九六年一月二十二日)遭受查禁命運。但組織學會風氣已開,強學會雖遭封禁,類似其他學會則繼其後而勃興,以迄於戊戌政變,各地學會如表二-七所示有六十三種,其要者如保國會、南學會。而保國會被誣以「保中國,不保大清」,為直接導致政變之原因。(一八)

戊戌政變後,政治結社再度受到封禁,到立憲運動起,除以「反對中美公約」為由有若干團體組成外,餘均沉寂。惟此期間有一最大的政治組織在加拿大組成,即保皇會,亦稱「中國維新會」(Chinese Empire Reform Association),乃奉光緒皇帝的密詔以救皇帝復政。(一九)該會成立後立即大力發展會務,在亞洲、澳洲、美洲、南洋、南非及國內均有分會,而以美洲組織最大,以舊金山為總事務所,設有十一總部,一〇三支會,這是康有為苦心孤詣的結果。其在各地區的政治勢力曾經一度駕凌革命團體之上,終因 中山先生率領革命志士力戰保皇會,才在西元一九〇三年之後逐漸取得優勢地位。

光緒宣統之際的立憲運動起於光緒三十二年(西元一九〇六年)的預備立憲詔書,到滿清末代皇帝退位之前,立憲團體此起彼落。例如康有

為改組保皇會成立帝國憲政會，梁啓超組政聞社，各種國會請願團體，及資政院中四大政黨－憲友會、帝國憲政實進會、辛亥俱樂部、政學會等都是。但到宣統二年(西元一九一○年)國會第三次請願未果，及次年皇族內閣成立，立憲團體已開始倒向革命陣營，資政院和諮議局均屬系統內的組織，連這些組織對本身所依存的系統都不予支持(Support)，則滿清政治系統的崩潰已是必然。

　　總計清季的立憲團體，其宗旨比革命團體要來得多樣化，約略為維新強學、保國、保種、保皇、地方自治、憲政運動、保路保礦等，共有一五二個團體，如表二－七所示。表中最後有楊志在西元一九一一年十二月成立「君主立憲贊成會」，及常英等人組成的「大清帝國君主立憲會」，應是滿清最後掙扎。不數日，　中山先生就臨時大總統職，民國建立，滿清退位。

表二~七　清季立憲團體統計簡表

編號	名　　稱	地點	年　代	主 持 人	備 註 (宗 旨)
1	強 學 會	北京	1895 年	康有為、梁啓超	強學強國
2	強 學 小 會	北京	1896 年	張元濟	求實學，習西文
3	地 圖 公 會	上海	1896 年	鄒代鈞、汪康年	繪製中外地圖
4	東 文 學 社	上海	1896 年	汪康年	肄習日文
5	農 學 總 會	上海			

6	務農會	上海	1896 年	汪康年、羅振玉	推廣農藝
7	農學會	溫州	1896 年	黃紹箕、孫詒讓	
8	尙賢堂	北京	1896 年	李佳白	繼強學會之志
9	聖學會	桂林	1897 年	康有爲、岑春	傳孔門大教
10	興亞會	上海			
11	測量會	江寧	1897 年	楊文會、譚嗣同	測量天文地理
12	質學會	武昌	1897 年		崇尙儒學
13	醫學善會	上海	1897 年	龍澤厚、梁啓超	講醫學、救種族
14	戒纏足會	上海	1897 年	康廣仁、梁啓超	推廣戒纏足舊習
15	知恥學會	北京	1897 年	康有爲、梁啓超	知恥救民
16	集學會	上海			
17	蒙學公會	上海	1897 年	曾廣銓、汪康年	提倡幼兒教育
18	蒙學會	江寧			
19	粵學會	北京	1897 年	康有爲	以經術言變法

20	延年會	長沙	1897 年	熊希齡、譚嗣同	重實效，尚質簡
21	群萌學會	瀏陽	1897 年	康才常、黎少谷	
22	湘學會	長沙		江文宗	
23	校經學會	瀏陽			
24	女學會	上海	1897 年	黃謹娛、沈瑛	提倡婦女教育
25	群學會	廣東	1897 年		
26	譯書公會	上海	1897 年	董康、趙元益	譯各國實用書籍
27	算學會	上海	1897 年		
28	明達學會	常德	1897 年		中本西用之研究
29	實學會	上海	1897 年	王仁俊	博採通論
30	經濟學會	北京		康有為	
31	三江學會	湖南	1897 年	潘學海、羅公祖	訓練實務人才
32	蘇學會	蘇州	1897 年	章鈺、孔昭晉	講中體西學
33	關西學會	北京	1898 年	宋伯魯、閻迺竹	以經義言變法

34	天足會	天津	1898年		
35	算學會	福州	1898年		
36	戒鴉片煙會	橫濱	1898年	徐勤	向國內推廣戒鴉片
37	學戰會	長沙	1898年	黃崿	振興新學
38	致用學會	湖南	1898年		踐履聖言
39	質學會	衡山	1898年		
40	勸學會	江寧	1898年		
41	顯學會	廣東			
42	郴州學會	湖南	1898年	鄒代鈞	講輿算兵農之學
43	南學會	長沙	1898年	譚嗣同、唐才常	強學維新
44	法律學會	湖南	1898年	李延豫、周燾	講讀律令
45	公理學會	長沙			廣東亦有斯會
46	商業總會	北京	1898年		研究商學商務
47	閩學會	北京	1898年	林旭、張亨嘉	

48	匡時學會	揚州	1898 年		
49	仁學會	貴州	1898 年	吳嘉瑞、楊盧紹	講演時政倡西學
50	蜀學會	北京	1898 年	楊銳	
51	勵志學會	江西	1898 年	鄒凌瀚	
52	保國會	北京	1898 年	康有爲、梁啓超	保國保教保種
53	味經學會	西安			
54	保新會	北京	1898 年		旅京浙籍人士組成
55	保川會	北京	1898 年		旅京川籍人士組成
56	保滇會	北京	1898 年		旅京滇籍人士組成
57	保湘會	長沙			
58	同心會	江西	1898 年	宋名璋、夏承慶	
59	戒煙會	上海	1898 年	鄭孝胥、鄭觀應	廣勸戒煙
60	任學會	湖南	1898 年		論實務，倡西學
61	雪恥學會	江蘇	1898 年	陳去病	

62	公法學會	長沙	1898 年	畢永年、唐才常	研究法律外交
63	亞細亞協會	上海	1898 年	鄭孝胥、文廷式	中日聯合，論學術
64	地學公會	長沙			
65	政治學會	橫濱	1899 年	梁啓超、鄭清瑯	論議院是否開設
66	保皇會	加拿大	1899 年	康有爲、梁啓超	保光緒皇帝
67	地方自治研究會	上海	1906 年	雷奮	研究地方自治
68	法政研究會	揚州	1906 年	盧晉思、鄭寶慈	研究政法
69	自治期成會	天津	1906 年		由天津自治研究所改組
70	自治期成會	遼陽	1906 年	袁金鎧、徐珍	促進地方自治
71	地方自治會	昭文	1906 年		促進地方自治
72	地方自治會	常熟	1906 年		促進地方自治
73	南陵自治會	南陵	1906 年		促進地方自治
74	憲政研究會	上海	1906 年	馬良、雷奮	研究憲政
75	預備立憲公會	上海	1906 年	張謇、湯壽潛	鼓吹憲政

76	地方自治研究會	福州	1907 年		促進地方自治
77	憲政講習會	東京	1907 年	楊　度、熊范輿	促進憲政
78	帝國憲政會	紐約	1907 年	康有為	促進憲政，保皇會改組成
79	政聞社	東京	1907 年	梁啓超	要求速開國會
80	中國民主憲政會	舊金山	1907 年		以「世界日報」為宣傳機構
81	地方自治研究會	烏拉城	1907 年		促進地方自治
82	地方自治研究會	榕南	1907 年		促進地方自治
83	粵商自治會	廣州	1907 年	江孔殷	促進地方自治
84	自治會	揚州	1907 年	徐聯芳	促進地方自治
85	自治研究會	嘉應	1907 年		促進地方自治
86	地方自治研究會	寶山	1907 年	潘鴻鼎	促進地方自治
87	自治研究會	北京	1907 年	楊文炳	促進地方自治
88	地方自治研究會	北京	1907 年	鄧心章	促進地方自治
89	自治期成會	武進	1907 年		促進地方自治

90	自治期成會	廣州	1907 年	丘逢甲、鄒魯	促進地方自治
91	吉林自治會	吉林	1907 年	松毓	發行「公民報」
92	彩　自治會	彩	1907 年		地方自治、立憲
93	自治公會	大庾	1907 年	陳守謙	地方自治、立憲
94	公議研究會	東阿	1907 年		地方自治、立憲
95	寧晉自治會	寧晉	1907 年		地方自治、立憲
96	大興自治會	大興	1907 年		地方自治、立憲
97	景州自治會	景州	1907 年		地方自治、立憲
98	永平自治會	永平	1907 年		地方自治、立憲
99	海陽自治會	海陽	1907 年		地方自治、立憲
100	澄海自治會	澄海	1907 年		地方自治、立憲
101	蘇灣自治會	蘇灣	1907 年		地方自治、立憲
102	鮀江自治會	鮀江	1907 年		地方自治、立憲
103	普寧自治會	普寧	1907 年		地方自治、立憲

104	杭乍兩防旗人自治會	杭州	1908 年	貴中權、錫聞九	促進地方自治
105	樂安自治會	樂安	1908 年	李慶恩	促進地方自治
106	政俗調查會	東京	1907 年	楊　度	預備立憲
107	憲政研究社	北京	1908 年		
108	地方自治期成會	濰縣	1908 年	王善述	促進地方自治
109	地方自治期成會	清苑	1908 年	李廷楨	自治、立憲
110	自治期成會	青浦	1908 年	趙夢泰	促進地方自治
111	國會請願同志會	上海	1909 年	孫洪伊、張謇	由十六省諮議局代表組成，亦稱諮議局聯合會，各處有斯組織
112	諮議局研究會	南京	1909 年	張謇	研究諮議局事務
113	諮議局事務調查所	東京	1909 年		出版憲政雜誌，上海有事務所
114	議案預備會	漳州	1909 年	陳亮、陳爲兆	出版憲政雜誌
115	自治研究所	鎮江	1909 年	胡味青、李崇甫	附設自治宣講所
116	自治學社	貴陽	1909 年	張百麟	出版西南日報
117	政興會	福州	1909 年	林長民、劉崇佑	演講憲政

118	國會期成會	北京	1909 年	黎宗嶽	即「國會速開期成同志會」
119	人民建議協會	嘉興	1909 年		向諮議局提出建議案
120	地方自治研究社	順德	1909 年	梁仲持	促進地方自治
121	憲政預備會	貴陽	1909 年	唐爾鏞	促進憲政
122	政學公會	北京	1910 年		促進憲政、資政院的「第四黨」
123	諮議局決議協贊會	嘉興	1910 年	陶慧斧、沈鈞儒	支持諮議局決議案
124	帝國憲政實進會	北京	1910 年	陳寶琛、于邦華	即「憲政維持進行會」，或稱「憲政實進會」
125	憲友會	北京	1911 年	謝遠涵、孫洪伊	由「帝國統一黨」改組成，各省有分會
126	世界女子協會	上海	1911 年	周佩宜	振興女權
127	辛亥俱樂部	北京	1911 年	楊度、載澤	為資政院中「第三黨」
128	婦女宣講會	上海		丁乘時	
129	惜陰會	上海			刊行「社會雜誌」
130	尚志會	北京	1911 年	籍忠寅	促進憲政
131	自治研究會	武昌			

132	自治學社	天津	1911 年		促進自治
133	京城自治會	北京			促進地方自治
134	憲群社	貴陽	1911 年	任可澄	促進憲政
135	地方自治預備會	閩侯		吳曉舟、嚴伯玉	促進地方自治
136	南鄉自治會	南鄉	1911 年	鄭友其、鄭肖巖	促進地方自治
137	自治研究社	廣州		梁小山、丘逢甲	預備立憲，地方自治
138	自治研究社	汕頭			促進地方自治
139	法治研究會	天津		松友梅	研究法政，地方自治
140	八旗憲政會	北京			
141	法政同志會	北京		李盛鐸	促進憲政
142	憲政研究會	東京			
143	憲政研究會	天津			
144	憲政籌備會	武昌		張國溶	促進憲政
145	國事共濟會		1911 年	楊度、汪兆銘	

146	宗 社 黨	北京	1911 年	良　弼、 升　允	救清朝，反對共和
147	共 和 建 設 討 論 會	上海	1911 年	梁啓超、 孫洪伊	主張共和憲政
148	君 主 立 憲 贊 成 會	北京	1911 年	楊　志	君主立憲
149	大 清 帝 國 君 主 立 憲 會	北京	1911 年	常　英、 屈　李	造成完全君主立憲政體

本表係根據下列資料編撰而成：
(一)張玉法著：清季的立憲團體，初版(臺北：中央研究院近代史研究所，民國六十年四月)，第三—八章。
　(二)張玉法著；民國初年的政黨，初版(臺北：中央研究院近代史研究所，民國七十四年五月)，第二章。

第二節　民初的政治結社

　　民國建立以後，人民已有言論、集會、結社之自由，查民國元年三月十一日公佈的中華民國臨時約法第六條、民國二年進步黨所擬的中華民國憲法草案第十三條、民國二年十月三十一日三讀完成的《天壇憲草》第九條、民國三年五月一日公佈的《中華民國約法》(袁世凱約法)第五條，對這些國民基本權利都依法保障。(二〇)再者，共和始肇，一般國民或昔日的革命幹部，大多急於醉心民主。(二一)故民初的政治結社亦呈現紛亂林立的狀態，但實際上民初是我國有史以來第一次政黨政治的實驗，直到民國二年十一月四日袁世凱解散國民黨，追繳四百三十八名國民黨籍議員證書，終使參眾兩院停會。此後是袁氏毀棄《臨時約法》，帝制迷夢，政治結社隨之消滅，只有袁氏的御用政治團體可以公開活動，反袁的政治團體僅能秘密進行。本論文將民初政治結社區分為：臨時參議院時代政黨(民國建立－民國二年四月)、正式國會時代政黨(民國二年四月－同年十一月)、革命(反袁)團體等三部份概述之。(本節所述

政治結社請參閱節末的表二－九)

壹、臨時參議院時代政黨

　　中華民國元年一月一日南京臨時政府成立，元月廿八日臨時參議院亦正式開幕。各種政治勢力紛紛形成，以期在政府組織中取得政權。諸如原有光復會改組成中華民國聯合會，並於元月三日與預備立憲公會合組統一黨；擁黎元洪為中心的有民社；同盟會的急進份子李懷霜等組自由黨；傚德國社會民主黨有張繼的中國社會黨；憲友會分歧成共和建設討論會和共和統一黨。

　　其他小政團尚有國民共進會、國民公黨、共和實進會、國民協進會、民國公會、國民黨(前)、統一共和黨、共和俱進會、共和促進會、國民新政社等。

　　到民國元年五月，以統一黨和民社為主力，合國民黨(前)、國民協進會和民國公會，組成共和黨，以黎元洪、章炳麟主之，但未幾章又離理事之職，仍舊維持統一黨的局面。

　　民國元年八月廿五日，中國同盟會併統一共和黨、國民共進會、共和實進會、國民公黨合組成國民黨。

　　民國元年十月有共和建設討論會、共和統一黨、共和俱進會、共和促進會、國民新政社合組成民主黨。

　　民國二年二月，參、眾兩院議員選舉揭曉，以上的國民黨、共和黨、統一黨、民主黨成為當時國會中的四大政黨，各黨議員所獲得的議員席次如表二－八所示。

表二~八　民國二年參眾兩院各黨實佔議席表

黨籍	參議院	眾議院	合　計	備　　　　註
國民黨	123	269	392	資料來源：謝彬著，民國政黨史，初版(臺北：文星書局，民國五十一年六月)，頁五一一五二。
共和黨	55	120	175	
統一黨	6	18	24	
民主黨	8	16	24	
跨黨者	38	147	185	
無所屬	44	26	70	
總　計	274	596	870	

貳、正式國會時代政黨

　　民國二年四月八日第一屆正式國會在北京開幕。此時因國民黨是國會中的第一大黨，袁氏視爲大敵，極思壓抑。而統一、民主、共和三黨亦以反對國民黨爲職志，乃於民國二年五月廿九日合組進步黨，黎元洪、梁啓超爲其首要。旋不久有原共和黨人黃雲鵬等出而另組「新共和黨」，民主黨中李慶芳等人另組議員同志會。

　　袁氏促成進步黨成立後，爲進一步破壞國民黨，乃策動國民黨中的野心政客劉揆一、景耀月、陳家鼎、朱兆莘、郭人漳等人脫黨，另組相友會、政友會、癸丑同志會、集益社、超然社。

　　民國二年七月三十一日熊希齡出組內閣後，國民黨胥捐前嫌，與進步黨合作共濟，袁氏又感受制不便，欲有可用的御用黨。民國二年九月十八日梁士詒乃合潛社、集益社、議員同志會等諸小政團組成公民黨。梁是袁的秘書長，在當時儼然有政黨首領之實力，社會上有「小總統」

的名號。(二二)

公民黨組成,國民黨和進步黨頗受壓力,深感有更進一步合作提攜之必要。於是兩黨於民國二年十月廿一日合組民憲黨。超然社、集益社、政友會則合組成大中黨,企圖在國民、進步兩黨之外,形成第三勢力。

參、革命(反袁)團體

當袁世凱謀叛民國,積極他的帝制運動時,最先覺察其專制意向的是國民黨人,尤其是 中山先生、黃興等。當民國二年二月廿日袁世凱、趙秉鈞派人暗殺國民黨領袖之一的宋教仁後,孫、黃二人就開始策動黨人反袁,如甯調元、熊樾山在鄂組織「討賊團」、「誅奸團」、「鐵血團」、「血光團」等,林森、陳其美等別組「鋤奸團」。不久二次革命爆發於江西,可惜當時有力的政黨,只有國民黨反袁,餘多擁袁,加以革命領袖意見不一,革命力量與袁軍實力相去過遠,故二次革命之敗亦釐然可見。

二次革命失敗後, 中山先生決定改組國民黨為中華革命黨。首先於民國二年九月廿七日有朱卓文等五人宣誓加入,十月有戴傳賢、陳其美在東京, 蔣中正、張人傑等在上海,分別加入中華革命黨,民國三年七月八日中華革命黨在東京開成立大會。 中山先生被推為總理,並兼中華革命軍大元帥,其目的為「推翻專制政府,建設完全民國,啟發人民生業,鞏固國家主權」,凡革命軍人必須「實行宗旨,服從命令,盡忠職務,嚴守秘密,誓共生死」,所有加入者均完成宣誓及蓋指模。(二三)可見中華革命黨是遠襲同盟會的精神,而去民初國民黨的渙散。但部份黨員並不能瞭解 中山先生重組革命黨之本意,拒絕入黨,其領袖級的人物如黃興、李烈鈞、譚人鳳、陳炯明等均未入黨,而柏文蔚雖受盟立誓,旋意志動搖。(二四)其實這正好是強化革命陣營,使革命目的更易於達成的手段。(二五)

中華革命黨在海內外的組織,原則是建立在昔日同盟會、洪門、國

民黨的基礎上。其宣言規定:

　　凡在國內所有之國民黨本部、交通部、分部被袁氏解散者,不能存在無論矣;所有海外之國民黨,除在日本東京已宣告解散外,其餘美國南洋各地未經解散者,希即一律改組爲中華革命黨。(黨爲秘密團體,與政黨性質不同,凡在外國僑居者,仍可用國民黨名義。)(二六)

　　對於洪門, 中山先生於民國四年也在「通告洪門改組爲中華革命黨支部函」指示,要各洪門團體全部填寫誓約,加入中華革命黨,其內部組織一律援照總章、通則,改稱中華革命黨支部,以免消息隔閡,而收指臂相助之妙用。(二七)對國內的組織發展則有「中華革命黨各省支部通則」適用之,各省支部機關設支部長一人,參議四人,書記長一人,科長四人及幹事若干等。(二八)所有海內外各級組織的主管、副主管均正式發佈委任令,顯示出這是一個具有強力組織與領導的革命團體。又因中華革命黨的組成,各地有新成立的討袁組織,如在舊金山有民國維持總會、美洲華僑義勇軍,加拿大有華僑敢死先鋒隊,香港和日本均有聯義社等,而與民國前的同盟會性質相同的書報社、籌餉局、聯絡處等組織,亦紛紛恢復或成立。(二九)中華革命黨雖非反袁的主要勢力,但察覺袁氏帝制運動最先,首先點燃反帝制的火炬,復經進步黨、護國軍等傳遞於後,終於扭轉國人視聽,迅速促使袁氏眾叛親離,結束帝制夢想。

　　綜觀民初的政治結社,一部份是國民黨系的結社,一部份是擁袁團體,大多數只是普通的政治團體而已。如表二–九所示,計有二七五個,顯示當時人民對組黨結社的渴望。

表二~九　民初政治結社統計簡表

編號	名　　　稱	年代	地點	重要人物	宗　旨　(　備　註　)

1	中華共和憲政黨	1912	上海	李平書、伍廷芳	旋又改名中華民國憲政黨
2	肅寧共和實進會	1912	河北		政治團體
3	宣化共和實進會	1912	察哈爾		
4	河間自治促進會	1912	河北		政治團體
5	全省各界聯合會	1912	奉天		又稱東三省聯合會
6	燕晉關外統一會	1912	察哈爾	李衡亮、陳書屏	促進共和
7	西北協進會	1912	北京	那彥圖、于右任	屬同盟會一系
8	五族統一會	1912	察哈爾		
9	隆平地方促進會	1912	河北		政治團體
10	西南協會	1912	上海	王寵惠、馬君武	聯合西南各省，促進共和
11	民國共進會	1912	上海	應桂馨	青幫改組成，袁世凱、趙秉鈞策劃用應暗殺宋教仁
12	進德會	1912	上海	汪兆銘、吳敬	屬同盟會系
13	中華民國民生國計會	1912	上海	諸宛明	倡實業，福州、南京等地有分會
14	商團共和會	1912	上海	朱葆三	

15	自 由 黨	1912	上海	李懷霜、孫 文黃 興	促進共和,屬同盟會系
16	女 士 自 由 黨	1912	上海	唐麗華、高企蘭	自由黨女子黨員所組成
17	改良中國政治演 說 會	1912	開封		評時政,開風氣
18	萬 春 劇 社	1912	崞縣	弓富魁	聯絡革命同志,旋被閻錫山解散
19	民 國 法 政 協 會	1912	湖北		
20	協 贊 共 和 會	1912	廣州		屬同盟會系
21	救 國 會	1912	漢口		響應國民捐
22	中華民國中央演 說 團	1912	南京		維持共和,鼓吹北伐
23	共 和 急 進 會	1912	武昌	黎元洪、黃 興	以政黨組織,促進共和
24	共和統一促進會	1912	長沙	賓玉瓚	促成單一國制
25	中 國 保 全 會	1912	北京	陳振先	君主立憲
26	共 和 聯 合 會	1912	北京		促進共和
27	軍 警 聯 合 會	1912	奉天		軍警互通
28	中華民國聯合會	1912	上海	章炳麟、熊希齡	國家主義,旋改統一黨

29	民　　　社	1912	上海	黎元洪、藍天蔚	倡盧梭民約論及軍國民教育
30	中華民國工黨	1912	上海	朱志堯、龍璋	勞工政策，參與討袁
31	國民協會	1912	上海	溫宗堯、唐紹儀	統一國權，發達民力
32	上海社會聯合會	1912	上海		聯合各團體，從事社會改良
33	政治談話會	1912	上海	彭允彝	後併入統一共和黨
34	南北共和憲政統一會	1912	北京	陸建章、張紹曾	聯絡南北政黨，討論共和
35	共和建設討論會	1912		湯化龍、林長民	共和漸進
36	共和政體研究會	1912	北京	王牧、樓思浩	研究共和政體，擁袁
37	華僑聯合統一會	1912	上海	汪兆銘、黃興	屬同盟會系
38	國民黨（前）	1912	上海	溫宗堯、伍廷芳	親美派集團，後併入共和黨
39	改良川蜀公口會	1912	成都	張知競	改良哥老會黨，使功能正常
40	國民公黨	1912	上海	岑春、伍廷芳	共和憲政，擁袁
41	中華進步黨	1912	上海	蘇筠倘、楊峴莊	平等、人道、大同
42	山東統一會	1912	濟南	王訥、徐鏡心	

43	中 央 集 賢 會	1912	北京	齊忠甲、申鐘嶽	共和憲政，擁袁
44	中 國 同 盟 會	1912	南京	孫　文、黃　興、宋教仁	秘密改公開，行民生主義
45	工　　　黨	1912	南京	董漢卿、張子帆	謀勞工利益
46	工 黨 共 進 社	1912	上海	李志公、李懷霜	中華民國工黨的運動機關
47	國 民 協 進 會	1912	北京	邢彥圖、籍忠寅	鞏固共和，擁袁
48	共 和 俱 進 會	1912	奉天	齊耀琳、袁金凱	從事政黨活動
49	國 民 黨	1912	北京	孫　文、宋教仁	同盟會改組成
50	中 國 社 會 黨	1912	上海	江亢虎	倡社會主義
51	全皖旅鄂協力進 行 會	1912	武昌	呂賢生	
52	全國聯合進行會	1912	南京	李萬全、李安陸	同盟會的外圍組織
53	萬國統一天民黨	1912	上海	聞天裔、馮復蘇	人道主義，與同盟會近
54	政 見 商 榷 會	1912	上海	黃　興、黎元洪、于右任	
55	民 國 公 會	1912	上海	陳敬第、黃群	鞏固民國統一，後併入共和黨
56	中華民國自競黨	1912	上海	汪子靜、胡志平	屬同盟會系

57	奉天共和促進會	1912	上海	袁金凱、曾有翼	鞏固共和團體
58	政　群　社	1912	北京	胡大勛、王人杰	倡國家社會主義，屬同盟會系
59	國群鑄一通俗演講社	1912	北京	賈恩紱、高步瀛	維持共和憲政
60	五大民族共和聯合會	1912	北京	趙秉鈞、劉揆一	五族聯合，擁袁
61	漁業統一黨	1912	南京	李天麟、姜眉仙	招集流民，似為不法集團
62	統一共和黨	1912	南京	谷鍾秀、褚輔成	民生建設，後併入國民黨
63	中華民國競進會	1912	上海	徐紹楨、沈曾植	民生主義
64	國民平權會	1912	福州		社會黨人發起
65	五族少年同志保國會	1912	上海	戴天仇、雷振	屬同盟會系
66	公民急進黨	1912	上海	沈劍侯、許九畹	鞏固共和
67	共　和　黨	1912	上海	黎元洪、梁啟超	持國家主義
68	國民捐會	1912	南京	孫文、黃興	南京六十個社會團體組成
69	五族合進會	1912	北京	姚錫光	五族聯合
70	救　亡　會	1912	上海	戴天仇、潘月樵	屬同盟會系

71	政友俱樂部	1912	北京		號召各黨共同建設
72	統一國民黨	1912	上海	黎元洪、段祺瑞	軍民分治，擁袁
73	工　黨	1912	蘇州	黃駕雄	開通工人知識
74	中央演說會	1912	南京	宰忠漢、李　鐸	國民總會會員發起
75	心　社	1912	廣州	劉師復、莫紀彭	完全脫離社會
76	法團聯合會	1912	成都	張知競、周道剛	對付藏兵入侵
77	平權會	1912	上海	區麟生	倡世界民族平等
78	帝國黨	1912	青島	奕　劻、張作霖	謀擁宣統復位
79	通俗政治講演會	1912	上海	葉體雯	
80	國民黨	1912	北京	孫　文、谷鍾秀	採民生主義
81	中國民立會	1912	上海	袁可述	發達民權
82	啜血會	1912	吉林		鼓吹男子爲國流血
83	群進會	1912	北京	孫　武	謀於議院內分國民黨之勢
84	社會黨	1912	上海	沙　金、周繼香	實行共產主義

85	民　主　黨	1912	北京	湯化龍、孫洪伊	中央集權，兩黨政治
86	永合滿漢會	1912	吉林	吳　琨、王介廷	融合漢滿
87	國會同志會	1912	北京	李慶芳、梁士詒	國家主義。擁袁
88	經濟協會	1913	北京	貢桑諾爾布	蒙古議員組成
89	大公俱樂部	1913	北京	郭人漳	國會議員組織
90	民　權　黨	1913	北京	孫毓筠	後與政友會合併
91	超　然　社	1913	北京	郭人漳、楊　度	國民黨脫黨者組成
92	潛　　　社	1913	北京	梁士詒、司徒穎	梁的私黨
93	晦　鳴　社	1913	廣州	劉師復	倡無政府主義
94	江蘇省政討論會	1913	蘇州	曾　樸、張東蓀	
95	強　國　公　會	1913	北京	張紹曾、汪其砥	
96	國會觀迎團（國會地點研究會）	1913	上海		促使國會在上海開會，免受袁控制
97	國事維持會	1913	上海	孫毓筠、于右任	國民黨中妥協成員組成
98	江蘇縣議會聯合　　　會	1913	上海	費玄韞	籌謀司法獨立

99	中華民國省議會聯合會	1913	天津	王建中、容伯廷	旋被袁解散
100	相友會	1913	北京	劉撥一、孫鐘	國民黨分出
101	政友會	1913		景耀月、孫毓筠	國民黨分出
102	癸丑同志會	1913		陳家鼎、劉公	國民黨分出
103	集益社	1913		朱兆辛、司徒穎	國民黨分出
104	湖南全省公民聯合會	1913	長沙		
105	贛省公民聯合會	1913	南昌	反袁組織	
106	進步黨	1913	北京	梁啟超、黎元洪	取國家主義。擁袁
107	中華民黨	1913	上海	張納鐸、徐景明	促成政黨內閣
108	政友俱樂部	1913	北京	士豐、藍公武	調和國民、進步兩黨
109	新共和黨	1913	北京	黃雲鵬、吳宗慈	進步黨分裂而出
110	議院政治促成會	1913	上海	吳鐵城、張百齡	國民黨議員組成
111	平民黨	1913	北京	趙秉鈞、那彥圖	取軍國主義
112	憲政公會	1913	北京	恩華、張國溶	蒙藏議員組成

113	公　民　黨	1913	北京	梁士詒、李慶芳	袁的御用黨
114	大　中　黨	1913	北京	梁士詒、張國溶	取國家社會主義
115	民　憲　黨	1913	北京	谷鍾秀、藍公武	民主立憲
116	新　同　盟　會	1913	上海	龔蔭槐	反袁派的結合
117	同　盟　改　進　黨		南京	熊　壯、包　強、王　綱	保全民國，監督政府
118	女子參政同盟會		南京	唐群英	男女平等
119	共　和　實　進　會		上海	王寵惠、董之雲	同盟會的外圍組織
120	地方行政研究會		上海	李平書	考察地方政治
121	女子參政同志會		上海	林宗素	屬中國社會黨一派
122	工　黨　促　進　會		上海	譚人鳳、陳其美	
123	工　商　共　進　社		上海	梁炳農、李志公	鼓吹社會主義
124	融合滿漢禁書會		上海	陳其美、王人物	融合滿漢感情，謀完全統一
125	廣西共和協進會		上海	王秉瑞、蘇明藻	協進廣西政治
126	國　民　共　進　會		上海	伍廷芳、王寵惠	立場與同盟會近，旋併入國民黨

127	中華民國宣講會		上海	俞惠民	宣講共和政體
128	神州女界共和協濟會		上海	唐群英、張昭漢	男女平等參政
129	東 社		上海	黃 鍾、鄭仲誠	監督政府
130	共 和 協 會		上海	熊希齡、張學濟	後併入共和黨
131	燕趙共和團		上海	辛葆真	擁袁，主臨時政府設北京
132	國 民 公 會		上海	陸蔚臣、李伯增	
133	共 和 實 進 會		北京	王紹祖、晏 起	監督政府，擁袁
134	純粹共和社友會		北京	姚珍賢、曠 達	大國民主義
135	熱河地方共和實 進 會		北京	沈鼎新、孫品璋	
136	北 方 共 和 會		北京	楊 度、黃 仁	擁袁
137	民 權 監 督 黨		北京	馮自由、魏文仲	倡國家社會主義
138	急 進 黨		奉天	張 榕、柳大年	
139	國 家 學 會		北京	吳宗慈、劉瑩澤	調和共和黨和進步黨衝突
140	新 直 隸 會		河北	王法勤、溫世霜	刷新直隸政治

141	國民開明會		北京	馬禮乾	謀開明社會
142	根本改革團		北京	章炳麟、陳紹唐	原名中央革命團
143	演進黨		成都	印煥門、張子樑	後併入共和黨
144	中華民國國民社會黨		成都	張知競	
145	政進黨		成都	劉冕、楊光護	後併入共和黨
146	中華工黨		成都	謝而農、徐震亞	曾先以工業協會、工川工會等為名
147	民主黨		成都	伍應奎、黃功績	後併入共和黨
148	政濟黨		成都	鄧雄、黃叻懋	後併入共和黨
149	國民共進會		重慶	馬柱、楊雲翮	
150	女國民會		長沙	歐陽寶貞王姚守玉	
151	中華民族大同會		南京	黃興、黎元洪	五族同進化
152	東亞大同社		武昌	黎元洪、程德全	五族融合，擁黎
153	民黨進行社		武昌	陸志恢、黃強	人人監督議會
154	共和進行會		泰州	李璜、戈正平	

155	共 和 籌 進 會		祥符	孫調元	
156	社 會 黨		安徽	呂大任	後併入國民黨
157	統 一 黨		安徽	姚 愚	後併入國民黨
158	工 黨		安徽	洪夢揆	(同上)
159	平 民 黨		安徽	韓 衍	(同上)
160	進 化 黨		安徽	范 圍	(同上)
161	自 由 黨		安徽	高 介	(同上)
162	中 華 革 命 黨	1914	東京	孫 文	國民黨改組成，倒袁
163	籌 安 會	1915	北京	楊 度、嚴 復 等六人	擁袁帝制。後改成憲政協進會
164	全國請願聯合會	1915	北京	梁士詒	擁袁帝制
165	國民對日同志會	1915	上海		反袁氏廿一條件
166	救 國 儲 金 團	1915	上海		反袁氏廿二條件
167	歐 事 研 究 會	1915	上海	岑春、李根源	反袁組織，國民黨系
168	民 國 維 持 會		美洲	林 森	爲中華革命黨籌餉

至於資料不全（指所在地、人物、年代等有兩項以上不知道者），而仍列入政治團體計有下述一〇七個：

共和保國會、共和成會、蒙古共和會、湘淮國民聯合會、女子國民社、女子自由會、神州女界參政同盟會、大公黨、民黨強進會、民權協進會、廣西聯合中央政治會、蒙藏統一政治改良會、五族協和會、河南建設促進會、新疆維持統一會、福建民黨、河南鄉閭共和實進會、民生實進會、中華女子競進會、仁黨、中華女子共和促進會、共和建設黨、國民競進黨、籌進聯合會、中華民國平民黨、中華民國女子同盟會、女子尚武會、中華女子共和協進會、少年中國黨、共和制度討論會、中華民生黨、政益會、商界共和團、四川共和協進會、共和急進會、工商勇進黨、中國佛教協進會（實行共產主義）、五族共和同志會、民生促進會、政德會、直隸新政促進會、黑龍江省保安公會、中華五大民族協和會、君主立憲同志會、蒙古共和會、內務府三旗共和協進會、政治研究會、國民共進會、八旗共和會、政學社、政友聯合會、政友社、共和俱進會、國民新政社、救國公勇團、共和保國會、教育共和會、四川共和協會、大漢民黨研究會、北方五省聯合會、民主立憲急進會、共和促進會、中華民國公會、中華自由黨、民團演說會、進步同盟會、民國共和會、廣東國民團、中華並進會、共和社、議政會、社會團、廣東自治會、公民協進會、廣東進步黨、惠民學會、法政團、三合會自治會、民主政黨、光漢社、翼政會、同志會、共進會、廣東自治社、臨時自治社、振武社、南北共和憲政統一會、祥符議事會、民社會黨、保安自治聯合會、共和政治進行會、南汝光浙協會、國民公會、共和同志會、同濟黨、共和急進會、公民同志會、鄉董聯合會、共和俠義團、中國政治促進會、東亞聯合會、城鄉政論會、共和國民會、福建自強黨、共和促進會、共和協進會、共和國民會。

附　記：

（一）上表除已標示年代者外，餘年代不明者仍可確知爲武昌起義後到民國二年底所成立。

（二）海外華人所組黨會，非有特要者，不列。

本表參考下列資料編成：

（一）張玉法著；民初年的政黨，初版(臺北：中央研究院近代史研究所，民國七十四年五月)，第二章。

（二）謝彬著；民國政黨史，初版(臺北：文星書局，民國五十一年六月)，第五一八章。

（三）張玉法著；中國現代史，上冊，八版(臺北：東華書局，民國七十四年十月)，第三章。

（四）楊幼　著；中國政黨史，臺北版(臺北：臺灣商務印書館，民國六十八年十一月)，第三一五章。

第三節　北伐時期的政治結社

民國五年六月五日袁世凱病亡，洪憲帝制運動歸於平息，　中山先生於六月九日立即發表規復約法宣言，主張恢復民國元年約法，尊重國會，是建設民國唯一無二之方。(三〇)但北洋軍閥的專權亂政並未中

止，甚有張勳於民國六年七月一日擁清廢帝溥儀復辟，　中山先生遂於七月八日到廣州號召護法討逆，九月一日組織軍政府，就任海陸軍大元帥，領導戡平軍閥紛亂，恢復約法。故本節所指「北伐時期」。按分期方便意指袁氏死後，到民國十七年十二月廿九日張學良通電服從國民政府，東北易幟，北伐告成，全國統一爲止。此期間按歷史年代與事件區分，應可分爲共和復活、南北國會對立、法統重光後的亂局、中國共產黨的出現及其他政治團體等五部份概述之。尤其中國共產黨出現後，國共鬥爭有許多政治團體組成介入。關於北伐時期的政治結社參閱本節末表二－十三。

壹、共和復活時期的政黨

　　袁氏病死，黎元洪以副總統依法繼任，國會重開，人民重享組黨結社的自由，史家稱之「共和復活時代」(三一)，也是我國有史以來第二次政黨政治實驗的開始。

　　此期間國會中的政黨仍以國民黨系和舊進步黨系爲主幹。國民黨系議員有以張繼諸人組合的憲政商榷會，有國會議席達四百人，宛然國會最大政黨。但其間份子複雜，內含下列三系：

　　(一)客廬系：國民黨中的穩健派，張繼爲領袖，議員約有二百七十人。

　　(二)丙辰俱樂部系：國民黨中的前進成員，以　中山先生、林森等人爲中心，議員約六十人。

　　(三)韜園系：舊進步黨系中的孫洪伊爲主，在民國二年就反對袁氏帝制運動，約有議員六十人。

　　在進步黨系方面，初組憲法討論會和憲法研究同志會，民國五年八月下旬對抗憲政商榷會，乃合組憲法研究會，以梁啓超、湯化龍爲主，議席約一百五十餘，在政策上支持當時的段祺瑞內閣。

　　其他政團尚有憲政討論會、平社、憲法協議會、憲政會、憲友會、

蘇園、衡社、友仁社、潛園、靜廬，而憲政商榷會不久亦分裂出政學會、益友社等組織，不久又從客廬系和益友社中分離出政餘俱樂部。民國六年二月丙辰俱樂部與韜園系部份議員爭執對德外交問題，丁世嶧和馬君武等人合組民友社，三月憲友會分裂出新民社。

段祺瑞內閣雖有進步黨系的憲法研究會支持，但段氏為組純御用黨，於民國六年三月廿五日以其股肱靳雲鵬的聯絡，得合併平社、澄社(靳為達此目的而設的政團)、憲法協議會、憲政會、蘇園、新民社、衡社、友仁社、尚友會、靜廬、正社等十一政團，組成中和俱樂部。

逮至民國六年六月止，國會為爭對德參戰問題，舊進步黨系的政團表贊成，國民黨系則表反對。(三二)

貳、南北國會對立時代政黨

正當民國六年六月十三日黎元洪解散國會，召集臨時參議院，修改兩院選舉法，在北京另選新國會之時；被解散的議員紛紛赴粵，到民國六年八月廿五日國會議員在廣州舉行非常會議，三十一日通過中華民國軍政府組織大綱。幾經波折，民國十年五月五日　中山先生就任非常大總統，發表北伐宣言，指出軍閥盜竊政權，擅自舉行偽國會選舉，陷國會於危境。(三三)民國十年八月十日國會通過北伐請願案，決定護法討逆，民國十一年二月二日　中山先生正式下令北伐。在此期間，南北已經形成兩個國會，其政黨狀況如次：

北方國會開院於民國七年八月十二日，安福系領袖王揖唐為眾院議長，舊交通系領袖梁士詒為參院議長。各黨派如左：

(一)安福俱樂部：段派御用黨中和俱樂部改組而成，為國會最大政黨，有議員三百三十餘人，以王揖唐、王印光等人為首。北方國會又名安福國會，其議員均接受段祺瑞的津貼。(三四)部內旋又組織政務調查會與兩院議員聯合會，以鞏固勢力。

(二)舊交通系：梁士詒為中心，另組有僑園俱樂部和豐盛俱樂部，

兩院議員共有一百廿人。

(三)新交通系：爲徐世昌選舉總統所用，徐即暗中領袖，有議員二十餘人。

(四)研究系：梁啓超、藉忠寅等人爲首，是破壞約法之首惡，有議員二十餘人。

(五)己未俱樂部：靳雲鵬、錢能訓爲中心，有議席百餘，意在與安福俱樂部相對抗。

(六)第一屆國會懇親會：留京未赴粵之議員組成，王家襄、陳銘鑑等人爲首，有議員二百餘，另組有正誼學社。到民國十一年後，北方國會政黨逐漸崩解，獨本會在暗中進行法統重光運動。(三五)

南方國會因到粵議員不足法定人數，乃授議院法第七條：「開會後滿一個月尚未到院者，應解其職」之規定，而以候補議員遞補。(三六)南方國會中之黨派以益友社、民友社、政學會三派爲主，餘皆視此三者而轉移，如左：

(一)益友社(即褚寓)：唐紹儀、褚輔成爲主，議席約有二百二十名。

(二)民友社(照霞樓)：　中山先生、孫洪伊、林森爲領袖，議席六十餘人。

(三)政學會：含五十號俱樂部與石行會館，以楊永泰和李根源等人爲主，議席約九十名。

其他政團尚有新新俱樂部、蒙古議員俱樂部、文社、廣東議員俱樂部、廣西議員俱樂部、雲南議員俱樂部，民國七年十月南北議和，各政治團體派出代表組織和平期成會，爭執到民國九年均無結果。

參、法統重光後亂局中的政治團體

民國十一年五月廿四日舊國會部份議員(即民國六年議員)，在天津設立「第一屆國會繼續開會籌備處」，六月十二日移北京集會，八月一

日報到議員達半數以上，正式召開第一屆第二次常會，是為舊國會恢復，號曰「法統重光」。但北京政局仍然混亂，並無像樣的政黨，三五成群，各樹黨派，以「騙取黨費，倖獲政權」而已。(三七)民國十二年十月更有許政團支持曹錕賄選總統，在中國政治史上留大污點。從賄選參與的程度，可概知當時各政治團體的態度。

(一)以下二十二個團體支持曹錕賄選：民憲同志會、新民社、石附馬大街三號、全民社、宣外二百號、化石橋五十六號、壬戌俱樂部、後孫公園十一號、西河沿一百八十二號、誠社、觀音堂十號、憲友俱樂部、憲法學會、報子街十八號、頤園、漠南寄廬、西北議員俱樂部、旭廬、改選參議員俱樂部、是廬、宏廟二十三號、蒙藏議員俱樂部。

(二)以下六個團體支持黎元洪延長總統任期：中鐵匠胡同十二號、憲法急進社、香爐營頭條十六號、西交民巷七十四號、適廬、樂園。

(三)以下四個團體主張真正統一，與西南各省聯絡：護法議員聯歡會、南溝沿六十四號、民治社、地方制度協進會。

(四)以下七個團體主張制憲：蒙事研究會、南廬、順城街三十三號、翠花街十七號、匡廬、明社、水月菴七號。

另有梁園、第一班參議員聯歡社、廣西議員俱樂部等三個團體動向不明。民國十三年十一月廿四日段祺瑞被推為臨時執政後，北京政治結社暫趨冷靜，這可能是當時民意與輿論已集中在　中山先生所提組織「國民會議」，以謀中國之統一上。(三十八)在南方則因　中山先生的逝世、國民政府成立(民國十四年七月一日)而使內部趨於團結；同日中國國民黨中央執行委員會議決中華民國國民政府組織法而公佈之，其第一條：「國民政府受中國國民黨之指導及監督，掌理全國政務。」同日公佈的省政府組織法第一條亦曰：「省政府於中國國民黨指導監督之下，受國民政府之命令，處理全省政務。」(三十九)積極準備北伐，昔年黨派林立之景象亦暫告中止。

肆、北伐時期國共鬥爭間的政治結社

關於共產黨在中國的早期滋生與擴張，在第一章已有說明，不再贅述。本項僅探究國共鬥爭中出現的政治結社，因爲有了組織才能進一步發展。

俄式共產主義在中國之有組織的結合，應在「五四運動」之後，有李大釗成立的社會主義研究會，其後又成立馬克斯主義研究會(又稱馬客士主義研究會，或俄羅斯研究會)，參加者有陳獨秀、瞿秋白、張國燾、毛澤東等人。另有周恩來組織覺悟社，郭夢良組織男子解放協會，到民國九年春天有陳獨秀、李漢俊等人組織「上海馬克斯主義研究會」，八月陳獨秀等七人首先成立中國共產黨臨時中央。到此時此一俄式共產主義的政治團體，其內部思想混亂，又無組織，不合共產國際代表維丁斯基的標準，認爲內部包含有無政府主義(Anarchism)、工團主義(Syndicalisme)、社會民主主義(或稱民主社會主義 Democratic Socialism)、基爾特社會主義(Guild Socialism)等，而不是純粹列寧的布爾什維克主義(Bolshevism)，而且組織混亂，不能推動中國革命，應迅速組織「中國共產黨」。(四〇)

中共臨時中央成立後也隨後組成社會主義青年團、勞動組合書記部及一些職業工會組織，以有組織的推動群眾運動。但真正有綱領、策略做引導，以嚴密的組織，廣泛建立群眾基礎，則要從民國十年七月一日中國共產黨召開第一次全國代表大會，及民國十一年五月五日中國社會主義青年團(Chinese Socialist Youth Corps，簡稱 SY，以下簡稱)以後開始。(四一)SY 也幾乎是共黨的次級系統，接受黨的訓令，更深入群眾去組織群眾。(四二)其後共黨在民國十一年七月開二全大會，十二年六月開三全大會，十四年元月開四全大會，十六年五月開五全大會；以及 SY 於十二年八月二全大會，十四年元月三全大會，十六年五月開四全大會。研究這些會議所通過的綱領和決議案等文件，可以發現中共爲發展其政治組織，以黨爲核心，把群眾組織分爲五大部份：即「兵運」、「工運」、「農運」、「青運」、「婦運」，再逐次發展次次級系統(Sub‑Subsystem)。(四三)縱觀北伐時期中共爲謀奪國民黨的領導權，以積極

發展組織，赤化中國，其各部門政治組織的概況如表二~十。

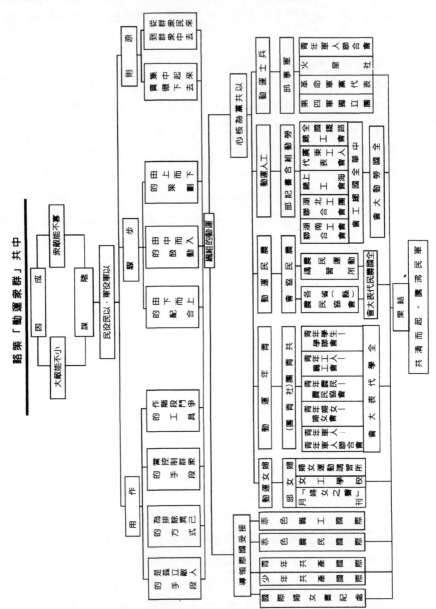

資料來源：吳桓宇撰：「聯共時期中共勢力之擴張」（政治作戰學校政治研究所，碩士論文，民國七十三年六月），頁三六五~三六六。

從表二－十可知此種群眾組合，就是控制群眾的手法，也是「以寡敵眾，以小吃大」的謀略運用。另有一個重要的認知，工、農、兵、青、婦等五種群眾組織，除了在共產黨領導下進行群眾運動，它和「統一戰線」與「武裝鬥爭」，及五者之間，並非「個個分立」而已，也進一步結合成一個整體。其目的都是壯大自己，消滅敵人。其間關係可如表二－十一。

表二一十一　北伐時期中共群眾運動關係

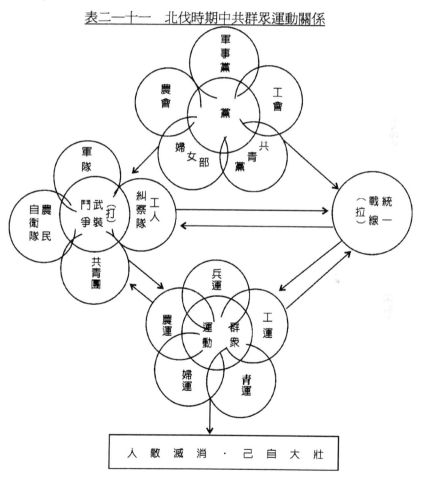

　　正當共產黨利用國民黨的容共政策，運用其政治組織的力量企圖瓦解國民黨時，在國民黨過去幾年的失敗，一則在祇顧軍事進行而忽略了黨的力量；二則在缺乏民眾基礎，無異無源之水，無根之本。」(四四)由於國民黨內部的渙散，　中山先生早思改組，乃有民國十三年元月廿至三十日的第一次全國代表大會，使國民黨恢復往日的革命精神與革命紀律，成為強而有力，組織嚴密的政黨，把群眾運動建立在農人、工人、商人、青年、婦女等基礎上，並設部分司其事；民國十五年元月又有第二次全國代表大會時，國民黨已能組織群眾，制軍閥和帝國主義於死命，並進而運用政治組織與共產主義相周旋。(四五)更由國民黨警覺到共產黨對中國的危機，乃有「清黨之役」；由於國民黨寧、漢、滬同志捐棄成見，黨務得以統一；由於國民已意識到國家統一的重要，北伐得以成功，使國家真正統一，進入「以黨領政」的訓政時期」。

　　北伐期間中國國民黨進行群眾運動所形成的「非黨」政治組織，均在黨的領導下，一面進行北伐，一面與共產黨展開鬥爭。這些組織可列成表二－十二。

　　表二－十二所列秘書部、工人部等十一個部，是中國國民黨第一次全國代表大會後的組織，第二次代表大會雖有修正，但無若何區別。(五一)民國十七年二月二日二屆四中全會通過改組，取消農民、工人、商人、青年、婦女等部，而代之以民眾訓練委員會，其精神在把以往就人來劃訂組織，改為以事來劃訂組織。(五二)。

表二－十二　北伐時期中國國民黨群眾運動系統略表

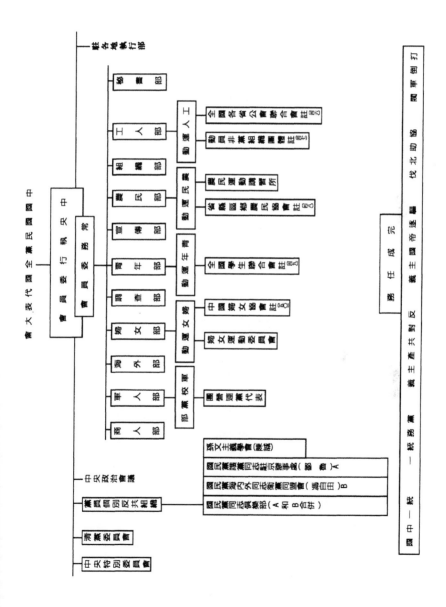

伍、其他政治團體

　　北伐期間除前述政治團體在中國政治舞臺上展開激烈的政治鬥爭外，還有其他政治結社因勢出現，其中最要者爲社會主義黨派和中國青年黨的創黨。

　　社會主義黨派在民國八、九年時，主要有社會主義青年團、基爾特社會主義派、無政府主義派和中國新社會民主黨。分述如左：

　　(一)社會主義青年團：中國共產黨前身，不再論述。

　　(二)基爾特社會主義派：以張東蓀、郭夢良爲中堅，組織今人學會，主張和平改造社會，與共產主義者鬥爭劇烈，民國十二年歸於消沈。

　　(三)無政府主義派：以劉師復、黃涓生爲中堅。民國元年組「晦明學舍」(或稱心社)；六年組群社於南京，組實社於北京，組平社於山西，無政府主義同志社組於上海。民國九年又組無政府主義同盟，不久消沈。

　　(四)中國新社會民主黨：江亢虎爲中堅。民國元年組中國社會黨，十三年六月十五日宣言恢復，十四年一月改組爲中國新社會民主黨，倡新社會主義與新民主主義。該黨實即掛名的社會黨，不久消寂。(五三)

　　中國青年黨是李璜、曾琦等一批留法學生，於民國十二年十二月二日創立於巴黎，號稱「書生政治集團」。(五四)早在民國七年一批有理想主義的青年先組少年中國學會，到十年發生分裂，左翼組成中國共產黨，右派人士組成後來的中國青年黨，倡以「國家主義」救國。民國十四年十月爲發展黨勢，成立國家主義青年團，由下列團體響應合併組成。

　　(一)北平：國魂社、救國團、中國少年衛國團。

　　(二)廣州：獨一社、國家教育協進會、獅聲社。

　　(三)四川：惕社、光國社、起舞社。

　　(四)湖南：固中學會、少年中國自強會。

　　(五)江蘇：國光社、新民學會、自強團。

(六)上海：商界青年同志會、大夏青年團、復旦青年團。

(七)浙江：浙江青年社、愛國青年社、保華青年團。

(八)湖北：國鐸社。

(九)安徽：安慶青年社。

(十)雲南：雲南復社。

(一一)河南：光華學會。

(一二)山西：山西愛國青年同志會、國家教育協會。

(一三)南京：暢社。

(一四)日本：華魂社、孤軍社、獨立青年社、江聲社。

(一五)美國：大江會、大神州會。

(一六)歐洲：先聲社、工人救國團、國防同志會。

　　民國十四年三月，有醒獅社、國魂社、大江會、大神州會、少年中國自強會與旅歐工人救國團等在北京成立國家主義團體聯合會，在北京大學與共產黨發生衝突。同年十月，以上各團體成立中國國家主義青年團。(五五)

　　依照上述分析探究，我人可將北伐時期的政治結社分成國會政團、共產黨、社會黨派、中國國民黨四部份。至於社會黨派則均無足輕重，國會各大小政團絕大多數只顧政治私利，而共產黨則志在赤化中國，真正有遠大目標要建設新中國者，只有中國國民黨。故當時國民乃能支持中國國民黨，合作無間，完成北伐，統一全國。

表二~十三　北伐時期政治結社統計簡表

編號	名　　　　　稱	民國	地點	重要人物	宗　旨　（　備　註　）
1	憲政商榷會	5 年	北京	張　繼等國民黨系議員組成	內分客盧、丙辰俱樂部、韜園三派

2	憲法討論會	5 年	北京	湯化龍 劉崇佑	舊進步黨系組成
3	憲法研究同志會	5 年	北京	梁啓超 藍公武	舊進步黨系組成
4	憲法研究會	5 年	北京	梁啓超 湯化龍	前兩者合併成，對抗政見商榷會
5	憲政討論會	5 年		孫潤宇 朱兆辛	舊大中黨系居多
6	平　　社	5 年		靳雲鵬 解樹強	對憲法初有公允之主張
7	憲法協議會	5 年		李慶芳 田應璜	有帝制餘孽之嫌
8	憲　政　會	5 年		楊士聰	段祺瑞之御用黨
9	憲　友　會	5 年		張伯烈 何　雯	舊進步黨系組成
10	民　友　社	6 年		馬君武 吳宗慈	反對段內閣外交
11	益　友　社	6 年		張　繼 吳景濂	主張對德參戰
12	政餘俱樂部	6 年		褚輔成 胡漢民	反對對德參戰
13	中和俱樂部	6 年		靳雲鵬 李國筠	段內閣御用黨，平社等十一政團組成
14	安福俱樂部	7 年		王揖唐 田應璜	中和俱樂部改組成
15	己未俱樂部	8 年		靳雲鵬 徐世昌	與安福俱樂部對抗

16	僑園派	7年		梁士詒 朱啓鈐	交通界集團，另組有豐盛俱樂部
17	第一屆國會懇親會	6年		王家襄 陳銘鑑	暗中進行法統重光運動
18	政學會系	8年	廣州	岑春	排擠 中山先生
19	益友社系	8年	廣州	吳景濂 褚輔成	國民黨系中溫和派組成
20	民友社系	8年	廣州	孫文 馬君武	國民黨系中急進派組成
21	新新俱樂部	8年	廣州	張知本 何陶	與益友、民友兩系共稱「民黨」
22	蒙古議員俱樂部	8年	廣州	蒙古議員十多人	投機政團
23	文社	8年	廣州	議員約40人	投機政團
24	廣東議員俱樂部	8年	廣州	議員約20人	投機政團
25	廣西議員俱樂部	8年	廣州	議員15人	投機政團
26	雲南議員俱樂部	8年	廣州	議員15人	投機政團
27	線胡同吳宅	11年	北京	吳景濂等 (議員百餘人)	後改組成民憲同志會
28	北京中華新報社	11年	北京	谷鍾秀等 (議員50餘人)	後改組成憲政社
29	延旺廟街實話報社	11年	北京	蒲殿俊等	後改組成憲法研究會

30	舊　討　論　會	11 年	北京	張國淦等五十餘人	與後孫公園十一號近
31	順治門大街二百　　　　號	11 年	北京	余紹琴錢崇愷	擁曹。後更名壬戌俱樂部
32	後孫公園十一號	11 年	北京	張伯烈胡鄂公	擁曹賄選
33	石附馬大街三號	11 年	北京	于寶軒等(議員二十人)	擁曹賄選
34	西河沿一八二號	11 年	北京	景耀月等	擁曹賄選
35	民憲同治會	12 年	北京	吳景濂褚輔成	擁曹賄選
36	新　民　社	11 年	北京	張伯烈等(議員百餘人)	擁曹賄選、反吳景濂
37	全　民　社	12 年	北京	景耀月等(議員近百人)	擁曹賄選
38	壬戌俱樂部	12 年	北京	邊守靖張　漢	擁曹賄選
39	漠　南　寄　廬	12 年	北京	諾門達賴、石鳳歧	擁曹賄選
40	民　治　社	11 年	北京	王湘等(議員三十人)	國民黨系，與西南聯絡
41	討　論　會	12 年	北京	江天鐸孫潤宇	
42	憲法研究會	12 年	北京	梁啓超、王家襄	實已分梁、王兩派
43	西北議員俱樂部	12 年	北京	董士恩	甘肅、新疆議員組成

44	憲 法 學 會	12年	北京	鄧毓怡	擁曹賄選
45	二班改選參議員俱樂部	12年	北京		各省二班改選參議員集團
46	蒙藏議員俱樂部	12年	北京	熙　鈺 訥謨圖	內部分歧，不久解散
47	報子街十八號	12年	北京	常璋璋 馬英俊	擁曹賄選
48	宏廟廿三號	12年	北京	李春榮 王吉言	後加入全民社
49	化石橋五十六號	12年	北京	岳秀夫 孟昭漢	擁曹賄選
50	南溝沿六十四號	12年	北京	梅寶璣 凌　毅	全國統一，與西南各省有聯絡
51	香爐營頭條十六號	12年	北京	胡鄂公	擁黎元洪
52	灰廠豁子觀音寺	12年	北京	許峭嵩 易仁善	
53	頭髮胡同之群治社	12年		劉　哲 雷　殷 李安陸	
54	宣外二百號	12年		黃明新 任煥黎 王法歧	擁曹賄選
55	誠　　社	12年		駱繼議 胡祖舜 范鴻鈞	擁曹賄選
56	觀音堂十號	12年		許峭嵩 林伯和 易仁善	擁曹賄選
57	憲友俱樂部	12年		王謝家	擁曹賄選

58	頤　　　　園	12 年		彭漢遺 黃贊元 張玉堂	擁曹賄選
59	旭　　　　廬	12 年		（吉林議員 組成）	擁曹賄選
60	是　　　　廬	12 年		于式芳等	擁曹賄選
61	中鐵匠胡同十 二　　　　號	12 年		政學會 憲政社 人員組成	擁黎元洪，又改名憲政 社
62	憲 法 急 進 社	12 年		蒲殿俊等	擁黎元洪
63	西交民巷七十 四　　　　號	12 年		籍忠寅等	擁黎元洪
64	適　　　　廬	12 年		江天鐸 譚瑞霖等	擁黎元洪
65	樂　　　　園	12 年		司徒穎 賀廷桂 林炳華	擁黎元洪
66	地方制度協進會	12 年		王試功等	全國統一，與西南各省 有聯絡
67	護法議員聯歡會	12 年		謝　　持 焦易堂 王用賓	全國統一，與西南各省 有聯絡
68	蒙 事 研 究 會	12 年		白逾桓等	促成制憲
69	南　　　　廬	12 年		王欽宇 楊詩浙	促成制憲
70	順城街三十三號	'12 年		翁可均、 陳士髦等	促成制憲
71	翠花街十七號			張復元等	主張制憲

72	匡　　　盧			湯漪 王侃 王有蘭	促成制憲
73	明　　　社			陸達、 葉夏聲等	促成制憲
74	水月菴七號			王紹鑒等	促成制憲
75	大中俱樂部			傅師說	
76	均　　　社	十三 年		錢崇愷 盛際光	全民社分裂來
77	政　益　社				
78	竺　　　盧				
79	東三省議員俱 樂　　　部			張作霖、 劉恩格等	
80	政　　　社	12年		李渠 阮性言	
81	梁　　　園				
82	第一班參議員 聯　歡　社			(任滿議員 組織)	
83	廣　譽　社			林繩武	
84	憲　政　黨	12年			
85	德　　　社	12年			

86	同　　　　社	12 年			
87	明　德　學　社	13 年		于元芳	
88	法 治 統 一 會	13 年		岳秀文	
89	果　　　　園			賈庸熙	
90	浩　　　　園			傅夢豪	
91	聯　　　　社			周　鈺	
92	聯　治　黨	14 年	北京	褚輔成 楊永泰 鍾才宏等	倡省自治。反段執政
93	曹　吳　黨	14 年	北京		專作挑撥離間工作
94	政　府　黨	14 年	北京	王揖唐 湯　漪 林長民	段祺瑞御用黨
95	頭髮胡同六號	13 年		谷芝瑞 景耀月	為倒孫寶琦內閣
96	石駙馬大街四 十　二　號	13 年		張英華。 即法治共 進會	擁孫寶琦內閣
97	無政府主義同盟	9 年		劉師復	倡無政府主義
98	今　人　學　會			張東蓀	倡基爾特社會主義
99	新　中　國　黨	12 年	舊金山	康紀鴻 張聞天	康、張旋回上海組分部

100	大　同　黨	10年		中　、　韓 臺　、　印 度　、安南 人組成	一九二一年有代表參加 第三國際會議
101	中 國 共 產 黨	10年	上海	陳獨秀 毛澤東	共產主義
102	中 國 青 年 黨	12年	巴黎	李　璜 曾　琦	持國家主義
103	中國社會事業 協　進　會	17年	東京	鄧澤深	民國二十年改組成勵進 社
104	中華革命黨(別)	16年	上海	鄧演達 譚平山	國民黨與共產黨退黨份 子組成
105	民　治　黨	12年	舊金山	陳競存 唐　廣	洪門人士組成
106	共　進　社	16年		袁寒雲	青紅幫份子組成
107	中華職業教育 社	6 年		黃炎培 江　源	即後來的職教派
108	中國新社會民 主　黨	14年	北京	江亢虎	介於共產主義和無政府 主義之間
109	應　聲　會	8 年	東京	吳三連 馬伯援	謀中臺韓合作拒日
110	中 國 國 民 黨	8 年	廣州	孫　文	三民主義
111	大　江　會	13年	芝加哥	梁實秋 吳景超	倡國家主義

本表係根據下列資料編撰而成：
(一)謝振民編：中華民國立法史，滬一版(上海：正中書局，民國三十七年一月)，第
四一八章。
(二)謝彬著：民國政黨史，初版(臺北：文星書店，民國五十一年六月)，第八一十四
章。
(三)楊幼　著：中國政黨史，臺四版(臺北：臺馭商務印書館，民國六十八年十一
月)，第七一十章。
　　(四)秦賢次撰：「梁實秋小傳」，聯合報，民國七十六年十一月四日，副刊版。

第四節 抗日時期的政治結社

日本侵略中國的野心遠在我國明朝就已暴露，當時豐臣秀吉致高麗國王的信中說：「超山越海，以入於明，使其四百餘州，盡化我俗」。後來副島種臣一班人更狂言：「得土地於汪青」；又曰：「取清一省，置根據地於大陸之上」。(五六)到民國十六年(西元一九二七年，日本昭和二年)日本首相兼外相田中義一在〈田中奏摺〉說得最直接：「欲征服支那，必先征服滿蒙；欲征服世界，必先征服支那。」(五七)而實現這個大計畫的開端就是「九一八事變」，也是後來「七七事變」的一大伏筆。(五八)所以本節從歷史事件來劃分，所謂「抗日時期」，要從北伐統一到民國三十四年九月九日日本在南京簽訂降書為止，此期間為中國抗日時期，也是訓政時期。而從政治結社方面論之，則可分訓政時期中國國民黨的政治決策、黨派合作。本節所提及之政治結社可參閱節末的表二－十七。

壹、訓政時期中國國民黨的政治決策

民國十七年十月三日中國國民黨第一七二次中央黨務委員會，依據二屆五中全會之決議，通過「訓政綱領」，其說明書中有云：

本黨以建國大綱明示三民主義實現之步驟，而猶慮國人之不易喻其精義也，更從而稱其旨曰以黨建國，以黨治國，期能喻於全國民眾。夫以黨建國也，本黨為民眾奪取政權，創立民國一切規模之謂也。以黨治國者，本黨以此規模策訓政之效能，使人民自身能確實運用政權之謂也。

此種「以黨領政」乃針對開發中國家而設計，以政黨的黨綱、決策及主義來指導影響政府政策之執行與制訂，特別在應付變局的能力，在政治的安定上，都有很高的效率。(六〇)民國十七年十月三日由國民政府公佈「訓政綱領」，其第一條：「中華民國於訓政時期，由中國國民黨全國代表大會代表國民大會領導國民行使政權。」第二條：「中國國

民黨全國代表大會閉會時,以政權付託中國國民黨中央執行委員會執行之。」第五條:「指導監督國民政府重大國務之施行,由中國國民黨中央執行委員會政治會議行之。」第六條:「中華民國國民政府組織法之修正及解釋,由中國國民黨中央執行委員會政治會議議決行之。」(六一)此一綱領在民國十八年三月十八日中國國民黨第三次全國代表大會加以追認。從這些歷史文件來看,訓政時期只有中國國民黨是唯一合法的政黨,共產黨則依「共產黨人自首法」辦理,(六二)而爲訓練人民對 總理與執政黨的認知共識,「毀壞中國國民黨 總理遺像及黨旗論罪辦法」也由國民政府公佈施行。(六三)這些過程確定了中國國民黨在訓政時期「以黨治國,以黨建國」的「一黨專政」之合法地位,直到民國三十六年十二月廿五日憲法施行爲止。

由於「訓政綱領」的徹底執行,其他的政治團體顯然要暫時受到限制。但就政治發展(Political Development)的觀點而言,這實在是新興國家走向民主政治的唯一途徑。當代政治學家杭廷頓(Samuel P. Huntington)對發展中國家就主張「一黨專政」,而集權和紀律是他的偶像,否則斷不可能過渡到政治制度化(Political Institutionalization)的現代化國家。(六四)以黨治國和以黨建國的決策形成後,中國乃能集中意志與力量,進行訓政、制憲與抗日建國的大業。

但是訓政的意義並不止於「訓政工作」而已。有學者從發展的程序、發展中的運作關係、發展的速率與發展的策略來研究,到了訓政時期,除了「訓政工作」以外,亦不可放棄「軍政」的執行,以防止「反革命」的死灰復燃而影響政局安定;而訓政時期的一切努力是要爲憲政做準備,所以也包含了憲政的意義。訓政和軍政與憲政的關係可以更進一步用圖二－一表示。

我們可以說這時期執政黨的決策是「以黨建國,以黨治國」;雖曰訓政,亦不忘軍政與憲政,故除五次圍剿外,也有黨派合作,共同完成對日抗戰。

貳、黨派合作與國民參政會

　　早在民國廿年十一月十二日中國國民黨第四次全國代表大會在南京開幕，蔣主席致開幕詞提出本會兩大使命：「一為團結內部，一為抵禦外侮」。(六五)大會至廿三日閉幕，通過議案有二十六件，在政治方面決議「召開國難會議，延攬黨外英才，共商救國方略，應付外交、救災、經濟、國防等問題」。(六六)這是全國各黨派合作完成抗戰建國的開端；民國廿四年以後，中國共產黨為挽救被殲滅的命運，改變其謀略而提出「統一戰線」口號，要求共同抗日。乃有民國廿七年六月廿一日包含中國國民黨、共產黨、青年黨、國社黨、救國會派、鄉建會、職教派、第三黨(即中華民族解放行動委員會)、洪門、農民黨、民族會、無黨派等共同召開國民參政會，這是黨派合作抗戰建國最具體的組織。從歷史軌跡來探尋，這是國民會議→國難會議→國民代表會→國民參政會→廬山談話會→國防參議會→國民參政會。(六七)經歷六年餘所演變，整合各黨派政治勢力的全民政治組織，目的在抗戰建國，追本溯源則是　中山先生臨終前主張召開國民會議，以和平救國、建國，相承而來。

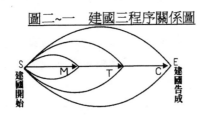

圖二~一　建國三程序關係圖

　　說　明：

　　　(1) SE＝建國過程

　　　(2) M＝軍政時期

　　　(3) T＝訓政時期

　　　(4) C＝憲政時期

　　國民參政會是何種性質的機關，歷來研討頗多。　　蔣委員長在民國廿七年七月六日國民參政會開幕典禮上致詞說：

　　這個國民參政會，實在是抗戰建國的國民參政會。我們是為抗戰而來開會，為建國而來開會，……我們的國民參政會，當然不是議會，但要以從前議會的民主政治失敗為戒，以期樹立一個真正的民主政治的基礎。（六八）

　　徐乃力先生則稱之「戰時國會」。(六九)綜合當代學者的意見，國民參政會是我國抗戰時期的「準中央民意機構」。(七○)「準」者，它不是民選產生的，是非常時期的產物，不能以民主國家的立法機關(議會，英國稱 Parliaments，美國稱 Congress)來衡量。但國民參政會有提案、審議、建議、詢問、調查及初審預算等權，亦有議事公開和言論自由的特質，為以後的國民大會奠定相當基礎。

　　國民參政會的組織形態如表二－一四，主席團設正議長和副議長各一人，下設各種委員會，民國廿八年設川康建設期成會和川康建設視查團，三十一年設經濟動員策進會，三十二年設經濟建設策進會和憲政實施協進會。總計參政會從民國廿七年七月六日召集，到三十七年三月廿八日結束，有四屆，十三次大會，歷時九年八個月又廿三天，此期間可視為各黨派為達成抗日的共同目標，而在中國國民黨的領導下整合出來的組織。國民黨為執政黨，名額和比例當然最高，但除第三屆過半數外，餘均未超過百分之四十八，足見國民黨無壟斷國家參政會之意。歷屆各黨派參政員名額在參政會所佔比例如表二－一五所示。

到民國三十三年抗戰勝利前夕，中共活動已甚囂張，大多數黨派受統戰之深毒而成為「民主同盟」的成員。所幸，除共產黨、第三黨、救國會外，其餘尚能一致抗日，直到獲得最後勝利為止。

表二一十四　國民參政會組織形態

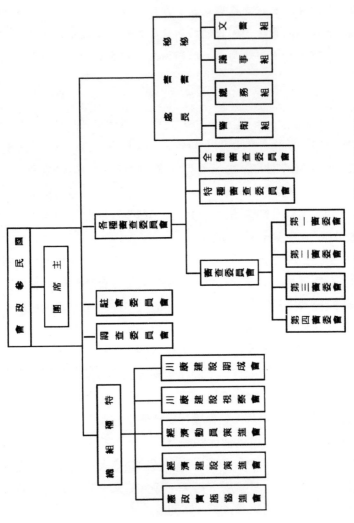

資料來源：本表錄自秦孝儀主編：中華民國政治發展史，第三冊，頁一二二九。

表二~十五 國民參政會歷屆參政員之黨派名額及比例表

屆別 人數及百分比 黨派別	一	二	三	四	五
國民黨	82 41%	116 48.1%	133 55.4%	141 48.6%	156 43.1%
共產黨	7 3.5%	7 2.9%	6 2.5%	8 2.8%	8 2.2%
青年黨	7 3.5%	6 2.5%	6 2.5%	10 3.4%	17 4.7%
國社黨	11 5.5%	8 3.3%	3 1.3%	4 1.4%	15 4.1%
救國會	8 4%	6 2.5%	1 0.4%		1 0.3%
鄉建會	3 1.5%	3 1.3%	1 0.4%	2 0.7%	2 0.6%
職教派	3 1.5%	3 1.3%	3 1.3%	3 1.1%	2 0.6%
第三黨	1 0.5%			1 0.3%	1 0.3%
無黨派	78 39%	90 37.3%	82 34.1%	76 26.2%	90 24.8%
洪門			1 0.4%	1 0.3%	1 0.3%
農民黨					1 0.3%
民族會					1 0.3%

不　詳		2	4	44	67
		0.8%	1.7%	15.2%	18.5%
合　計	200	241	240	290	362
	100%	100%	100%	110%	100%

本表錄自黃邦印撰；國民參政會功能之研究，頁七六～七七。

參、中國共產黨對各黨派與群眾之統戰

　　國家第五次圍剿大告成功，中共勢將解體，乃不得不使出統戰法寶。民國廿四年八月毛澤東發表「八一宣言」，號召建立「抗日民族統一戰線」，由此時開始一年左右，中共發出統戰文件有九件，不下數十萬言，內容千篇一律是抗日救國。(七一)而「共產主義青年團」。(七二)一直到「七七」抗戰爆發前夕，在中共黨團策動下，幾乎社會各界都有隨聲附和，不及年餘，全國幾為之風靡，名為抗日救國、停止內戰、准許言論、集會、結社等自由，實則建立各地的政治組織，做為向國民黨鬥爭的地盤。此類團體主要如左：

一、北平、天津方面：

　　(一)北平學生救國聯合會：重要份子有清華大學黃城、師大陳澤雲、輔仁孟英、女一中魏倩玉等人，主張各界成立救國會，不分黨派，一致抗日。

　　(二)北平民族解放先鋒隊：純共黨主持的秘密組織，總隊長為王玉章。在北平類似組織尚有中華人民抗日救國會北平分會、旅平東北各救國團體聯合會等十一個團體，多受蘇聯或張學良津貼與支持。(七三)

　　(三)天津學聯會：中共份子朱經章主持，下轄天津愛國先鋒隊，有大學分團和中學分團。

　　當時在平、津與華北各省，尚有華北各界救國聯合會、北方人民救國大同盟、平津文化界救國會等三十個團體以上，全為中共統戰活動。

二、上海方面：

(一)抗日先鋒社：先由中共外圍「中國武裝自衛委員會籌備會」改組而來，假抗日美名，行反蔣、反國民黨、反國民政府之實，號召「織全國學校、工廠、兵營、商店、機關鄉鎮、城市民眾救國會」，並擁護共黨及紅軍。

(二)上海文化界團體有：上海文化界救國會，上海各大學教授救國會與救國聯合會、上海小學教職員聯合會、上海電影界救國會、國難教育社、中華文化協會上海分會。

(三)學生及其他團體：上海各大學學生救國聯合會、上海各中學學生救國聯合會、上海學生救國聯合會、中國學生救國聯合會、上海婦女界救國聯合會、上海職業界救國聯合會、上海工人救國會、學生救亡會與著作人協會等。

三、全國性統戰組織：

經過年餘統戰活動，中共於民國廿五年五月三十一日在上海成立「全國各界救國聯合會」，首要成員有馬湘伯、宋慶齡、何香凝、沈鈞儒、章乃器、王造時、鄒韜奮、沙千里、史良、彭文應、顧執中等。此由全國各地稱爲「救國會」、「先鋒隊」、「抗救會」等六十多個團體組成。大會宣言要求釋放政治犯，停止黨派衝突等。大會成立後到處策動示威、遊行、請願，與中共唱和，民國廿五年十一月廿三日因鼓動罷工，政府根據「危害民國緊急治罪法」逮捕首要沈鈞儒、章乃器、鄒韜奮、王造時、李公僕、沙千里、史良等七人，統戰活動消弭。

觀察前述統戰組織形成之程序：第一步組織各個團體救國會，第二步組織各類團體救國聯合會，第三步組織各地方救國聯合會，最後是全國各界救國聯合會(七四)。到民國廿七年三月又有「中華全國文藝抗敵後援會」成立，這是繼民國十九年「中國左翼作家聯盟」的部份成員轉化組成，其主角是郭沫若，始終是中共御用的文人集團。(七五)

抗戰軍興，中共停止以「抗日」爲訴求的群眾運動，但轉化成「黨

派合作」的統戰形式。民國廿六年八月廿五日中共在陝北洛川開會，已決定「同各黨各派的鬥爭是任何時候不能放棄的」。(七六)終對日抗戰時期，第三黨、民主同盟、徵國會派等於是共黨的御用組織；而左傾集團則有民主科學社、中國革命鬥爭先驅社、中華民族解放大同盟等；另青年黨、國社黨、職教派、鄉建派等，都曾受中共統戰之不良影響，但還能共同抗日，以底於成。

肆、中國國民黨的群眾組織工作

　　抗日時期中國國民黨的群眾組織工作，可分為兩個時期，分別由兩個組織完成，前期有三民主義力行社，屬秘密性質；後期有三民主義青年團，是公開性質。

　　三民主義力行社是民國廿一年三月一日成立的，先總統　蔣公任社長，這是一個劃時代的組織，它的產生是有三個因素交互激盪才形成。

　　(一)民國廿年夏天，　蔣公同時要應付三件對國家統一有直接威脅的事件：一為廣州國民黨人士的反對，二為共產黨勢力擴張，三為日本在東北的挑釁。　蔣公為國民黨的領導人和國民政府主席，而國民黨此時卻處於分裂局面，　蔣公急須要有強而有力的領導中心和組織，才能挽救國家於危亡。

　　(二)三民主義力行社的宗旨，約言之是維護三民主義、反共、抗日，正與黃埔師生多年奮鬥目標相同；而力行社講求組織與紀律的嚴密，注重效率，重視服從觀念，活動亦與軍事有關。此亦為大多數社員為黃埔軍校畢業生之原因。

　　(三)九一八事變後，全國各地救亡組織相繼出現，如華北人民抗日救亡會、中華民國抗日救國敢死隊、上海青年自願決死救國團、抗日義勇團、鐵血軍、青年捨身團、三民鐵血團、跪哭團、黃埔同學抗日救國團、反日會、抗日救國聯合會、救國鐵血團、國民救國會、國民救國促進會、國民救國會議等。力行社在此時成立，性質和組織不盡相同，但

愛國救亡的表現，舉國人心同出一轍。(七七)

　　力行社成立時重要參與人員有賀衷寒、潘佑強、蕭贊育、鄧文儀、王叔銘、戴笠等多人。其下有革命同志會(分革命軍人同志會與革命青年同志會)，為承上啟下的決策執行機構；再次有中華復興社，為動員群眾與執行決策的組織。或可謂力行社是核心組織，同志會為第二層，復興社是第三層。在組織體系運用上，中央到基層共四級。中央為總社，省級為分社，縣級為支社，區級為小組。(七八)但三者互相勾連，實為一個嚴密的組織，在人事、活動、組織上都是秘密的，人員又都究藍布衣，故力行社曾文誤解成法西斯的「藍衣社」。(七九)

　　力行社的任務基本上是全面的，除國民黨組織外，所有機關團體，皆為「打入」控制的對象，圖清除所有反革命份子，建立三民主義的理想國家。力行社對國外的發展亦有兩種組織，一為「東方民族復興運動委員會」，負責推動朝鮮、台灣與印度的獨立運動，有干國勳、桂永清等人負責；另一為「亞洲文化協會」，下轄有亞洲被壓迫民族大同盟會、遠東婦女抗日同盟會、華僑青年救國團等三組織，協會使命在團結東方革命各領袖。

　　力行社為群眾運動之方便，其成員也主持或成立各種組織，如合作社黨政軍方面的訓練班、童子軍總會，甚至運動大會等。

　　抗戰開始，正需各黨派合作抗日。　蔣公對此一問題有一看法，用政權力量抑制其他黨派，不如以三民主義的信仰融洽其他黨派，同為國家前途而戮力，其前提是建立一個真正統一領導的構想；再者要動員全國民眾力量，要有一個公開而組織統一的團體，是力行社改組成三民主義青年團構想之開端。(八○)民國廿七年四月一日中國國民黨在漢口召開臨時全國代表大會，通過設立三民主義青年團。(八一)七月九日正式成立，其團章第一條「本團定名為三民主義青年團」，第二條宗旨「團結並訓練革命青年，實現三民主義，悍衛國家，復興民族」，第七條組織系統分中央團部、支團部、區團部、分團部、區隊、分隊，第八條團長「設團長一人，由中國國民黨總裁兼任之」。(八二)

　　三民主義青年團與中國國民黨之關係，二者同一主義，同一領袖，同一政綱政策，所不同者，團員有嚴格組訓青年之任務，團應服從黨的領導，黨應扶植團的發展。在抗戰期間，黨和團都盡最大之努力，及到民國三十三年青年學生從軍運動達到高潮。自三十二年十二月起至三十三年十二月止，一年間由四川擴及全國，報名人數達五萬零八百六十五名，男性青年佔百分之九十六，女性青年佔百分之四。此次從軍人數詳細統計如表二－十六。

表二~十六　全國各地青年從軍人數統計表

區分　省市　人別數	報名登記人數			體格檢查合格人數			召集入營人數		
	男	女	小計	男	女	小計	男	女	小計
四　川	24.608	1.414	26.029	14.867	104	14.966	7.085	75	7.160
重慶市	6.513	259	6.772	5.403	207	5.610	3.903		3.903
廣　東	3.973	45	4.018	1.837		1.8378	1.239		1.239
江　西	2.400	95	2.495	1.413	78	1.491	1.411	69	1.510
雲　南	1.938		1.938	1.558		1.558	1.225		1.225
貴　州	1.412	49	1.461	902	20	922	802	20	822
湖　北	1.381	26	1.407	746	18	767	713		713
湖　南	1.126	58	1.184	623	55	678	200		200
福　建	1.057	27	1.084	444		444	337		337
甘　肅	909		909	258		258	241		241
浙　江	816	63	879	416	45	461	266	37	303

陝　西	683	35	718	564		564	374		374
廣　西	586	38	624	525		523	412		412
安　徽	580	28	608	382		382	294		294
西　康	313	26	339	182		182	145		145
河　南	299	16	315	256		256	116		116
青　海	49		49	24		24	24		24
綏　遠	43		43	30		30	30		30
總　計	48.686	2.179	50.865	30.426	527	30.953	18.847	201	19.048

本表錄自杜元載主編；抗戰時期之青年活動，頁二二四—二二六。

表二~十七　抗日時期政治結社統計簡表

編號	名　　稱	民國	地點	重要人物	宗　旨（備　註）
1	中國共產黨	10年	上海	毛澤東	共產主義
2	中國青年黨	12年	巴黎	李　璜、曾　琦	國家主義
3	中國國民黨	8年	廣州	蔣中正	三民主義
4	全國抗敵後援會	26年		俞鴻鈞、杜月笙	聯合各界抗日
5	中國國家社會黨	22年	北平	張君勱、張東蓀	持國家社會主義

6	中國民主同盟	33年	重慶	張　瀾、左舜生	中共御用工具
7	鄉建派	19年	山東	梁漱溟、宴陽初	取烏託邦主義
8	職教派	20年		黃炎培、江　源	加入全國各界救國聯合會後始活躍
9	中華人民自主同盟	抗戰時	天津	曹　醫、劉光軍	投機政團
10	中華民主黨	抗戰時	重慶	呂中鐸、呂大可	黨員二百餘人
11	憲政黨	抗戰時		徐　勤、伍憲子	三十四年十一月改名民主憲政黨
12	勵進社	20年		鄧深澤、雷　震	三十六年改組成中國建設黨
13	中國自由黨	27年	長沙	林東海	三十五年改組成中國國民自由黨
14	中國鑄魂學社		上海	安若定	先名孤星社，倡大俠魂主義
15	中華民族解放行動委員會	24年	香港	章伯鈞、彭澤民	中共御用工具，或稱第三黨
16	中國洪門致公黨	34年	紐約	司徒美堂	總部後移上海
17	中國勞動協會	24年		朱學範(國民黨黨員)	三十七年改組成中國勞工黨
18	正潮社	31年	重慶	孫啓良、唐繼明	建設三民主義新中國
19	中國革命鬥爭先驅社	抗戰時	重慶	鄭學稼、李　季	中共託派，勝利後反共反蘇

20	國民自強社	29年	重慶	四川洪門人士組成	三十四年改組中國自強黨
21	民主科學社	33年	重慶	褚輔成、張西曼	左傾，勝利後稱九三學社
22	救國會派	25年		沈鈞儒、史良	受中共利用
23	利他社	34年	重慶	馮玉祥、唐子珍	似幫會組織，左傾
24	中華民族解放大同盟	24年	南京	李濟琛、陳銘樞、蔡廷楷	屬極左翼政團
25	中華民國人民行動委員會	29年	重慶	杜月笙、戴笠	聯合洪門、清幫、理教共同抗日

本表參考下列資料編撰而成：
(一)張樸民編：中國黨派(南京：中聯出版社，民國三十七年元月一日)，全書。
(二)溫連熙編著：中國政黨史(臺北：華夏出版社，民國四十九年九月)，全書。
(三)章君穀著：杜月笙傳第三冊，(臺北：傳記文學出版社，民國六十九年四月一日)，頁二四七一二四九。

第五節　抗戰勝利後的政治結社

國民政府依據制憲國民大會：「定中華民國三十六年十二月廿五日為憲法施行日期」之決議，為使政權銜接起見，國務會議於三十六年十二月十二日通過「訓政結束程序法」六條，同月廿三日經立法院完成立法程序，廿五日由國民政府明令公佈之。(八三)從人民的權利與義務觀看，也表示人民的結社(含政治結社)自由已受到合法保障，因同在廿五日施行的中華民國憲法，第七條規定「中華民國人民，無分男女、宗教、種族、階級、黨派，在法律上一律平等。」第十四條規定「人民有集會及結社之自由。」(八四)但實際上早在政治協商會議與國民大會召開前後，人民的政治結社就開始復甦，而以抗戰勝利之後二、三年間，人

民組黨結社最爲風行。再度呈現如民國初建、袁死後，第三次黨派林立的局面，亦爲中國近代史上第三次政黨政治試驗，只可惜許多黨派受到中共統戰影響，徒增政局不安而已。本節擬從勝利後的黨派合作、中共統戰下的政治結社兩項探究，重要政治結社參閱節末表二－二一。

壹、抗戰勝利後的黨派合作

此期間的黨派合作表現在政治協商會議、國民大會召開與政府改組三方面。

民國三十四年五月五旦中國國民黨第六次全國代表大會在重慶召開，十六日決議通過對中共處理辦法，採政治解決方針爲適當，因而有了重慶會談，在會談中雙方獲得協議，決定「政治協商會議」的召開。(八五)國共雙方代表張群、邵力子、張治中、王世杰、周恩來與王若飛等人，自九月四日至九月廿八日共開十次會議，針對和平建國方針、政治民主化、國民大會、人民自由、黨派合作、特務機構、釋放政治犯、地方自治、軍隊國家化、解放區政府、漢奸懲處與重劃受降區等十二大問題討論，已有初步協議，雙方同意迅速召開政治協商會議，會後並發表「雙十會談紀要」。

召開政協會議既經國共會談確定，嗣經各黨派幾度會商，乃決定政協會議代表三十八人組成，名額分配爲國民黨八人，共產黨七人，民主同盟九人，青年黨五人，社會賢達九人。如表二－十八。

政協會議於民國三十五年一月十日揭幕，分政府組織、施政綱領、國民大會、憲法草案及軍事問題等五項議題，分別由五方面派代表討論。一月三十一日閉幕，憲法草案審議委員會依既有決定，由參加政協的五方面各推五人，另推會外專家十人成立之，製成憲法修正案，提供國民大會採納。各黨派代表如表二－十九。

從參與政協會議的黨派與代表分配，可以看出中國國民黨對各黨派極表尊重。甚至共產黨的名額是超過了國民黨，因爲民主同盟不論是在

政協會議或憲法草案審議委員會，都是以共產黨為馬首是瞻。關於國民大會的召開，政協會議原訂民國三十五年五月五日，總計國大代表二千零五十名，因多數黨派尚未提出名單，中共與政府軍事衝突日益，與民主同盟用改組政府為藉口，不斷阻擾。政府深覺制憲大業，艱苦經營，前後幾達二十年，國大之召開是還政於民之要著，且多數代表已完成報到，毅然於十一月十五日在南京國民大會堂揭幕，其組成代表如表二－二○。

表二~十八　　政治協商會議各黨派代表名單

政治背景	會　　員　　姓　　名
國 民 黨	孫　科　　張　羣　　吳鐵城　　王世杰　　陳立夫　　張厲生　　陳布雷　　邵力子
共 產 黨	周恩來　董必武　吳玉章　陸定一　葉劍英　鄧穎超　王若飛
民主同盟	張　瀾　　沈鈞儒　　張君勱　　張東蓀　　章伯鈞　　黃炎培　　張申府　　羅隆基 梁漱溟
青 年 黨	曾　琦　　陳啓天　　楊永浚　　余家菊　　常乃
社會賢達	莫德惠　　邵從恩　　王雲五　　傅斯年　　錢永銘　　胡　霖　　繆嘉銘　　郭沫若 李燭塵

資料來源：王健民著；前揭書，第三篇，頁四九四；秦孝儀主編；前揭書，第三期，頁一三四四。

表二~十九　　政治協商會議憲法草案審議委員會委員名單

國民黨	孫　科　　王寵惠　　王世杰　　邵力子　　陳布雷
共 產 黨	周恩來　董必武　吳玉章　秦邦憲　何敬恩

青 年 黨	曾 琦　陳啓天　余家菊　楊永浚　常乃
民主同盟	張君勱　黃炎培　沈鈞儒　章伯鈞　羅隆基
社會賢達	傅斯年　王雲五　胡 霖　莫德惠　繆嘉銘
會外專家	吳尚鷹　吳經熊　林 彬　史尚寬　戴修駿　同 覽　等十名

本表係錄自秦孝儀主編：前揭書，第三冊，頁一三四七——一三四八。

表二~二〇　國民大會代表組成情形

代表類別		法定人數	報到人數	未報到人數	備　　　　考
區 域 選 舉		770	735	35	
職 業 選 舉		437	406	31	
特 種 選 舉		143	142	1	
表代派黨各選遴	國 民 黨	220	216	4	
	共 產 黨	190		190	
	民主同盟	80		80	與民社黨共爲120名
	青 年 黨	100	99	1	
	社會賢達	70	64	6	
	民 社 黨	40	39	1	脫離民盟後單獨提出

總　　　計	2.050	1.701	349	

資料來源：秦孝儀主編；前揭書，第三冊，頁 1357—1358。

　　表二－二〇所列共產黨有一百九十名，民主同盟有八十名(原與民社黨共爲一百二十名，國大揭幕時民社黨已退出民盟，單獨提出代表四十名)，始終拒絕提出。國大之召開首在制訂憲法，故我國憲法可謂是各黨派妥協的產物，青年黨和民社黨是積極支持制憲的；社會賢達因無團體組織，只能在各黨派之間發生調和作用；而民盟和中共則志不在此，政治談判和拒絕參加國大制憲，不過是他們用來達成目的之手段而已。

　　在擴大政府組織方面，政協會議的決議，中國國民黨與各黨派共同發表的「國民政府施政綱領」，已有共識，均主張各黨派公平參政，惟才惟賢是用。民國三十六年二月十日中國國民黨中央黨會決定數項原則：

　　(一)新增立法委員、監察委員及參政員名額，各黨派分配比率定爲國民黨與無黨派合占二分之一，青年黨與民社黨合占二分之一。

　　(二)憲政實施促進會駐會委員會之分配比率，國民黨與無黨派占四分之三，民青兩黨占四分之一。

　　(三)各黨派人選，民青兩黨採提名方式，由國民黨中常會決定。(八六)

　　民國三十六年四月廿三日國民政府委員會召開第一次會議，決定行政院改組後各部會負責人，計由中國國民黨以外人士任政務委員者：

　　(一)青年黨：李璜(兼經濟部長)、左舜生(兼農林部長)、常乃德、楊永浚。

　　(二)民社黨：李大明、蔣勻田。

　　(三)社會賢達：王雲五(兼行政院副院長)、俞大維(兼交通部長)、周

貽春(兼衛生部長)、繆嘉銘。(八七)

民國三十六年三月國民政府為加速行憲籌備工作,加速立法委員五十人,參與立法工作,國民黨分配十七人,青年黨十三人,民社黨十二人,社會賢達八人。三十六年十二月第一屆國民大會代表選出,三十七年元月第一屆立法委員選舉完成,五月第一屆監察委員選出,各黨派均已占相當比例。而各省縣市則按「國民政府施政綱領」第十二條:「各省市縣之參議會或臨時參議會盡量由各黨派及無黨派人士共同參加,各省地方政府亦應本惟才惟賢之旨由各黨派及無黨派人士參加。」(八八)這些顯示政治利益已非由一黨獨占,除共黨和民主同盟外,其他合法政黨已依憲法規定為憲政努力。

貳、中共統戰下的政治結社

抗戰勝利後經政府明令公佈「所稱政黨者,暫先以參加制憲之中國國民黨、青年黨、民主社會黨為限。」(八九)但此期間黨派林立,有打著「爭取民主」、「反內戰」、「結束黨治」、「開放政權」等口號,實際上接受中共指示和經濟援助,其志亦在協助中共奪取政權的政治團體,中共稱之「民主黨派」。(九○)有受中共統戰影響,不滿中國國民黨或政府施政,而在思想和行動上左傾的「左傾集團」。其他尚有傾向政府與國民黨、中間、投機等各種政治團體的黨派。本項依這些區分概述之。(九一)

一、民主黨派

此類政治團體為中共外圍或代言人,完全為中共所利用,並能指揮聽命者,計有中國致公黨、中國農工民主黨、中國人民救國會、中國民主同盟、鄉建派、職教派、中國民主建國會、九三學社、中國民主促進會、中國國民黨民主促進會、三民主義同志聯合會、中國國民黨革命委員會與臺灣民主自治同盟會第十三個。

二、左傾黨派

　　此類政治團體包含始終左傾、先右後左、受中共滲透利用、共黨分裂而出(仍是共黨)等性質者，計有民主統一陣線、中國勞工黨、光復會、中國共產黨黨員民主建國協進會、中國窮人黨、中國民主和平統一政團、中國職工福利同盟、益友社、民主集權黨、中國農民自由黨、中國人民黨、中國平民黨、進步黨、中國民族同盟黨、中國民主憲政促進會、中國自由行動委員會、中國共產黨非常中央委員會、民主實踐社、中國共產黨同盟、新民主義青年團、華僑民主陣線、臺灣文化協進會、臺灣省工作委員會、人民協會等二十四個。

三、中間黨派

　　此類政治團體包含投機、對中共與國民黨均不評論亦不贊美、政治主張不明、對國共雙方有等量贊美與批評、假組黨之名行不法之事，及落伍軍人、幫會、政客等假結社之名而謀政治利益(不傾向國共任何一方)性質者。計有中國正友社、中國建設黨、中華民族黨、中國國民自由黨、中國民生共進黨、中國農民黨中國洪門民治黨、中國民族聯治民主黨、中國急進黨、厭黨爭同盟、民族先鋒黨、中華革命同盟會、中國宗教徒和平建國大同盟、中間黨聯盟、中國人民社會黨、中國自由黨、益社、民族同盟社、中國社會建設協會、洪門忠義會、中國憲政黨、中國新民黨、民主共進會、社會民主黨、中國民主自由大同盟、中華無政府主義青年會、三不同志會、中國大同黨、中國救國運動會、洪門民治建國會、洪興協會、新中國總社、二二護國聯誼會、中國自強黨、中國民主黨、中華社會黨、鐵血組、中華農民黨、忠義黨、回教青年黨、民立黨、大東亞青年急進黨、中國和平黨、中國知行學社、中國國家社會主義共和黨、民主社會協進會、中華同志會、民本社、中國青年民主建國聯盟、中國人民自主同盟、中國民主急進黨、生產黨，共五十二個。

四、右傾黨派

　　此類政治團體包含始終傾向中國國民黨或政府、先左後右、政治主張健康善意而不左傾等性質者，計有中國國家社會黨、民主憲政黨、中國民主統一聯合會、中國中和黨、中國少年勞動黨、中華民社黨、耆英會、中國民主建設協會、神秘反共鋤奸黨、中國共和黨、中國公利黨、中國工農聯合促進會、中國民主運動協會、憲友社、國民憲政社、中國民主合眾黨、新社會黨、進步社會黨、中國自由黨、華北建設學會、辛亥革命同志會等二十一個。

　　抗戰勝利後到大陸淪陷前，民主黨派和左傾集團最為風行，幾乎全部遭受中共統戰毒害，而又將這些毒害向全國民眾不斷宣傳，並不斷策動示威、遊行、暴亂，終於社會動亂，民心士氣全部瓦解，政府動員不得。到民國三十八年九月中共召開第一屆「中國人民政治協商會議」時，各民主黨派已正式接受中共的領導。在各黨派黨章第一條即定為：「本黨(盟、會、社)是以『人民政協共同綱領』為綱領。」第二條稱：「本黨(盟、會社)是接受中國共產黨的領導。」(八二)亦正式成為中共的御用黨派，可用時加以利用，必要時做為階級鬥爭的對象。

　　本章概要探討我國近代政治結社的情況，發現有三個政治結社很蓬勃的時期，民初、袁死後到民國十三年北伐前及抗戰勝利後，這也是我國近代史上實驗政黨政治的三個時期。另有兩個政治結社的消沉期，民國二年底袁氏破壞國會到民國五年五月恢復，及民國十三年到三十四年因北伐、外患、訓政等因素。但總括而言，政治結社的活躍代表人民政治意識的覺醒，也愈來愈知道他有結社的權利。這是開發中國家政治發展(Political Development)的模式(Models)，例如印尼(Indonesia)在一九四五年剛獨立時有三十多個政黨。(九三)而一九四六年(昭和廿一年)日本戰後首次大選，參選的政治團體達三百六十三個。(九四)重要的是我們如何鑑往知來。

表二~二一　　抗戰勝利後政治結社統計簡表

編號	名　　　稱	民國	地點	重要人物	宗旨（　備　註　）
1	中 國 國 民 黨	8 年		蔣中正	三民主義
2	中 國 共 產 黨	10 年	上海	毛澤東	共產主義
3	中國國家社會黨	22 年	北平	張君勱 梁實秋	國家社會主義
4	民 主 憲 政 黨	34 年	加拿大	伍憲子 李大明	保皇黨、憲政黨餘緒
5	中國民主社會黨	35 年	上海	張君勱 伍憲子	民主社會主義。民盟之一
6	中 國 青 年 黨	12 年	巴黎	曾 琦 李 璜	國家主義
7	中國農工民主黨	36 年	上海	章伯鈞 朱蘊山	即第三黨。中共外圍
8	中國民主促進會	36 年	香港	馬敘倫 李濟琛	中共外圍
9	中 國 民 主 同 盟	33 年	重慶	章伯鈞 沈鈞儒	中共外圍
10	救 國 會 派	25 年		沈鈞儒 史 良	中共統戰臨時工具
11	鄉 建 派	19 年	山東	梁漱溟 宴陽初	受中共糾纏，無能擺脫
12	職 教 派	20 年		黃炎培 江 源	先親共後疏兵
13	民 主 統 一 陣 線	36 年		沈鈞儒 馬敘倫	中共外圍

14	中 國 正 友 社	37 年		孫啓良 唐繼明	擬組正潮黨，未果
15	中國民主統一聯合國	34 年	上海	鄭學稼 李　季	即中國革命鬥爭先驅社。反共反蘇
16	中 國 建 設 黨	36 年		鄧澤深 雷　震	鄧競選國大代表用
17	中 華 民 主 黨	34 年	上海	呂中彝 呂大可	
18	中 國 中 和 黨	35 年	西安	尤永昌 洗　江	中多幫會份子，反共
19	中國國民自由黨	35 年	重慶	林東海 趙蔚文	中間立場
20	中國少年勞動黨			安若定	大俠魂平愛主義，支持政府
21	中 國 勞 工 黨	37 年		朱學範	暗中活動，國民黨游離親共
22	中國民生共進黨	35 年	西安	樊松甫 張子廉	青紅幫份子組成
23	中 國 農 民 黨	36 年	上海	董時進 藍夢九	政治投機組織
24	中國洪門民治黨	35 年	上海	司徒美堂 趙昱	內有兩派
25	光 　復　 會	民 前	重慶	尹銳志 周亞衛	已受中共混跡利用
26	中國民族聯治民主　　　　黨	36 年	北平	劉真理	主張聯邦制度
27	中 國 急 進 黨	36 年	香港	華僑與三合會份子組成	不滿現狀

28	中國共產黨黨員民主建國協進會	36 年		共產黨內部反毛派組織	要求國際干涉中國內政
29	中 華 民 社 黨	36 年		馬堯卿 洪 江	願貢獻治安之策
30	中 國 窮 人 黨	36 年	上海	下層苦力組成	由民盟策動組織
31	民 族 先 鋒 黨	36 年	陝西	蔨 俊 鄒希聖	
32	耆 英 會	36 年	北平	靳雲鵬 朱啓鈐	擁護元首
33	厭 黨 爭 同 盟	36 年	中正大學	似國立中正大學人員組成	反對一切黨爭
34	中 華 革 命 同 盟 會	36 年	成都	周梅君 劉 揚	又名三民主義知行社
35	中國民主建設協會	36 年	南京	鍾天心	倡民主憲政
36	中 國 致 公 黨	36 年	香港	陳其尤	組織各黨派聯合政府
37	中國宗教徒和平建國大同盟	36 年	上海	太虛法師、釋天慧 朱庭祺	用宗教精神組黨救國
38	中 間 黨 聯 盟	36 年	上海	楊大孚 林東海	中間投機政團
39	中國人民社會黨	36 年	蕪湖	馮 克	又名新學生社
40	神秘反共鋤奸黨	36 年	蕪湖		殺盡共黨、貪官、奸商，支持政府
41	民 主 自 由 黨	36 年	香港	任援道 徐樸誠	汪偽組織份子居多

42	中國民主和平統一政團	36 年	香港	伍憲子李濟琛	親共
43	中　國　共　和　黨	35 年	西安		民主政治、反共
44	益　　　　　　社	35 年	上海	范紹增	政治投機政團
45	中國職工福利同盟	35 年	成都	張嘉民黃伯殊	左傾
46	民　族　同　盟　社	35 年	上海	黎　奇	
47	中國社會建設協會	35 年	上海	黃金榮徐　良	
48	洪　門　忠　義　會	35 年	廣東	葛肇煌	
49	三民主義同志聯合會	35 年	上海	柳亞子馮伯	偏激左傾
50	中國國民黨民主促進會	35 年	香港	李濟琛陳此生	左傾
51	中國國民黨革命委員會	37 年	香港	宋慶齡李濟琛	中共外圍工具
52	益　　友　　社	35 年	天津	鄭劍風趙家彬	左傾
53	中　國　憲　政　黨	35 年	上海		
54	中　國　公　利　黨	35 年	南京	楊　德王　濤	改進民生、保存民族、發展民權
55	中　國　新　民　黨	35 年	廣州	曾學堯	

56	民 主 共 進 黨	35 年	上海	洪門人士組成	
57	民 主 集 權 黨	35 年	北平	隋定中（後入民盟）	左傾
58	社 會 民 主 黨	35 年	重慶	石孝先 田得勝	袍哥份子組成
59	中國工農聯合促進會	35 年	重慶		力行三民主義
60	中國民主自由大同盟	35 年	昆明	王慧生 郭亞金	不法集團
61	中國民主運動協會	35 年	重慶	孔　庚 劉士篤	反共
62	中華無政府主義青年會	35 年	湖南	劉　雲 歐陽振晉	秘密武器組織，企圖不明
63	三 不 同 志 會	35 年	上海	湯慕先 趙以聰	不久分裂
64	中 國 大 同 黨	35 年	上海	孫行之 胡　桃	青紅幫份子居多
65	中國救國運動會	35 年	上海	（三不同志會分裂出）	中間。救國。內稱中國獨立黨
66	洪門民治建國會	35 年	上海	林有民 許君武	洪門人士組成
67	洪 興 協 會	35 年	上海	張子廉 向松坡	與洪門民治黨對抗
68	中國農民自由黨	35 年		胡文瀾 何　魯	投機組織、傾共
69	新 中 國 新 社	35 年	上海	江沖嘉 昆明紅幫	中多幫會份子

70	二二護國聯誼會	35 年	成都	田頌堯 鄧錫侯	落伍軍人組織
71	憲　友　社	35 年	南京	王曉籟 羅　衡	國大代表的保守派
72	國民憲政社	35 年	南京	孔　庚 孫慕迦	國大代表的反對派
73	中國自強黨	34 年	重慶		(袍歌份子組成)
74	九　三　學　社	34 年	重慶	褚輔成 張西曼	學社為名，親蘇傾共
75	中國人民黨	34 年	重慶	馬　義 王文受	左傾、投機
76	中國民主黨	34 年	重慶	劉曼華 侯野君	另外跳舞黨，投機政團
77	中國民主建國會	34 年	重慶	胡西園 冷　遹 章乃器	內有溫和、中立、左傾三派
78	中華社會黨		成都	葉道信 方茂山	中多袍哥份子。持大同社會主義
79	中華社會建設黨		成都	冷開泰 鄧叔才	民主主義。哥老團體
80	鐵　血　黨		高郵	蘇北幫會份子	改善人類全體生活
81	中國民主合眾黨		香港	李大夫(醫生)	擁護政府，推行憲政
82	進步社會黨		華盛頓	華僑組成	建國原則；民主憲政
83	中華農民黨		廣東	張競生	

84	忠 義 黨		漢口	楊慶三	幫會、苦力份子多
85	回 教 青 年 黨		河南		又名伊斯蘭青年會
86	民 立 黨			劉 極 莫德惠 章士釗	
87	中 國 平 民 黨		重慶	鄧初民 朱伯浪	中共外圍
88	大東亞青年急進黨			毛菲倫 張逸超	
89	中 國 和 平 黨		重慶	張之江 張樹聲	青紅幫份子組成
90	進 步 黨		南洋	李君亮、海外洪門組成	被中共滲透利用
91	中 國 國 家 社 會 主 義 共 和 黨			錢一青 梅 利	
92	中國民族同盟黨			回教青年組織	中共策動組成
93	中 國 自 由 黨			杜月笙(?)	
94	民主社會協進黨		成都	方茂山 馬昆山	哥老會份子組成
95	華 北 建 設 學 會			顧 震 姜維周	紅幫份子、反共
96	辛亥革命同志會		上海	洪承滴	與興中會關係密切
97	中 華 同 志 會		上海	馮兆異 姚覺吾	中間派

98	中國民主憲政促進會		南京	張西曼	左傾親蘇
99	中國自由行動委員會		美國	陳丕子	力阻美國援華、左傾
100	中國共產黨非常中央				中共部份反毛派組成
101	委員會民主實踐社			許寶駒 王崙	與民盟有聯繫
102	中國知行學社			龔德樞 陳健夫	擬改組成中國青年新革命黨
103	民　　本　　社	34 年	上海	羅敦偉	
104	中國青年民主建國聯盟			黃萬人	
105	中華人民自主同盟		天津	曹醫 劉光軍	有擁馮玉祥傾向
106	中國共產主義同盟			中共部份反對派組織	推翻國民黨政府
107	新民主義青年團		香港	梁國盤	左傾
108	華僑民主陣線		新加坡	陳嘉庚 胡俞之	左傾
109	中國民主急進黨		河南	舒漢新 張照謙	均土匪之輩。 無政治主張
110	生　　產　　黨		北平	朱光潛 朱自清	
111	臺灣民主自治同盟	36 年	香港	謝雪紅 楊克煌	中共外圍組織

112	臺灣文化協進會	35 年		游彌堅 范壽康	中共在臺組織
113	臺灣省工作委員會	37 年		蔡孝乾	臺共組織
114	人 民 協 會	34 年		謝雪紅	臺共組織
11 5	新 社 會 黨	36 年	南京	陳健夫	合民生主義、社會主義

本表係根據下列資料編撰而成：
(一)張樸民編；中國黨派(南京：中聯出版社，民國三十七年元月一日)，全書
(二)吳秋林撰；抗戰前後的「民主黨派」(政治作戰學校政治研究所，碩士論文，民國七十五年六月)，第二、四章。
(三)溫連熙著；中國政黨史(臺：華夏文化出版社，民國四十九年九月)，全書。
　　(四)聯合報訊，「新社會黨恢復活動」，聯合報，民國七十七年三月一日，第二版。

註 譯

(一)王爾敏著，〈秘密宗教與秘密會社之生態環境及社會功能〉，《近代史研究所集刊》，第十期(民國七十年七月)，頁三三－五九「秘密宗教的組織基礎是血緣、鄉土、姻親，秘密會社則為同業、結拜、地緣」。

(二)關於在理教與革命運動的關係，詳參張玉法著，《清季的革命團體》(臺北：中央研究院近代史研究所，民國六十四年二月)，頁五七－六〇。

(三)陸寶千著，《論晚清兩廣的天地會政權》(臺北：中央研究院近代史研究所，民國六十四年五月)，頁一。

(四)張玉法主編，《中國現代史論集》，第三輯(辛亥革命)，第二次印(臺北：聯經出版公司，民國七十一年七月)，頁三六二－三六九。

(五)洪秀全早年出身於天地會，師事洪德元(託名朱九濤)，日後他創「拜上帝會」和建「太平天國」，不論政治思想或制度都受天地會影響。

金田村起事後，各省會黨都起來響應，但拜上帝會並非天地會支派，僅利用天地會勢力而已。詳見莊政著，《國父革命與洪門會黨》，臺初版（臺北：正中書局，民國七十年三月），頁十九－四七。

(六)《國父全集》，第一冊，頁壹－二○至二二。

(七)輔仁文社的英文名稱為 China Patriotic Reform Association，據張玉法先生的研究，　中山先生在〈倫敦蒙難記〉一文中所說的 The Young China Party(少年中國黨)，就是指輔仁文社這個革命團體而言。詳見張玉法著，《清季的革命團體》，初版（臺北：中央研究院近代史研究所，民國六十四年二月），第三章。

(八)張玉法著，《清季的革命》，頁一七四－一七五

(九)張玉法著；前揭書，頁三三六。

(一○)十五省光復僅算到辛亥十月七日（西曆十一月廿六日）四川光復為止。東三省和河南未宣佈獨立，河北、新疆、甘肅三省均民國元年才告統一或歸順，而臺灣尚未光復。均未列入計算。

(一一)張玉法著；前揭書，第八章，頁六六三—六八七。

(一二)同註(十一)。

(一三)(張朋園著，《立憲派與辛亥革命》，初版（臺北：中國學術著作獎助委員會，民國五十八年十月），頁九。

(一四)張玉法著，《清季的立憲團體》，初版（臺北：中央研究院近代史研究所，民國六十年四月），頁二。

(一五)同註(一四)，頁三、又見張朋園著，前揭書，頁九。

(一六)在康有為之前亦有類似學會，據有史可查者如文理學會、中國教育會、廣學會、青年維新會等，但為外人所辦。用學會來運動變法，近代始於康有為。詳見張玉法著，《清季的立憲團體》，第四章。

(一七)丁文江編，《梁任公先生年譜長編初稿》，上冊，第一版（臺北：世界書局，民國四十七年七月），頁二十六－二十七。

(一八)梁啟超著；飲冰室全集，再版（臺北：文化圖書公司，民國五十八年五月一日），頁四三八；戊戌政變記，第二篇。

(一九)梁啟超著；前揭書，頁四三六。

(二〇)涂懷瑩著，《中華民國憲法原理》，初版(臺北：自印本，民國六十六年九月)，頁二九〇－三〇七。

(二一)秦孝儀主編，《中華民國政治發展史》，第一冊，初版(臺北，近代中國出版社，民國七十四年十二月廿五日)，頁二五二。

(二二)謝彬著，《民國政黨史》，初版(臺北：文星書店，民國五十一年六月)，頁六〇。

(二三)《國父全集》，第一冊，〈中華革命黨革命方略〉，頁參－二三。

(二四)張玉法著，《中國現代史》，上冊，八版(臺北：東華書局，民國七十四年十月)，頁一三六。

(二五)杭廷頓(Samuel P. Huntington)著；江炳倫、張世賢、陳鴻瑜合譯，《轉變中社會的政治秩序》(Political Orderin Changing Countries)，三版(臺北：黎明文化事業有限公司，民國七十四年十二月)，頁三一四－三一五。

(二六)《國父全集》，第二冊，〈中華革命黨宣言〉，頁肆－一九至二〇。

(二七)國父全集，第三冊，「通告洪門改組為中華革命黨支部函」，頁玖—二一七。

(二八)黃季陸主編，《中華革命黨史料》，初版(臺北：中央文物供應社，民國五十八年三月)，頁二八。

(二九)關於中華革命黨的組織分佈情形，與中國同盟會略同。詳見《國父全集》，第二冊，頁二九七－七一一。

(三〇)孫中山，「規復約法宣言」，國父全集，第二冊，頁肆—二二。

(三一)謝彬著；前揭書，頁六五。

(三二)謝彬著；前揭書，頁七三。

(三三)孫中山，「就大總統職後對外宣言」，國父全集，第二冊，頁肆—二八。

(三四)張玉法著，《中國現代史》，上冊，八版(臺北：東華書局，民國

七十四年十月），頁一九五。

（三五）謝彬著；前揭書，頁七八—七九。

（三六）顧敦鍒著，《中國議會史》，臺初版（臺中：私立東海大學，民國五十一年五月），頁二三〇。

（三七）謝彬著；前揭書，頁九六。

（三八）楊幼　著，《近代中國立法史》，臺增訂一版（臺北：臺灣商務印書館，民國五十五年九月），頁三一九。

（三九）楊幼　著；前揭書，頁三四〇—三四二。

（四〇）王健民著，《中國共產黨史稿》，第一編，初版（臺北：自印本，民國五十四年十月），頁二八－三一。

（四一）關於中國共產黨和ＳＹ的成立，可參閱下列四本書：

（王健民著，前揭書，第一編。

（鄭學稼著，《中共興亡史》，第一卷（下），初版（臺北：自印本，民國七十三年六月）。

（王章陵著，《中國共產主義青年團史論》，初版（臺北：國立政治大學東亞研究所，民國六十二年六月）。

（唐勃著，《中共共青團之研究》，四版（臺北：幼獅文化事業公司，民國七十五年七月）。

關於中共成立前，就有許多社會主義一類的團體，以上四書論述略有出入，本論文不詳加考究。

（四二）王健民著；前揭書，第一編，頁一八〇。

（四三）王健民著；前揭書，第一編，第二、五、九章。

（四四）張其昀著，《黨史概要》，第一冊，再版（臺北：中央文物供應社，民國六十八年三月二十九日），頁一七一。

（四五）孫子和編，《民國政黨史料》，臺初版（臺北：正中書局，民國七十年十月），頁九〇－九一。

（四六）按　中山先生於民國十三年十一－月十日發表「北上宣言」，對時局主張召集國民會議，以謀中國之統一與建設。而在國民會議召集以

前，應先召集一預備會議，以下列團體之代表組成：現代實業團體、商會、教育會、大學、各省學生聯合會、工會、農會、共同反對曹吳各軍、政黨，共九種。當　中山先生北上後，全國工會代表相率北上，於十四年三月一日在北京成立「全國各省工會聯合會」，為國民黨領導之全國性工會組織，轄有上海工團聯合會、廣東總工會、廣州中國機械總會、香港工團總會、湖北工團聯合會、湖南勞工會、京漢鐵路總工會、安徽勞工會、湘鄂鐵路總工會、正太鐵路總工會、平綏鐵路總工會、北京工界聯合會及哈爾濱總工會等十三個單位。不幸　中山先生逝世，政局突變，中共乘機反擊，以勞動組合書記部名義召集第二次勞動大會；而全國各省工會聯合會乃趨於解體。「北上宣言」詳見　中山先生著，《國父全集》，第二冊，頁肆－六九。另見王健民著，前揭書，第一編，頁一六三－一六五。

（四七）中國國民黨在組織工人的策略上，自始即是採取工會與黨組織混合制，如機工會、海員工會、同德工會、粵漢、廣三、廣九鐵路工會、集賢工會、兵工廠、自來水廠等一切工會，雖非黨組織，但有黨部組織，以動員「非黨組織團體」。詳見戴季陶著，《國民黨的繼往開來－革命文獻》，第八輯（臺北：中國國民黨中央黨史委員會，民國四十四年三月），頁一八一。

（四八）到民國十五年五月，在國民黨的領導與努力下，各地相繼成立農民協會。僅以廣東省而論，已有縣農協會二十三處，區農協會一七七處，鄉農協會四七四處，有組織的農民六十六萬人，對奠定北伐基礎，響應國民革命，並發起「國民會議促成會」，協助甚大。詳見張培新著，《北伐時期群眾戰之研究》（政治作戰學校政治研究所，碩士論文，民國七十四年六月），頁一九九－二○一。

（四九）青年運動在國民黨青年部的領導下，從事「反吳反英，反日反奉」，或直接參加國民革命行列。通常國民革命軍抵達一地之前，即在該地先行成立黨分部或聯絡處。北伐期間接受中國國民黨領導，對北伐大業有幫助的學生組織有：

(陝西：「陝西省學聯執行委員會」。

(江西：「全省學聯執行委員會」，代表以南昌、九江、吉安、上饒、瀋陽、樂平、永豐等縣市為主。

(四川：「全省學生代表大會」，川東、川北、川南的學聯組織均先後完成。

(浙江：「省學生聯合會」、「中國青年勵志會」(此係全省中等以上學校學生領袖二百餘人組成)。

(安徽：「安徽青年聯合會」，下有蕪湖、合肥、蚌埠、大通、阜陽、休寧等六縣市成立青年聯合整委會。

(河北：「河北省青年聯合整委員」。

(河南：「河南省學生聯合會」、「河南省學生聯合會」，民國十七年合組「河南省學生聯合會整委會」，各縣市正式成立者有開封、滑縣等四十二個。

(青海：「省學聯會」、「西寧縣學生聯合會」、「青海省回教青年學會」。

(廣西：「全省學生聯合總會」、「南寧市學生聯合會」、「梧州學生聯合會」、「桂林學生聯合會」。

(綏遠：「全省學生聯合會」。

　南京：「南京學生聯合會」(有二十四個分會)、「南京市學生聯合會整委會」，均助革命最力。

臺灣：(均以大陸各地區為活動基地)有「閩臺學生聯合會」、「上海臺灣青年會」、「廣東臺灣青年聯合會」、「廣東臺灣革命青年團」、「北京臺灣青年會」等，反日反帝反軍閥，而以臺灣回復祖國為最後革命目標。

詳見張培新著，前揭書，頁二一○－二一四。另見林衡道主編，《臺灣史》，再版(臺北：眾文圖書公司，民國七十三年四月十日)，第九章。

(五○)北伐期間的婦女組織略如下：

(「上海女界聯合會」，廣東、浙江、湖南、四川等地先後成立女界聯合會。

（「北京女子參政協進會」、「女權運動同盟會」。

（「中國婦女協會」，各地有分會，是全國最有統一體系的婦運組織，對北伐貢獻很大。

（「婦女運動委員會」，為黨內婦運機構，由陣前政治部創設，號召婦女參加北伐，各省市有分會。

參閱張培新著，前揭書，頁二一四－二一七。

（五一）楊幼炯著，《中國政黨史》，臺四版（臺北：臺灣商務印書館，民國六十八年十一月），頁一八八。

（五二）陳果夫著，〈北伐前後一段黨史〉，《藝文誌》第五十期（民國五十八年十一月），頁三二。

（五三）楊幼炯著；中國政黨史，頁二一六—二一七。

（五四）中國青年黨中央執行委員會宣傳組編，《中國青年黨死難及已故同志略傳》，第一輯（臺北：自印本，民國六十一年十月七日），頁三。

（五五）王章陵著，《中國共產主義青年團史論》，初版（臺北：國立政治大學東亞研究所，民國六十二年六月），頁二二五－二二六。另參閱張樸民編，《中國黨派》（南京：中聯出版社，民國三十七年一月一日），頁九一－九二。

（五六）陳水逢著，《日本文明開化史略》，八版（臺北：臺灣商務印書館，民國七十四年十一月），頁一四四－一四五。

（五七）秦孝儀主編；前揭書，第三冊，頁一〇七六七。

（五八）同上。

（五九）秦孝儀主編；前揭書，第二冊，頁八九二。

（六〇）黃泰誠著，《從現代政治思潮看政黨政治的運作》，〈從政黨政治的功能看黨政關係〉，初版（臺北：中央文物供應社，民國七十二年三月，頁二〇〇－二〇一。

（六一）秦孝儀編；前揭書，第二冊，頁八九三。

（六二）謝振民編著，《中華民國立法史》，滬一版（上海，正中書局，民國三十七年一月），頁一一八八。

(六三)同上，頁一一九一。

(六四)江炳倫著，《政治發展的理論》，五版(臺北：臺灣商務印書館，民國七十四年三月)，頁四〇－四三。

(六五)蔣中正講，《蔣總統集》，第一冊，〈黨內團結是我們唯一的出路〉，頁五七六。

(六六)秦孝儀主編；前揭書，第二冊，頁九〇六。

(六七)國民參政會的演變有下列階段：

(民國二十年五月五日國民政府在南京召開國民會議。

(民國二十年十一月二十三日中國國民黨第四次全國代表大會決議召開國難會議。

(二十一年四月七日在洛陽舉行國難會議，決議本年十月十日以前設立國民代表會。

(二十一年十二月十九日中國國民黨四屆三中全會再更名為國民參政會，定二十二年召集，是國民參政會一詞的由來。

(國民參政會又因國民大會之擬提前召開而擱置，但　蔣委員長在二十六年七月(七七抗戰尚未爆發)，在廬山召開「廬山談話會」，除共產黨未參加外，與各黨派取得「最後關頭一到，只有全力抗戰」的共識。

(「七七」抗戰爆發後，政府選聘各在野黨領袖及有獨立政治主張人士共二十四員，參與成立國防參議會。

(二十七年三月二十九日中國國民黨在武昌舉行臨全大會，決議結束國防參議會，設國民參政會，六月二十一日第一屆會議召開(含共產黨)。詳見秦孝儀主編；前揭書，第三冊，頁一一七四－一一七六；另見黃邦印著，《國民參政會功能之研究》第二章第一節(政治作戰學校政治研究所，碩士論文，民國七十三年六月)。

(六八)蔣中正講，「國民參政會的任務會」，蔣總統集，第一冊，頁一〇四九－一〇五〇。

(六九)徐乃力著；「中國的『戰時國會』：國民參政會力中國現代史論集，第九集(八年抗戰)，初版(臺北：聯經出版公司，民國七十一年四

月)，頁二三一。

(七〇)秦孝儀主編；前揭書，第三冊，頁一二四三。

(七一)王健民著，《中國共產黨史稿》，第三編，頁四六－四七。

(七二)唐勃著；前揭書，頁一五〇。

(七三)王健民著；前揭書，第三編，頁六九。

(七四)王健民著；前揭書，第三編，頁七五—七八。

(七五)本項中共統戰組織可參閱下列三書：

(王健民著；前揭書，第三編，第二十二章。

(唐勃著；前揭書，第三章。

(周玉山著，《「中國左翼作家聯盟」之研究》(國立政治大學東亞研究所，碩士論文，民國六十四年六月)，第四章。

(七六)郭華倫著，《中共史論》，第三冊，四版(臺北：國立政治大學國際關係研究中心，民國七十一年十月)，頁二六八－二六九。

(七七)鄧元忠著，《三民主義力行社史》(臺北：實踐出版社，民國七十三年八月)，第二、三、四章。

(七八)鄧元忠著；前揭書，頁一二八—一二九。

(七九)三民主義力行社被誤解成法西斯藍衣社，是有一劉健群者(後亦入社，官拜中將)寫了一本小冊子《中國國民黨藍衣社》，主張組織藍衣社，往訪者每贈一本，請求指教。劉雖有此見解，並未得到預期反應。詳見古僧編著，戴笠將軍與抗日戰爭，四版(臺北：博學出版社，民國六十七年六月二十日)，頁六四－六五。

(八〇)鄧元忠著；前揭書，第十九集。

(八一)張其昀著，《黨史概要》，第四冊，頁一二六八。

(八二)同(八十一)，頁一二七〇。另見杜元載主編，《抗戰時期之青年活動》(臺北：中央文物供應社，民國六十二年六月)，頁四－七。

(八三)秦孝儀主編；前揭書，第三冊，頁一四〇八。

(八四)見《中華民國憲法》第七、第十四條。

(八五)宋轅田著，《政治協商會議之研究》(政治作戰學校政治研究所，

碩士論文，民國六十九年七月），頁五七－五八。

(八六)秦孝儀主編；前揭書，第三冊，頁一三八七。

(八七)秦孝儀主編；前揭書；第三冊，頁一三八八。

(八八)秦孝儀主編；前揭書，第三冊，頁一三八七－一三八八。

(八九)郎裕憲、陳文俊合編，《中華民國選舉史》(臺北：中央選舉委員會，民國七十六年六月），頁三一九。

(九〇)中共辭彙編輯委員會編，《中共辭彙》，第一版D三(臺北：中國出版有限公司，民國七十五年十一月），頁八九。

(九一)本項判斷一個政治團體，應歸屬於右傾、中間、左傾、或民主黨派的那一方時，乃依該組織發佈的綱領、對時局主張、宣言、與中共關係、成員活動等來判斷。可參閱下列書籍。

(張樸民編；前揭書，全書。

(吳秋林著，《抗戰前後的「民主黨派」》(政治作戰學校政治研究所，碩士論文，民國七十五年六月），第二、四章。

(中共辭彙編輯委員會編；前揭書，第壹、肆部份。

(溫連熙編著，《中國政黨史》(臺北：華夏文化出版社，民國四十九年九月)一書。

(九二)周鯨文著，《風暴十年》(香港：時代批評社，民國四十八年一月），頁五八－五九。

(九三)陳水達著，《東南亞各國的政治社會動態》，初版(臺北：臺灣商務印書館，民國六十六年五月），頁二三〇。

(九四)陳水達著，《戰後日本政黨政治》，再版(臺北：財團法人中日文教基金會，民國七十四年十月），頁三〇。

第三章　中國近代政治結社的特性

毛澤東（1893-
1976），民國10年參加中
國共產黨第一次全國代
表大會之際留影。

外八廟中的「須彌福壽之廟」一景，乾隆七十歲生日那一年（1780），為了迎接班禪六世，特建此廟作為班禪的行宮。建築形式依照後藏日喀則的札什倫布寺。

清兵收復南京圖，1864年清人所繪的圖。〈平定太平天國〉

五口通商前的廣州港口（約當1760年）

義和團的男女團民

新軍是推翻滿清
的主要力量。本圖是革命
爆發後武昌城內的軍人。

1865年李鴻章購買設在上海虹口的美商鐵工廠，改辦為江南製造局，出產洋槍洋砲，是中國近代機器工業的嚆矢。

五四運動期間，北大的學生組成講演團，在街頭宣揚愛國思想。

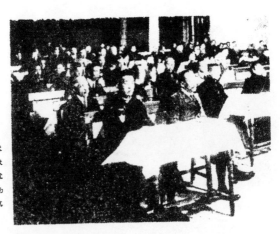

民國13年一月，中國國民黨第一次全國代表大會在孫中山總理聯俄容共政策下，與會中共黨員亦以中國國民黨黨員的身分派選舉在當中擔任著不少要職。

民國26年國共為了組織「抗日聯合戰線」而進行談判。圖為當時共軍根據地延安的景象。

1949年初共軍進入北京

1949年10月1日，中華人民共和國在北京天安門廣場舉行建國大典

　　十九世紀是滿清帝國崩解的世紀，而列強送給中國人邁向廿世紀的所謂「禮物」則是「八國聯軍」。此後，中國人在西方帝國主義侵凌下，一敗再敗，魚爛土崩，由天下之「中心」的「天朝」跌落到世界「邊陲」的所謂第三世界的「落後世界」。中國在世界權力與「文明」的位序上整個顛倒了，中國人的形象亦被「矮化」了。(一)中國的近代是在上演著一幕幕的悲劇，在這一齣齣近代悲劇史中影響我國最深且鉅者，無疑的是各時期的各種政治結社；在朝的執政黨已取得政權，掌握絕大多數政治利益，在野的反對黨則無時無刻不在為取得政權而打算。各種利益集團(Interest Groups)則不斷對決策者施加壓力以謀求利益。這些政治結社到底呈現怎樣的特性。本章試圖從：與傳統會黨的關係、結社宗旨、近代政黨觀念的演進、組織成員、結社所持主義等五方面討論之。

第一節　受傳統秘密會黨的影響

　　政治性的秘密會黨，常與一國的獨立運動有密切的關係，例如韓國的新民會，突尼西亞的紅手黨，迦納的圈子黨等。而義大利的行動黨Partitod' Azione，美國的黑豹黨、三K黨，也和群眾運動息息相關。(二)在我國亦然，民國肇造以前　中山先生領導的十次革命，前八次皆以秘密會黨為主力，革命志士也都是會黨中人，故羅香林認為：「沒有洪門，即沒有興中會。」(三)興中會則是中國國民黨的前身，從這個關係來探究，秘密會黨對近代中國政治結社的影響簡直過於廣泛。此處從較為狹義的角度來概述，仍按洪門和白蓮教兩個系統在民國以後的發展，加上其他會黨所組成的政治團體及其性質。

壹、洪門系統內所形成的政治結社

　　民國以後的洪門人士以「洪門」為名，所組織的政治團體有中國洪門民治黨、中國致公黨、洪興協會、洪門民治建國會等四者。茲將其分

述如下：

一、中國洪門民治黨

民國十二年雙十節，由美洲洪門致公總堂所倡議，在美國舊金山舉行全球洪門代表大會，並改組稱「民治黨」，有美洲僑領陳競存、唐賡任第一屆正副總理。陳、唐先後去逝後，改推僑領司徒美堂爲主席，惟因組織未臻健全，且乏政綱政策，均無顯著發展。民國卅四年三月在紐約舉行全球洪門代表大會，宣佈改名「中國洪門致公黨」，總部移設上海，仍由司徒美堂任主席。民國卅五年九月一日，由司徒美堂、趙昱、張書城、朱家兆、駱介子等人積極籌備，在滬招待新聞界，宣佈易名重組「中國洪門民治黨」。

此時中國洪門民治黨內部複雜，有主張協助中國國民黨，擁護國民政府者；有袒護中共及民盟，意圖推翻政府者。而司徒美堂則於國民大會前夕，要求政府分配該黨一百名國大代表，未獲邀准。政府僅遴選司徒美堂個人爲華僑國大代表，該員不滿，拒不出席。(四)該黨內部複雜，反對者甚多，極思擴張勢力，乃於民國卅六年三月派張書城，楊健夫、朱今石等代表，與民生共進黨、國民自由黨，在上海合組中間黨同盟。並派生產部部長趙昱到港澳、菲律賓發展黨務，在港澳與左傾的民主促進會李濟琛、蔡廷楷、黃精一等晤面，成立支部籌備會；當時洪門在菲律賓的組織，有中國洪門青年團、青年尙武國術社、洪光學校、僑商公報、抗日除奸義勇軍同志總會、秉公社、竹林協議團、協和社。

二、中國致公黨

香港洪門首領之一的陳其尤，因與司徒美堂、趙昱等人不合，乃在香港組織中國致公黨，並於民國卅六年五月一日至十日在香港召開所謂第三次全國黨員代表大會，選陳其尤爲主席，修訂黨章政綱。其政黨「政治項」要點如下：

(一)反對一黨專政，建立民主聯合政府。

(二)實行民主政治，保障人民身體行動、居住遷徙、學術思想、信仰、言論、出版、集會、結社、通信等自由。

(三)國內各民主黨派一律處於合法平等之地位。

(四)中央政府採責任內閣制，總統不負實際行政責任；地方行均權制度，省、市、縣各首長民選。(五)

(五)根據新憲法選出新的民主政府。

(六)新民主政府成立後，即召開各地之民意代表會議，各自選舉其省、縣、區、鄉等政府。(六)

分析該黨的主張，不過爲中國共產黨之應聲蟲而已。在當時及大陸淪陷後該黨始終是中國共產黨所御用的「民主黨派」，打著洪門的歷史招牌出賣洪門。(七)

三、洪興協會

當司徒美堂成立洪門民治黨時，另一派洪門人士張子廉、鄭子良、王知本、陳培德等並不予承認。乃於民國卅五年十月七日在上海成立洪興協會。其動機專與司徒美堂相對抗，不承認民治黨能代表全體洪門而已。(八)

四、洪門民治建國會

該會主要份子有林有民、劉澄宇、許君武、徐朗西、龔襄三、鄒亞夫、湯武謀等，林任理事長。於民國卅五年九月十五日在上海成立，其幕後主持人爲楊虎。國民大會開幕前夕，曾向政府要求參加國大，並擬與洪門民治黨合組黨會聯合辦事處，均未能實現。(九)

貳、民國以後的白蓮教

清朝末年的義和拳是白蓮教演化下來的支派之一。(一〇)而民國五年以後的紅槍會則是義和拳的嫡子。(一一)故紅槍會可視爲白蓮教死灰

復燃的產物。因民初以後，軍閥割據，土匪遍地，鄉民爲求自保，紛紛自組紅槍會，其成員皆配槍(矛)一枝，槍錐紮有紅　或染紅的馬尾而得名(一二)組織嚴密，勢力廋大，整個大陸北方都有此類組織，以河南、山東、河北三省最盛。顯然這是一股勢力極大的團體，可惜當時各政治團體並未積極加以運用，獨有中國共產黨積極加以利用。

民國十五年七月十八日中國共產黨「第二次中央擴大執行委員會會議」有「對於紅槍會運動議決案」，就關於如何利用紅槍會有詳細規定，要旨如左：

(一)紅槍會是軍閥政治下的產物，他已成爲民族革命中破壞軍閥的一個重要力量，必須加以引導和利用。

(二)先利用紅槍會發展農民協會，待農民協會普遍充實後，再使紅槍會成爲農民武裝組織。

(三)紅槍會必須與別的革命力量(按：指共產黨)聯合，始能減經其失敗與反動性質。

(四)加強紅槍會的組織與聯合，首先聯合各地方紅槍會，組織秘密交通機關，進而造成統一指揮機關；其次召集各地紅槍會首領，開代表會議，結成一個聯合戰線。

紅槍會原本只是民間自衛組織，經中國共產黨的介入後，內部變得更複雜，例如抗捐抗糧、控制地方行政、劫掠仇殺、反抗徵兵等不法事情層出不窮。但在打擊軍閥、抗日保國方面也有不可磨滅的功績，從民國五年初起，具有濃厚的政治性秘密結社的性質，盛行蔓延達三十餘年才告結束。(一四)

參、其他會黨的政治結社及其性質

民國肇建以後未用洪門名義，而由清、紅幫、三合會、哥老會、袍哥及一般幫會份子組成的政治團體，有中國民生共進黨、中國急進黨、中國中和黨、中華民國人民行動委員會、光復會、鐵血黨、民主社會協

進會、中華社會建設黨、民國共進會、改良川蜀公口會、利他社、民主
共進黨、社會民主黨、中國大同黨、新中國總社、中國自強黨、忠義
黨、中國和平黨、進步黨、中國自由黨、華北建設協會等。述其要者如
後：

一、中國民生共進黨

　　繼承民初清、紅兩幫組設的共進會，與民國十六年袁寒雲在上海所
設的共進社，到民國卅五年三月清、紅幫首領張子廉、崧甫、張蘭亭等
人在西安組織中國民生共進黨。其宗旨「實行民生主義，打倒國民黨之
貪污官吏，反對共產黨之武力攫取政權。」(一五)惜該黨多幫會份子，幫
黨不分，對政治認識不足，雖與洪門民治黨、國民自由黨合組中間黨聯
盟，乃黨勢不振。

二、中國急進黨

　　香港華僑鍾某與三合會人士組於香港。民國卅六年二月十日發表政
綱，政治方面主張：「政治民主化，推行民主政治，建立三民主義新中
國。」(一六)惟多屬空洞理想之論，實為不滿現狀而已。

三、中國中和黨

　　為繼承民前革命元勳尤烈的中和堂而來，民國後少有活動，民國卅
五年八月廿四日重新組黨，並在廣西召開第一次全黨代表大會，主席尤
永昌(尤烈之子)。該黨政綱政治項「實行民主憲政，保障人民基本權
利」，對時局之主張亦擁護政府戡亂，惟中多幫會份子，發展困難，不
過少數人用來爭取政治利益的工具而已。(一七)

四、光復會

　　光復會原係先烈秋瑾等人所組織，卅四年十一月老會員周亞衛、尹
銳志在重慶倡導恢復，中多重慶幫會份子。其政治主張，為全民建國、

全民團結、全民職業、全民體育、全民政治、全民國防。對時局則表示支持國民黨，擁護政府，惟周、尹兩人思想落伍，行動迂腐，非領袖人才，已遭共黨及民盟份子混跡其間，供人利用而已。(一八)

五、中華社會建設黨

該黨為四川哥老巨頭冷開泰、鄧叔才所組織，並以漢華社、生活互助社為外圍團體。其政治綱領為實施普選，廣延在野人士共襄政事，開放國家政權，以求達到民主政治。惟該黨黨員主要為哥老份子，次為落伍軍人，至民國卅七年均無所發展。

六、中國大同黨

民國卅五年五月蕭振瀛、王拾猷等人組於重慶，重要幹部以清、紅幫份子為主。不久蕭死，該黨沉寂。

七、中華民國人民行動委員會

這是在民國廿九年夏天，由當時軍統局長戴笠幕後策劃，清幫「悟」字輩領袖杜月笙支持，集合洪門、清幫、理教及各地幫會所成立的組織，目的在支持抗戰。該會機構設在重慶，採集體領導制，有杜月笙、楊虎、楊慶山、張樹聲、向海潛、韋以黻、田得勝等七人為常務委員，抗戰時期對於推行兵役、救濟難胞、捐款獻機、打游擊、從事地下工作等貢獻很大。(一九)

不過會黨畢竟是舊社會下的產物，其成員多幫會或無知之輩，雖有組黨結社之形式，但內部組織都充滿封建色彩，與當代民主潮流背道而馳。縱使最有革命歷史的中國中和黨、光復會也都與時代脫節，民國共進會甚且被袁世凱和趙秉鈞利用來暗殺宋教仁。也由於這些因素，民國以後的秘密會黨在眾多政治結社之中，雖然佔有席之地，但其影響力已極微弱，有時甚至是負面的影響(如光復會被中共和民盟利用)。但以杜月笙為首的一派清幫份子，則從討袁、北伐、抗日以來對政府和中國國

民黨貢獻頗大，甚至在社會各階層都扮演著積極的角色，在民國後的各秘密會黨中實最值得稱道，故先總統　蔣公對杜氏曾有「任俠好義」之頌。(二〇)

第二節　錯綜複雜的結社宗旨

「宗旨」可解釋成目的(Purport)、要旨(Purpose)、目標(Aim)、方針(Objective)或主要理念(The Leading idea)。(二一)綜合言之，一個政治結社的宗旨，是指其政綱，又稱黨綱，係根據其所奉行的主義而來。　中山先生說：「黨有宗旨，所以定眾志，……眾志既定於內，不可不有所標幟於外，則黨綱尚焉。」(二二)故政治結社的宗旨，要適應時代與國家的需要，針對現實存在的各項問題，提出它的政治主張。

本論文所列中國近代政治結社，除秘密會黨因派別分歧，絕大多數並無鮮明的宗旨，及中國國民黨、中國共產黨等為運動群眾所形成的一些學生組織或工人組織等不予計算外，總計清季的革命團體有二二六個，立憲團體有一四九個，民初有二七五個，北伐時期有一一一個，抗戰時期有二五個，勝利後有一一五個，共有九〇一個(參閱第二章表二-三、二-七、二-九、二-十三、二-十七、二-二十一)。這些政治團體在標示其宗旨時，有以主義名之，有以政綱(黨綱)名之，或僅有宣言，甚至僅提出一個簡單而歧義的概念(Concept)，有的語意(Meaning)根本不明。或從外顯的政治行為(Political behovior)亦能判知一個政治團體的宗旨可能為何？(二三)

壹、各政治結社宗旨之分類

以下按清季、民初、北伐、抗戰、勝利後等五個時期的政治團體，概要探討其宗旨。(另參第二章有關各表)

一、清季革命團體的宗旨

　　清季革命團體雖為數眾多，不論是否為　中山先生所領導，但其共同目標則是「倒滿」。除此之外，少數部份革命團體標示有更鮮明的宗旨，分四類。

　　(一)以「主義」標示：

　　持民族主義者有浙會、自治學社、青年會、軍國民教育會；持三民主義者有中國同盟會；持無政府主義者有世界社；持社會主義者有社會主義講習會；持國家主義者有中華共和促進會。

　　(二)以「男女平等」、「倡導女權」標示：

　　有女子雄辯會、實行共愛會、中國留日女學生會、女界自主會等四個。

　　(三)以「單獨事件」為標示，如保礦、抗俄、拒俄、保路、保權、紀念先烈等：

　　計有保滇會、抗俄鐵血會、愛國會、對俄同志會、對俄女同志會、四民公會、共愛會、拒俄義勇隊、北振武社、台山聯志社、公學會、五路保礦會、新交社、秋社、死絕會等十五個。

　　(四)以「運動新軍」為宗旨：(二四)

　　計有黃漢會、長樂留學公所、安郡公益社、保亞會、岳王會、維新會、群英會、種族研究會、文學研究社、將校研究團、自治團、益智社、武德自治社、柳營詩社、德育會、數學研究館、振武尊心會、義譜社、神州學社、競存社、輔仁會、忠漢團、武學研究會、黃岡軍界講習社、集賢學社、鐵血軍、楚社、同袍社、蘭友社、山東同鄉會、辛亥俱樂部等卅一個。

二、清季立憲團體的宗旨

　　清季立憲團體雖統名曰「立憲」，但各個團體的宗旨則甚為分歧、散漫，共同目標極不鮮明，分析其宗旨可概分七類：

　　(一)研究新學，如研究工、商、農、國際、外交、測繪，以「強國強

種」：計有強學會、強學小會、地圖公會、東文學社、務農會、尙賢堂、測量會、譯書公會、明達學會、實學會、三江學會、學戰會、南學會、商業總會、仁學會、公法學會、亞細亞學會等十八個。

(二)倡導中國固有文化：

計有聖學會、質學會、醫學善會、知恥學會、箴學會、延年會、關西學會、致用學會、彬州學會、法律學會、保國會等十一個。

(三)革除舊習慣：

如戒纏足會、戒鴉片煙會、戒煙會等三個。

(四)倡立憲運動，如設議院，開國會，訂憲法，君主或民主立憲，共和憲政：

計有政治學會、憲政研究會、預備立憲公會、憲政講習會、帝國憲政、政聞社、中國民主憲政會、政俗調查會、國會請願同志會、諮議局研究會、諮議局事務調查所、議案預備會、政學公會、諮議局議決協贊會、帝國憲政憲進會、憲友會、辛亥俱樂部、尙志會、憲群社、法政同志會、憲政籌備會、共和建設討論會、君主立憲贊成會等廿七個。

(五)專保大清帝國：

有保皇會、宗社黨、大清帝國君主立憲會等三個。

(六)地方自治，法政研究：

有地方自治研究會(六個同名團)、法政研究、自治期成會(五個同名團體)、地方自治會(兩個同名團體)、南陵自治會、粵商自治會、自治研究會(兩個同名團體)、吉林自治會、彩煙自治會、自治公會、公議研究會、地方自治期成會(兩個同名團體)、寧晉自治會、大興自治會、景州自治會、永平自治會、海陽自治會、澄海自治會、蘇灣自治會、鉈江自治會、普寧自治會、杭乍兩防旗人自治會、樂安自治會、京城自治會、南鄉自治會、自治研究所、自治學會、地方自治研究社、自治學會、地方自治預備會、自治研究社(兩個同名團體)、法政研究社等，共計四十四個。

(七)宗旨不明或無宗旨：計有群萌學會等四十個。

比較清季革命和立憲團體，若從結社宗旨的角度來看，「革命團體是多角的，分而觀之，複雜而零散；合而觀之，單純而統一。」(二五)因有此「單純而統一」的共同宗旨，才是造成辛亥革命的主要動力。而立憲團體則無此單純統一的宗旨，就國會論之，有主張即開者，有主張緩開者，有附和革命主張者。(二六)故立憲團體始於求立憲，終於得革命，種瓜得豆。

三、民國初年政治團體的宗旨

民國初建，黨禁已解，等於是思想上的大解放，持各式各樣宗旨的政治團體紛紛出現，概分六類：

(一)以「主義」標示：

持國家主義者有中華民國聯合會、政群社、共和黨、國會同志會、進步黨；持三民主義者有中國國民黨；持社會主義者有中國社會黨和工商共進社；持人道主義者有萬國統一天民黨；持民生主義者有中華民國競進會；持無政府主義者有晦鳴社；持軍國主義有平民黨；持國家社會主義者有大中黨和民權監督黨；介於社會主義和無政府主義之間者有社會黨，共十六個團體。

(二)以「鞏固民國」、「統一國權」、「五族聯合」、「共和」、「政黨聯合」等內容為標示者有：

燕晉關外統一會、商團共和會、中華民國中央演說團、共和急進會、共和統一促進會、共和聯合會、國民協會、南北共和憲政統一會、共和建設討論會、共和政體研究會、國民公會、中央集賢會、國民協進會、民國公會、奉天共和促進會、國群鑄一通俗演講社、五大民族共和聯合會、五族少年同志保國會、公民急進黨、五族合進會、永合滿漢會、同盟改進黨、融合滿漢禁書會、中華民國宣講會、中華民族大同會、東亞大同社，計廿六個。

(三)以「社會改良」、「批評時政」、「監督政府」、「政黨政治」、「勞工利益」等內容為標示者有：

　　中華共和憲政黨、肅寧共和實進會、河間自治促進會、隆平地方促進會、西南協會、進德會、中華民國民生國計會、女士自由黨、改良中國政治演說會、協贊共和會、救國會、軍警聯合會一、民社、上海社會聯合會、政治談話會、華僑聯合統一會、中華進步黨、共和俱進會、全國聯合進行會、政見商榷會、中華民國自競黨、統一共和黨、國民捐會、救亡會、政友俱樂部、中央演說會、心社、法團聯合會、平權會、中國民立會、啜血會、群進會、經濟協會、大公俱樂部、民權黨、超然社、潛社、國會歡迎團、國事維持會、江蘇縣議會聯合會、中華民國省議會聯合會、相友會、政友會、癸丑同志會、集益社、中華民黨、政友俱樂部、新共和黨、議員政治促進會、憲政公會、公民黨、民憲黨、新同盟會、女子參政同盟會、共和實進會、地方行政研究會、女子參政同志會、廣西共和協進會、國民共進會、神州女界共和協濟會、東社、共和協會、燕趙共和團、共和實進會、新直隸會、國民開明會、民黨進行社、工黨(兩個同名)、工黨共進社、漁業統一黨，計有七十一個。

　　(四)以回復帝制為宗旨者：

　　有中國保全會、帝國黨、等安會、全國請願聯合會等四個。

　　(五)以反對帝制、重建民國為宗旨者：

　　有萬春劇社、中華民國工黨、中華革命黨、國民對日同志會、救國儲金團、歐事研究會、民國維持會，計七個。

　　(六)另有宗旨不明或未標示宗旨(含無資料可查者)，計有進化黨、政濟黨等四十四個。

　　觀察民國初年政治團體之宗旨，顯示民國初建時思想上的分歧，許多黨派並沒有固定的政治綱領，隨便掛個「招牌」，那裡有利可圖便趨向那裡。(二七)此一說法，雖不能蓋民初全部政黨，但真正有完整全盤政綱，有遠大抱負想要救中國，建設民國的政黨，除　中山先生所領導的國民黨(含同盟會和中華革命黨)外，再難有能相提並論的政治團體了。

四、北伐時期政治結社的宗旨

　　北伐時期因軍閥割據，國家處於南北分裂狀態，政治團體所標示的宗旨亦多複雜，可分五類：

　　(一)以「主義」標示者：

　　持國家主義者有中國青年黨和大江會；持無政府主義者有無政府主義同盟；持基爾特社會主義者有今人學會；(二八)持共產主義者有中國共產黨；持三民主義者有中國國民黨；介於共產主義和無政府主義者有中國新社會民主黨。

　　(二)投機政團，此類並無標示宗旨，但從政治行為來觀察，也可以判明其政治態度，包含擁黎、擁段、擁曹賄選及依靠這些政治環境想獲取利益的團體：計有憲政會、中和俱樂部、安福俱樂部、己未俱樂部、蒙古俱樂部、文社、廣東議員俱樂部、廣西議員俱樂部、雲南議員俱樂部、順治門大街二百號、後孫公園十一號、石附馬大街三號、西河沿一八二號、民憲同志會、新民社、全民社、壬戌俱樂部、漠南寄廬、憲法學會、報子街十八號、宏廟廿三號、化石橋五十六號、香爐頭條十六號、宣外二百號、誠社、觀音堂十號、憲友俱樂部、頤園、旭廬、是廬、中鐵匠胡同十二號、憲法急進社、西交民巷七十四號、適廬、樂園、曹哥吳黨、政府黨、頭髮胡同六號、石附馬大街四十二號、中華革命黨(別)，共四十個。

　　(三)以「國家統一」、「促成制憲」、「倡省自治」、「政黨政治」、「議會政黨」等內容標示，在政治行為上亦不受武人、政客等控制，頗能表現出黑暗中的一絲光明，此類團體有：憲政商榷會、憲法討論會、憲法研究同志會、憲法研究會(兩個同名)、憲政討論會、平社、憲友會、民友社、益友社、政餘俱樂部、僑園派、第一屆國會懇親會、政學會、新新俱樂部、　線胡同吳宅、北京中華新報社、延旺廟街實話報社、舊討論會、民治社、西北議員俱樂部、兩班改選參議員俱樂部、南溝沿六十四號、地方自治協進會、護法議員聯歡會、蒙事研究會、南廬、頃城街卅三號、翠花街十七號、匡廬、明社、水月菴七號、聯治

黨、新中國黨、大同黨、中國社會事業協進會、民治黨、共進社、中華
職業教育社、應聲會，共四十個。

　　(四)主張回復帝制有一個：憲法協議會。

　　(五)宗旨不明或無宗旨可查者有：均社、竺廬等廿三個政治團體。

五、抗戰時期政治結社的宗旨，分三類：

　　(一)以「主義」標示：

　　持三民主義者有中國國民黨、正潮社；持共產主義者有中國共產
黨；持國家主義者有中國青年黨；持國家社會主義者有中國國家社會
黨；持大俠魂主義者有中國鑄魂學社。(二九)

　　(二)以「抗日」、「反共」、「反蘇」等為宗旨者有：全國抗敵後援
會、中國洪門致公黨、中國勞動協會、中國革命鬥爭先驅社、國民自強
社、中華民國人民行動委員會、中國自由黨、勵進社，計八個。

　　(三)無宗旨或宗旨不明，通常僅是中共御用黨派，投機政團：有中
國民主同盟、職教派、中華人民自主同盟、中華民主黨、憲政黨、中華
民族解放行動委員會、民主科學社、救國會派、利他社、中華民族解放
大同盟，共十個。

　　抗日時期的政治團體，雖然也很雜亂，中國共產黨和一些「民主黨」
根本另有「異心」，但有一個階段性的目標，就是「抗日」，可視為所
有政治團體眼前的共同宗旨。

六、抗戰勝利後政治結社的宗旨

　　此時期新興的黨派，再度呈現「三人一派，五人一黨，五花八門，
光怪陸離，令人目眩神迷。」(三〇)單從結社宗旨來看，可分四類。

　　(一)以「主義」標示：

　　持三民主義者有中國民主黨、益社、中華社會建設黨、中國正友
社、中國中和黨、國民憲政社、民主社會協進會、中國國民黨、中國農
工聯合促進會、中國人民黨、三民主義同志聯合會、中國國民自由黨、

中國急進黨；持自由主義者有中國民主運動協會和中國農工自由黨；持國家社會主義者有中國國家社會黨；持民生社會主義者有新社會黨；持民主社會主義者有中國民主社會黨；持大同社會主義者有中華社會黨；持社會主義者有中國農工民主黨；持國家主義者有中國青年黨；持利他主義者有利他社；持民族聯制民主主義者有中國民族聯治民主黨；持大俠魂主義者有中國少年勞動黨；持共產主義者有中國共產黨(附和共產黨的左傾黨派雖多，但並未明目張膽把「共產主義」列爲宗旨，故另列)。

(二)以「民主自由」、「民主政治」、「黨派平等」、「全民政治」、「民主憲政」等內容爲宗旨者有：

中國民主同盟、民主憲政黨、民主建國會、中國民主促進會、中國洪門民治黨、中間黨聯盟、中國宗教徒和平建國大同盟、中國民生共進黨、中國致公黨、中國民主急進黨、中國共和黨、中國民主合眾黨、中國人民社會黨、中國民主和平統一政團、憲友社、中國民主自由大同盟、中國革命鬥爭先驅社、耆英會、進步社會黨、中國民主建設協會、救國會派、鄉建派、職教派、中華人民自主同盟、民主統一陣線、中國救國運動會、民主自由黨、洪興協會、洪門民治建國會、中國平民黨、中國職工福利同盟、二二護國聯誼會、中國建設黨、中國共產黨黨員民主建國協進會、中華同志會、華僑民主陣線、中國共產主義同盟、中國民主憲政促進會、新民主主義青年團、中國共產黨非常中央委員會、中國民族同盟黨、中國窮人黨、厭黨爭同盟、中國自由行動委員會、台灣民主自治同盟、台灣文化協會、人民協會，共四十七個。

(三)以「促進農工利益」爲標示，有中國農民黨、中華農民黨和中國勞工黨等三個。

(四)另有宗旨不明或根本無宗旨，有中國自強黨等卅三個。

勝利後的這些政治團體，若再從政治行爲看，則不外三類：一是中國國民黨及其友黨(如民、青兩黨)；二是中國共產黨及其尾巴(如民主同盟、救國會派)；三是兩無所依的「賣漿者」流。第二類叛亂者乃政治上

的贅疣。第三類則不過「別風塗雨」中之落絮，中國的希望在第一類。(三一)

　　倘將本節所試圖探討之我國近代政治結社所持的宗旨，從思想層面看，可統計出如表三－一。

表三~一　中國近代政治結社所持主義統計表

(時期) (數量) (主義)	清季	民初	北伐	抗日	勝利
民族主義	4				
三民主義	1	1	1	2	13
無政府義主	1	1	1		
社會主義	1	2			
國家主義	1	5	2	1	1
人道主義		1			
民生主義		1			
共產主義		1	1	1	1
軍國義主					
基爾特社會主義			1		
國家社會主義		1		1	1
自由主義					2
民主社會主義					1
大俠魂主義				1	1
備註				僅含革命團體	

　　從表三－一可看出政治結社所持主義有十四種，由於百花齊放而又各持一見，各種政治主張不計其數，這是中國自民國建立以來，社會分歧和國家不統一的表徵。(三二)任卓宣先生在《三民主義底比較研究》一書中說：「十九世紀被稱為國家主義底世紀……二十世紀，國家主義

便浸漫於亞洲和非洲了。」(三三)但中國實際上並未被國家主義所浸漫，倒是三民主義經過長期實驗後，從抗日時期到勝利後已逐漸被中國人接受，共產黨人亦不得不承認「三民主義為今日中國所必需。」中國國民黨所持的三民主義為甚麼是中國所必需？何以形成思想主流，我人特在第三節予以論述。

第三節　以三民主義思想為時代主流

近代政治團體極多，其所持主義也是琳瑯滿目，良莠不齊，例如江亢虎等人組織的中國社會黨，持新社會主義和新民主主義；何魯、王國源等人組織中國農民自由黨，持自由主義；劉師復等人組織心社，持無政府主義。其他有更多是既無主義，又無政綱，僅是一時之間為獲取政治資源而形成的，待時過境就像小水滴一樣消失無形，被人淡忘，其政治勢力或黨勢都極微弱。

近代史上有黨勢、有合法性、又有普遍民意基礎的政治團體，而能入主民意機構(即國會)，有民國二年入主第一屆參眾兩院的國民黨、共和黨、統一黨、民主黨；(三四)抗戰期間參與國民參政會的國民黨、青年黨、民社黨、救國會、鄉建派、職教派、中國農工民主黨(或稱第三黨)、共產黨、洪門、農民黨、民族會；(三五)勝利後參與政治協商會議的國民黨、共產黨、民主同盟、青年黨；(三六)參與制憲國民大會的國民黨、共產黨、青年黨、民主同盟、民社黨。(三七)以上諸多有黨勢的政治團體中，共和黨、民主黨、統一黨於民國二年五月合組成進步黨，並以「採取國家主義，建設強善政府」為黨議；(三八)到民國十九年由張君勱、張東蓀、梁實秋、羅隆基、王造時等人，承進步黨的一脈精神，開始醞釀組織國家社會黨，以國家社會主義為號召；(三九)民國三十五年國家社會黨與民主憲政黨合併改組為民主社會黨，並宣佈對國是之基本主張為「實行民主社會主義」(四〇)。參與國民參政會的十一個政治團體，救國派、鄉建派、職教派、第三黨等四個組織等於共產黨的外圍，

而洪門、農民黨、民族會所佔人數百分比都在４％以下，(四一)後來的
民主同盟則完全是中共的同路人。

從以上對幾個重要的政治團體之簡述，真正有主義，並能用其主義
對當時政治局勢有重大影響者，惟中國民主社會黨所持的民主社會主
義、國家社會黨主張的國家社會主義、中國青年黨的國家社義、中國國
民黨的三民主義、中國共產黨的共產主義。本文擬將三民主義與其他四
種主義做比較研究，因限篇幅，僅略述之。

壹、三民主義與國家社會主義

「國家社會主義」是國家社會黨於民國十九年尚未正式組黨之前，
就開始鼓吹的主義，到底它真正的含義是怎樣，與三民主義的異同優劣
又如何？

一、國家社會主義概要

國家社會主義有時譯成·State - Socialism，或 National - Socialism，
是國家主義和社會主義的混合，前者可以挽救國家的危亡，後者用以削
弱共產主義。(四二)原來在第一次大戰後，德國被認為是戰爭禍首，遭
受割地賠款的懲罰，加上經濟破產，政治腐敗，人民生活困苦，社會不
安。在此種情況之下，許多愛國志士、資本家和產業主人，均支持崇奉
國家社會主義的德國社會主義工人黨(National socialism German
Worker's Party)，所以人們說國社主(簡稱)「確曾是一種擁有廣大人民
支持的政治運動」(四三)。這是很明顯的，一九一八年德國戰敗時，正是
共產主義流行，為反抗共產黨的國際主義(Internationalism)攻勢而有國家
主義；又為解決經濟破產和社會動亂，而有社會主義，結合之成國家社
會主義。它除反共產主義外，有強烈的種族主義意識，帶有軍國主義的
色彩，並利用大資本家地主財力支持中產階級，由國家支配社會經濟政
策。

　　民國建立後，內有軍閥紛亂，外有帝國主義侵略，政治經濟同樣無力貧困，國家社會主義者堅信只有用他們的主義才能救國於不亡，這個背景和德國是相同的。這種主義「憑藉的便是民族主義，以民族團結成一體來作一切的根據」(四四)，該黨政綱「國家民族本位」項中說：「我們相信民族觀念是人類中最強的，階級觀念決不能與之相抗，無論是以往的歷史，抑是目前的事象。凡民族利害一達到高度，無不立刻衝破階級的界限。日本人壓迫我們到這地步，雖平日對抗中的資本家與勞工，亦不由得聯合一氣，從事於抵抗。」(四五)張君勱先生認為是一種狹隘的愛國思想，含有民族優越感的偏見，稱之「絕對的愛國主義」(四六)，所持理由有四：

　　(一)人民之所以愛國，不是從國家手中得到好處利益。

　　(二)國破家亡時，不特無好處，反有害處可受，而愛國之心，仍舊絲毫不減。

　　(三)不因強者戰勝之故，輕易受人威脅而背棄祖國。

　　(四)在國破家亡後的愛國心，即為民族復興之根據，所以愛國不是救愛國的酬報，乃是行其心之所安。

　　在政治方面該黨提出「修正的民主政治」，認為必須建立一種政治制度，在原則上完全合乎民主政治的精神，在實施上必須使黨派的操縱作用，不能有所憑藉，於是這種制度，在平時不拘兩黨或多黨，都能運用；假定無黨亦能運用，緊急時也能不分黨派，集中全民力量。(四七)根據這些原則，設計出下列政治制度，透過這些制度運作，才能達成國家社會主義的理想和主張，其要者有：

　　(一)國民代表會議行使國家主權，代表由國民公選。

　　(二)中央議會為一院制，代表由直接選舉產生。

　　(三)行政院由中央議會選出行政委員組織之，互選委員長一人，對外代表了國家，對內公佈法令，餘任各部故務。

　　(四)司法獨立，法官超出一切黨派，並須有嚴格保障。

　　(五)憲法上規定人民身體、言論、結社、集會、信仰等自由權，除

擾害公安外,不加限制,並規定任何立法與此相背者無效。(四八)

在經濟方面,主張把國家社會主義的要素加入中國經濟中,方法不外以一個民族對外做一個經濟單位;國家必須有統籌全國經濟的計劃的計劃權;國家必須以公道和和平的方法吸收或移轉一大部份私人經濟的剩餘價值,由國家用於再生產。(四九)有兩點是為反共產主義而提,也是該黨主張:(一)反對一切生產工具收歸國有;(二)私產不妨「現在」承認其存在,(五○)就第一點而言,當一切生產工具收歸國有後,勢必由產業的集權壟斷,走上政治的專制獨裁,生產隨之低落而使中國更貧窮,此理甚明,私產存廢問題,該黨認為不能用革命手段廢止,但必須用科學方法逐漸減輕私產的需要,等「生產工具發達到了絕不對由個人處理的地步」(五一),這一天到了就能廢止私產。這種經濟政策在某種意義之下稱「集產主義」,亦就是所謂國家社會主義。(五二)該黨依其主義,其他主張有使佃農成為自耕農,按國家全盤經濟計劃來開發工業,設立勞動保險,興辦全國交通網,平衡與調節全國人口,發展民族教育等,均在當時國民黨主張範圍內,沒有更高創意。

二、三民主義與國家社會主義相同之處

三民主義包括有民族、民權、民生三個面向,而國家社會主義也對民族問題、民主政治、經濟、社會等有所主張,兩者自有其差異,先述其相同之處。

在民族問題的探討方面,三民主義中的民族主義與國家社會主義有相同之處。 中山先生認為民族的構成是自然力,分析起來有血統、生活、語言、宗教、風俗習慣等五種。(五三)又說:「如果再不留心提倡民族主義,結合四萬萬人成為一個堅固的民族,中國便有亡國滅種之憂,我們要挽救這種危亡,便要提倡民族主義,用民族精神來救國。」(五四)所以 中山先生的國民革命運動是從恢復民族自信心、民族主義與民族地位等方面開始著手的,國民黨早期的革命運動更是以民族主義為訴求的重點,例如興中會宗旨明訂:「驅除韃虜,恢復中華」等語,抗戰軍

興，國民黨更以民族主義充實抗戰力量，並獲得勝利，從這些史實來觀察，與國社黨說的「民族觀念是人類中最強的」，張君勱先生說的「絕對的愛國主義」，筆者認為是相同的，也同樣認為愛國心(實即民族主義)是民族復興不可或缺的要素，國社黨所主張「以一個民族對外做一個經濟單位」，應是對「中國自秦漢以來，都是一個民族造成一個國家」(五五)的觀念有相當認同。

在政治方面，國社黨用「修正的民主政治」一詞來概括，其實就是民主政治，(五六)與西方的民主政治在概念上相同，其特徵不外指民意政治、法治政治，責任政治、政黨政治，多數決定，民主社會等面向。中山先生的民權主義，在基本原則上也是以民意、法治、責任、政黨、多數決、民主社會等概念為基礎，他說：「民權就是人民的政治力量……今以人民管理政事，便叫做民權。」(五七)更明顯的又說：「中國自革命以後，成立民權政體，凡事都是應該由人民作主的；所以現在的政治，又可以叫做民主政治。」(五八) 中山先生並且常把法國革命用的「平等」、美國獨立用的「民治」，拿來與三民主義的「民權」相提並論，最後把 Democracy 一詞譯成「民權主義」。(五九)民國三十四年五月二十一日中國國民黨第六次全國代表大會宣言說：「我 國父垂教之民權主義，其目的在於實行徹底進步之民主政治。」(六〇)由此可見，民權主義與國社黨的民主政治，可以從西方的民主政治概念裡找到相同點。

國社黨的社會政策有時稱「集產主義」，有時稱「社會主義」(六一)，又有稱「漸進的社會主義」者，(六二)可與之相比較的是民生主義，這裡面很容易被人混淆，因為 中山先生曾說：「民生主義就是共產主義，就是社會主義」(六三)此處先論社會主義和民生主義。 中山先生解釋：「社會主義中最大問題……所以民生主義，便可以說是社會主義的本題。」(六四)國社黨的社會主義要用和平、科學方法，在未來的有一天實行完全公有制，而廢止私有財產。 中山先生也認為民生主義最終目的是「眾人能夠共產，不過我們所主張的共產，是共將來不是共現在」，這是很公道的辦法。(六五)由此觀之，國社黨的社會主義與國民黨的民

生主義，可以在「英國式的社會主義」裡找到相同點，更相同的是都反對「馬克斯式的社會主義」。

綜合言之，該兩黨所持主義在精神上是一致的，國社黨於民國二十七年四月十三日共赴國難致國民黨函中說：「自此三點觀之(筆者按：指國家民族本位、修正的民主政治、社會主義)，可知同人等之主張與中山先生民族、民權、民生之三大主義，措詞容有不同，而精神則並無二致」(六六)四月十五日就得國民黨回函：「承示所有主張與三民主義最高原則，在精神上並無二致，今後更願本精誠團結共赴國難之旨。……」(六七)這是三民主義與國家社會主義相同部份的明證。

三、三民主義與國家社會主義相異之處

此二者雖然在精神上是一致的，，但分析起來仍有不同，在民族問題方面，國社黨所謂「絕對的愛國主義」，實即一種狹隘的愛國思想，並含有民族優越感的偏見。但此種民族優越形成的主義與外國的大有不同，前者不俱對外侵略的特性，而外國的民族主義總是具有侵略性。三民主義的民族主義，除了主張國內各民族一律平等，恢復民族地位外，也主張世界各民族一律平等，待中國強盛後更要對世界各弱小民族行「濟弱扶傾」的政策。(六八)

在政治方面，國社黨的民主政治和國民黨的民權主義有極大不同。革命民權、權能區分、五權憲法、均權制度等，都是民主政治所無，政黨政治方面，國社黨以為兩黨、多黨，甚至無黨均可，民權主義則認為「只宜兩大黨對峙，不宜小群分立」。(六九)

社會主義和民生主義的不同，中山先生說的最清楚，並用圖示：

本黨既服從民生主義，則所謂「社會主義」、「共產主義」與「集產主義」，均包括其中，其連帶關係如圖三－一。(七〇)

圖三~一　民生主義和其他三種主義關係

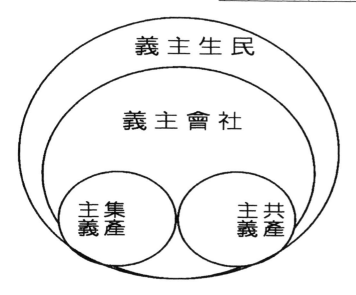

資料來源：《國父全集》，第一冊，頁壹－二三五。

綜合國家社會主義的各種主張，似參酌國家主義、民主的社會主義、歐美民主政治制度，及三民主義等湊合而成。推其極，仍未脫民族、民權、民生的三個範疇。甚至說它是三民主義的一小部份而已，早在民國元年　中山先生脫離政界，從事社會事業，主張鐵路國有，「是即國家社會主義，爲民國富強之基」(七一)若論系統、創建、適用、潮流等，三民主義更優異甚多。

貳、三民主義與民主社會主義

民主社會主義(Democratic Socialism)或稱社會民主主義，是民主主義與社會主義的連絡，從社會主義運動史來看，只有在有高度民主素養的國家，才能形成，例如英國、瑞典、挪威、瑞士、澳大利亞、紐西蘭、以色列等。民國三十五年民主社會黨成立，以民主社會主義爲宗

旨，其與三民主義比較如後。

一、民主社會主義概要

　　民社黨政綱「總則」項開頭有三大主張：「主張民主社會主義為今後惟一立國之道；主張根據民主方法實現民主社會主義的國家；民主社會主義之鵠的，在使個人得自由之發展，社會盡分工合作之能事，國家負計劃與保護之責任，國際進於各國之協調與世界政府之建立。」(七二)以其主義投射在各種制度，政治上主張保障人權、勵行法治、司法獨立、地方自治、政黨政治及推進民主政治制度等。(七三)

　　在經濟、教育、社會、文化及其他方面，依其政綱例舉大要：

　　(一)人民應有不虞匱乏之自由，減少貧富懸殊之不平。

　　(二)確立公有財產企業，承認私有財產。國家得以民主方法移轉私有財產，逐漸達到社會主義。

　　(三)國家對全國土地有支配權、整理權及公用徵收權。

　　(四)對農人實行耕者有其田政策。

　　(五)實行勞動保險，推行勞工分紅與勞資共同監督管理制，以期逐漸達到生產工具分配、交易之公有及工業之共同發展。

　　(六)教育平等，推行公醫制度、社會保險、民族優生、兒童保育及保障女權。(七四)

　　分析其政綱，可知社會主義是未來不變的目標，而民主主義只是一時權宜之計而已。民主強調個人自由，即使在尋求社會正義(Social justice)，也不會放棄；而社會主義強調社會利益，當個人和社會相衝突時，要以社會利益為先，以求社會主義的完全實現。

二、三民主義與民主社會主義相同之處

　　民主主義與民權主義，社會主義與民生主義，都有相同之處，在本節第「壹」項已有例舉說明，不必贅述。但兩者相同尚有下述諸端。

　　第一在實現社會主義的方法上是民主的。民主社會主義主張用和

平、民主、合法和漸進的手段來達成社會主義的各種目標，看英國、瑞典、挪威等，他們的社會民主黨用選舉方式入主議會，獲得政權，以民意為去留的依據都是例證。　中山先生認為民生主義就是社會主義(七五)，而中國的社會革命，則不必用武力。(七六)我國後來施行耕者有其田、都市平均地權、節制私人資本都不是使用武力。

第二是分配社會化。社會主義最終目標要達成工具分配、交易的公有(民社黨政綱)。中山先生認為現行買賣制度商人剝削的太多，消費者損失很大，若由社會組織團體或政府來分配，例如英國的消費合作社等，就是分配社會化，就是行「社會主義」的分配方式。(七七)

第三是發達國家資本，民生主義的經濟政策有節制私人資本，發達國家資本的項目，也主張獨占性實業為國有經營。民主社會主義雖承認私有的存在，但仍逐步移轉私有財產，達到社會主義，也主張計劃經濟，故兩者對「公有」的追求，也有相同之處。

三、三民主義與民主社會主義相異之處

三民主義的民權主義、民生主義與民主社會主義的民主主義、社會主義，其相異處在第「壹」項已有說明，不多贅述。但其差異仍有下列各端：

第一是就理論系統來說，三民主義有民族、民權、民生三大部份，結合之又成一體，可自成體系，而民主社會主義則是民主主義和社會主義湊成，在體系上實欠完備，它很明顯的在邏輯上未有民族主義，亦無其他足以涵蓋民族的概念提出。

第二是在創建上，三民主義有其原創者　中山先生參照古今中外的理論經驗，加上自己的創造。而民主社會主義只是把外國的民主政治制度和社會主義搬回來用，並無創建。

第三在達到憲政的過程上，三民主義的政策下訂有軍政、訓政、憲政三個時期，是合乎政治發展之原理的。但民主社會主義只要求立即達到憲政之治，其革新派的政綱更明訂「反對任何方式之專政或訓政」(七

八)。

　　綜觀以上比較，民主社會主義仍未能脫離三民主義範疇，前者的缺失或不足，均由後者添增彌補。更重要的，社會主義已經過時了，今天沒有一個提倡社會主義的國家或政黨，仍會循著將生產工具、分配及交換等完全收歸國有，國有政策漸遭反對，私人財產漸受肯定，就是社會主義壽終正寢之時，而民主政治受到某些困境，正在適應與修正是吾人共知的事實。

參、三民主義與國家主義

　　在人類歷史舞台上國家主義(Nationalism)曾有過風潮，如意大利的馬基維利(Niccolo Machiavelli, 1369 - 1527)倡不擇手段達成國家統一，英國的波令布魯克(Viscount Boling broke, 1678 ～ 1751)論愛國主義的精神、博山克(B. Bosanquet, 1848 - 1923)的絕對主義國家論，在德國則有烏爾夫(C. Wolff, 1679 - 1754)的警察國(Polizeistaat，又稱福利國Wohlfahrts staat)、康德(I. Kant ,1724 ～ 1804)倡法治國(Rechtsstaat，又稱夜間巡查國 Nachtwachterstaat)、斐希德(J. G. Fichte, 1762 - 1814)的文化國(Kulturstaat)，到了黑格爾(G. W. F. Hegel, 1770 - 1831)倡國家有機體說(Organictheory)，把國家看成有機的法人(Juristische Person)，以後又演變成軍國主義(Militaryism)(七九)。民國十二年青年黨創黨以來，仍持國家主義奮鬥數十年，其與三民主義應有比較之處。

一、國家主義概要

　　國家主義除有前述沿革外，我國青年黨的國家觀念是「個人以有所貢獻於國家為其生存之意義，個人價值之大小視其貢獻之多少而定。」(八〇)可見沒有了國家，或個人對國家沒有貢獻，則個人就沒有生存價值了。所以在其黨章和團章都明訂貢獻國家是奮鬥目標，而背叛國家是最大的罪惡。該黨所提政綱可以用國家主義、民主政治、全民福利三項

來說明。(八一)闡釋如下：

站在「國家主義」的觀點上：人民的利益必須在國家之下才能有安全保障，特別重視國家的統一，獨立與安全。不論中國青年團或青年黨都本此觀點，為最後奮鬥之總目標。

站在「民主政治」的觀點上：國家必須是全體民眾的國家，是共有、共治、共享的民主國家，是全民所共同託命的總體，不是任何個人、黨派、集團所能竊用獨佔。依此觀點提出如下的政治制度和政策，(八二)其要者有：

(一)實行民主政治，保障人民基本自由。

(二)國內各民族一律平等，並尊重其固有宗教語文及生活習慣。

(三)中央政府採責任內閣制，總統不負實際責任。

(四)國會採兩院制，包含區域及職業代表。

(五)憲法明文規定省為最高自治單位。

站在「全民福利」的觀點上：國家主義和民主政治的最終目標，是實現水大多數的最大幸福，這個總目標叫做「全民福利」。為達此目標所提政策有：

(一)經濟政策：保障私有財產，限制資本集中，主張農工並重，農業工業化，工業電氣化，嚴格監督國營事業。

(二)財政金融政策：財政公開、廢除苛雜、整理幣制、保障債信。

(三)國防政策：軍隊現代化、國家化、國防科學化。

(四)外交政策：加強聯合國機構、樹立平等外交。

(五)僑民政策：實行護僑政策、保障僑胞權益。

(六)交通政策：發展交通事業、逐漸達到交通免費。

(七)教育文化政策：學術獨立化、教育普及化、逐漸達到教育免費。

(八)社會政策：提高生產、平均分配、社會保險。

(九)農工政策：保障農工利益、增進農工財富。

(十)婦女政策：發展婦女教育、保障婦女職業、增進婦女健康。

(十一)國民保健政策：保持健康水準、改良民族素質。

該黨堅信國家主義可使國家獨立繁榮；堅信民主政策是維護人類自由平等，並促進社會進步最合理的政治制度；確認經濟建設應以增產造產、增加國民財富、提高生活水準、力求人民在經濟上的自由發展為最高原則；反共產、反極權、反侵略為全黨傳統的基本主張。(八四)

二、三民主義與國家主義相同之處

三民主義中的民族主義，與國家主義除了英文譯名常被同用 Nationalism 外，其性質原則也有相同之處。(八五)略述下列各點：

(一)主張國家至上：國家主義者認為國家的重要性絕對高於個人，個人的生存意義決定在國家的有無及對國家貢獻的多少。　中山先生講民族主義時說：「民族主義就是國族主義」(八六)中國之所以亡於滿州，又成為次殖民地，就是民族主義消失了。　中山先生一生奉獻革命，本「我死則國生，我生則國死」、「以吾人數十年必死之生命，立國家億萬年不死之根基」(八七)，抗戰時　蔣公以「國家至上，民族至上」的號召(八八)，打敗日本帝國主義。由此可見兩者相同之處。

(二)主張民族至上：既然崇奉國家，民族也當然是至高無上的，國家主義者關心的國家利益正是民族利益，國家權利正是民族權利，國家榮譽正是民族榮譽，因為它們的譯名可以都是 National Interest, National Right, National honor。(八九)而民族主義就是國族主義以及民族至上的概念，也正是三民主義所揭櫫。

(三)光復故國，圖國家富強：國家主義在一八七○年後的意大利，採取光復主義(Irridentism)的途徑。在中國則因近代帝國主義侵略使國家處於長期分裂中，有志之士無不犧牲奮鬥求故國光復，國富兵強。青年黨的組黨、興中會、同盟會、國民黨等的奮鬥無不如是，其理甚明。

(四)不具對外侵略性：國家主義之於西洋，常具有侵略性，或形成軍國主義，但青年黨的國家主義不論從黨章、黨綱、或所提政綱、時局主張等，均看不出對他國有侵略性或領土野心。這可能與我國愛好和平

的傳統與濟弱扶傾的古訓有關(共產主義為外來的例外)，三民主義的民族主義在這方面是相同的，甚為明顯，亦不贅述。

(五)三民主義的民權主義與國家主義的民主政治，同本節第「壹」項，從略。

(六)共同追求的福利國家：國家主義者的國家主義和民主政治，都是一種方法，用以達到最後的總目標－全民福利，而三民主義的民族主義和民權主義最後也要落實在民生主義上面，而達到最後目標－－大同社會。用現代名詞，就是福利國家政策。

三、三民主義與國家主義相異之處

中國人講國家主義，雖不像德、意等國具有自大的民主優越感、戰爭氣質或擴張傾向等，但和三民主義仍有許多不同：

(一)理念廣狹不同：國家主義以國家為目的，是最後的理想社會，黑格爾認為「國家是最高倫理的實現，而為一個發展到盡善盡美的人。」(九○)青年黨的國家主義亦然。　中山先生的民族主義對弱小民族要扶持他，對強權要抵抗他，要消滅帝國主義，還要用中國固有的道德和平做基礎，達到世界大同之治。(九一)

(二)國家主義的民主政治，其實就是一般的民主政治，與民權主義的異差在本節第「壹」項已有說明，從略。

(三)在達到福利國家的過程上不同：以當時中國(指民國三十四年十二月十二日青年黨政綱提出時)的貧困，青年黨提出的民主政治、全民福利政策，不但國家做不到，也未提出如何達成的步驟。三民主義在這方面則有漸進的步驟，軍政→訓政→制憲→行憲→還政於民，不斷向前發展。

經以上分析，國家主義亦未能脫離三民主義之範疇，其有缺失與不足，三民主義得以補足。國家主義雖有流弊，但只要增加一些要素：「開拓國際視線」、「宣揚各國文化」、「增加人民接觸」、「欣賞文化歧異」，這便走向三民主義的民族主義了。(九二)

肆、三民主義與共產主義

　　關於三民主義與馬恩共產主義，在國內外的研究已經汗牛充棟；再觀察世界各共產國家追求共產主義天堂的歷程上，兩者孰優孰劣應已蓋棺論定，故不再做理論上的探討研究。

　　共產主義正式出現一百多年以來，尤其蘇聯在一九一七年革命成功及中共在民卅八年奪取中國大陸後，共產主義就在共產黨人的歌頌之下，在全世界出現一股「紅流」。幾十年來，除了帶給人類空前災難外，就是普遍性的「恐共症」。美國總統雷根(Ronald Reagan)大聲呼籲要把共產主義丟入歷史的灰燼中，才能挽救全人類。(九三)菲律賓總統艾奎諾夫人(Mrs. Corazon Aquino)於一九八六年八月廿五日訪問印尼時，印尼總統蘇哈托(Gen. Suharto)當即警告，不能讓共產主義有一次坐大的機會，必須全力對抗共產主義。(九四)今天，不論南美、非洲、亞洲等世界各角落，也都在全力「剿共」，就是要消滅共產主義。

　　有「中國沙卡洛夫」之稱的中國大陸天體物理學家方勵之，對大陸實行共產主義卅多年做了嚴厲的批判，他說：「從馬克斯、列寧、史達林，到毛澤東這種正統的社會主義，我們做的結果實際上是失敗的。」(九五)歷史是最公正的裁判，「馬列史毛」給中國帶來的是「生產不行，經濟不行，科學不行，技術不行，精神文明和文化不行，政治體制也不行。」(九六)為甚麼樣樣都不行呢？方勵之先生進一步說：

　　馬克斯主義已是過去的世代，它有助於我們瞭解上一世紀的問題，可是不是現在的。就像物理學一樣，牛頓在三百年前演繹出他的學說，到今天還有其價值，但是對解決現代問題沒有甚麼助益，那是電腦工程學的事。馬克斯理論屬於某一個過去的文化時期，像件穿舊了的衣服，該拋掉了。(九七)

　　原來「中國」所以不行，是穿了馬克斯理論這件舊衣服，而這件舊

衣服其實是人類社會人進化中的「毛病」， 中山先生早在民國十三年演講民生主義時就已指出：「馬克斯研究社會問題所有的心得，只見到社會進化的毛病，沒有見到社會進化的原理，所以馬克斯只可說是一個社會病理家，不能說是一個社會生理家。」(九八)一個病態的東西，中國國民黨及許多有真知遠見的政治團體早把它揚棄，而中國共產黨卻用了幾十年，難怪「中國」不行。

談到復興基地臺灣，不論政治、經濟各方面，方勵之先生認為是「中華民族歷史上第一次出現的多元化，值得慶幸。」(九九)三民主義與共產主義孰優孰劣，其理甚明。

共產主義已為人類帶來空前大災難，已被世界上大多數的國家、政府、人民深惡痛絕，它像全人類的一場惡夢，誰都希望把它儘早丟入歷史的灰燼中。

時代巨輪不斷向前推動，人總是要向好的地方走去，觀察時代潮流可知現代政治思想已趨流於民族、民權、民生，即世界上任何問題的發生脫離不了這三個範疇，而能把這三個問題完美解決的，只有 中山先生的三民主義。所以 孫逸仙先生已經不僅是中國的偉人，而且是世界偉人，不僅是中國公民，也成了世界公民。(一〇〇)。《三民主義》也與《聖經》、《英國大憲章》、《美國獨立宣言》併稱「世界四大寶典」(一〇一)，孫學(Sunology)的研究已在世界各地展開，這些都證明三民主義比其他各種主義優越，更合人類適用，實在是未來消滅共產主義，為人類創造幸福不可或缺的東西。這是二十世紀末葉的看法，此岸說三民主義是主流，彼岸以共產主義為主流。但曾幾何時，三民主義和共產主義漸漸被兩岸人民揚棄，到廿一世紀的現在，兩岸人民已不再談「主義」，未來中國人不應再談主義，只要能統一和繁榮就好。

第四節　近代政黨觀念的演進

政黨(Political Party)是近代民主政治的產物，在中國歷史上唐代有

牛李黨，宋代有新舊黨，明代有東林黨與非東林黨的黨爭出現，但學者均稱之朋黨(Clique)。到清末民初具有現代政黨觀念的政治團體開始出現，縱橫中國近代政壇組黨結社風氣均極盛行，合乎政黨條件的黨派於焉形成。這些政黨如何來的呢？按政治發展(Political Development)理念解釋，當然是逐漸發展而來，傳統的會黨、朋黨及各黨政治團體就是成為政黨的基礎。(一〇二)政治黨派是政治組織的一種型態，係在一個政治體系的活動達到某種複雜程度，而需要發展新的，更寬廣的政治型式之時出現。(一〇三)中國政治體系發展到晚清，由於中西交流加速使整個社會體系產生鉅變，西方政黨觀念隨之輸入，此時就需要有更新、更寬廣的政治制度才能適應新時代，將近一百年來，數百個政治團體的出現，它們代表著我國政黨的演進歷程。

壹、西方政黨制度概述

　　政黨制度起於英國，風行為世界各國，但各國政黨差異極大。甚至中國共產黨也大言不慚的說他的黨是「政黨」。(一〇四)所幸當代學者所說的政黨是先進民主國家的政黨制度，而不是共產集團內「人民民主專政」下的政黨。(一〇五)西方政黨發展至今約可分三個時期。第一期是十九世紀初葉，議會中的議員因為意識型態(Ideology)分歧，志同道合者結為團體，而有自由黨、共和黨、民主黨等名目，成員多為貴族或中產階級。第二期是十九世紀前後，政黨的領袖和幹部仍為議會中的議員，但只為爭取選票和募集資金，不重視社會問題，與群眾距離很遠。十九世紀結束前後數十年則是第三時期，頗能改進前兩時期的缺點，稱之超議會政黨(Extraparliamentary parties)。(一〇六)

　　發展至今，對「何謂政黨？」的界定仍然眾說紛紜。不過可以綜合多數學者的意見，下一個嘗試性的定義：「政黨是部份政治主張相同的人所結合的；要以爭取民眾或控制政府的活動與手段，以謀促進國家利益實現共同理想的有目標有紀律的政治團體。」(一〇七)有了政黨當然要

表現其應有的功能，綜合學者的研究，政黨功能如下：

(一)政黨是聯結者(Connector)：政黨將信仰共同主義、理想、政綱、政策及行動的人有機地結合在一起；將政府各部門聯繫起來。

(二)政黨是溝通者：是政治溝通中的溝通網(Communication network)。

(三)政黨是經紀人(Manager - Operator)：要接收、經營政府及其工作。

(四)政黨是中介人(Broker - mediator)：從事於斡旋、調整及拉攏不同主張、意見和觀點，使大家能採取和諧，一致的行動。

(五)政黨是組織者：要組織黨員、民眾和政府，並將各種意見製成政策，負責推動執行。

(六)政黨是提名者：提名公職候選人參加競選，這也是民主國家政黨最重要的功能和貢獻。

(七)政黨是主義的信仰者和實行者：歐洲國家大部份如此，但美國的政黨並無主義的信仰。(一〇八)

有了政黨，還要有政黨政治的運作方式，才是民主政治至高的增界，此種運作方式在一般民主國家中，有可能透過下列任何一種制度來完成。

(一)兩黨制(two - partysystem)

如英國、美國等先進國家就是行兩黨制。選舉獲勝的一黨，可能控制國會，並進而組閣執政，即政府權力集中在多數黨；而選票較少的少數黨，則成為在野黨(或稱反對黨)。下次大選，反對黨若能得到多數選民支持，亦能成為執政黨。

(二)多黨制(multi - partysystem)

如戰後的西德，目前的瑞士、以色列、瑞典、挪威等是多黨制國家，由於沒有一個黨強大到能贏得國會半數以上的議席，便不能由一黨來組織政府，只好由多數黨共同組成聯合政府。

(三)一黨優勢制(Predominantsingle - partysystem)

　　雖然一國之內不止一個政黨，但只有一個強大的政黨能長期執政。日本的自民黨自戰後始終是執政黨，我國的中國國民黨在選舉中多有七〇％以上選民支持，故多能長期執政。

　　比較前述三種政黨制度，多黨制在開發中國家易於造成政治不穩定，軍人干政，政變頻繁；一黨優勢制對開發中國家有安定政治，促進現代化的功能；而兩黨制的政治參與(Political Participation)程度最高，杭廷頓(Samuel P. Huntington)認為「確具有其獨特的存在邏輯，但與其說它是社會的，不如說它是一個政治的邏輯；它是建基於民主自由的吸引力上，但也是建基於政治安定的需要上。」(一〇九)兩黨制的政黨制度應是今後政黨政治發展的最佳模式，它能兼顧民主自由和政治安定。

貳、清末民初政黨觀念的移植

　　清末民初政黨觀念剛剛移入中國不久，見解分歧，應屬必然。但康有為、梁啓超、杜亞泉、孫中山等四人的政黨觀念可為當時代表。

　　康、梁二人同屬保皇黨，對政黨的認識卻不同。康氏在改保皇會為國民憲政會章程第九條云：

　　各憲政國不論君主、民主，其通行一例，一國大政，俱歸政黨執權。其黨多得政者，所有行政職事，俱為本黨人所充，不入本黨者不得享受。凡一切鐵路、礦山、銀行、工廠開關大利，俱給本黨人承受。就美國而論，乃至郵政寄遞電信之夫至微矣，亦必為現任總統同黨之人乃得補，其大者無論矣。政黨之權利之大而且專，至為可駭，中國人未之聞也。（一一〇）

　　康氏的政黨念顯然還存留在美國一八二九－一八八二年間的分贓制度(Spoils System)，其口號是「贓品屬於勝利者」(To the victor belong the spoils of the enemy)。(一一一)此制為害甚烈，美國早已揚棄不用，康氏

拾人牙惠，實已落伍過時。

　　梁啓超先生對「政黨」一詞的概念已較明確，他認為政黨是以其主義改良國政；是少數賢人的政治；是一種人民團體；要為一國而不為一黨或一人；伸已之意見亦能容人之意見；黨與政敵乃以公義爭，而不涉私憾。(一一二)可見梁氏對政黨已有相當認識，並開始有政黨政治的一些基本概念。所以他進一步說：

　　夫國中而有政黨，則必非惟一也，而常在兩黨以上……則一黨在朝，而他黨之在野者常監督之。苟其所標持之主義而不實行，或實行矣，而於國利民福之程度不見增進；則在野黨必向於國民而訐之。(一一三)

　　康、梁同為立憲派之巨擘，但對政黨觀念相去太遠，故康氏組中華帝國憲政會，梁氏自組政聞社。但這些都只是極少數人對政黨的認識，不能代表當時一般時人的看法，但杜亞泉在宣統三年(西元 1911 年)二月發表〈政黨論〉一文，頗具綜合性意見，他歸納成下列三點：

　　(一)政黨之有無問題：約可分三派意見，其一是「政黨不能」說，謂我國人民政治知識未達水準，西方政黨制度不適移植；其二是「政黨不可有」說，謂政黨把持輿論，紊亂政治，非憲政之需；其三是「政黨為憲政之子」說，謂要立憲就非有政黨不可。

　　(二)政黨之目的問題；約有四種看法，其一「對抗政府」說，我國政府不顧輿論，腐敗無能，應組織政黨與政府對抗；其二「政黨政治」說，議會之多數黨組閣執政；其三「統一輿論」說，即整合輿論，蒐集民意，形成政策；其四則在調查政務，研究政策，指導國民，此由少數熱心政治的政治家行之。

　　(三)政黨種類問題：約有三派意見，其一「民吏兩黨」說，謂官吏和民間急進之士各自組黨，互相凌轢；其二「南北兩黨」說，我國南北民情迥異，各自組黨競爭；其三「保守進步兩黨」說，從主義觀之，中國

不外保守和進步兩種，可各自組織以爭政權。(一一四)

　　從杜亞泉的分析，滿清王朝結束之前夕，國人對政黨的認識仍顯分歧和貧乏，但大抵知道政黨的重要，在政黨制度上偏向兩黨制。辛亥革命成功以後，立憲與革命各團體紛紛改成政黨，一時黨派林立，政治紛亂，對政黨移植又有不同意見。不外乎反對與贊成兩大派，反對派中又分無黨論、不黨論、反黨論、毀黨論等說；贊成派又分改良派、毀黨造黨派、調和息爭派和反調和派。(一一五)由於意見太過分歧，各黨派各持己見，民初的政黨移植和政黨政治試驗是失敗的，但這個教訓是寶貴的經驗。

　　正當民國初年國人正對政黨問題爭論不休時，　中山先生一面默默耕耘，一面大聲急疾到處演講，埋頭著述。是他把政黨的意義、產生、功能、要件、制度、黨爭之道等，有系統的建立起來。統計　中山先生民國元年到北上逝世，談政黨之言論不下七十餘篇，舉其要者如下表所示：

表三~二　中山先生談論政黨要目

篇　　　　　　　　目	時　　間	地點	要　　　　　　　　旨
政黨有互相監督互相扶持之責	元 4.18	上海	政黨相處，相爭之道
政黨之目的在鞏固國家安寧社會	元　9.15	北京	政黨是人民心理的代表
民生主義與國家社會主義	元 9.4	北京	兩黨政治，黨爭之道
社會上義之派別及批評	元 10.15	上海	介紹歐洲社會黨選舉概況
黨勢之盛衰全視黨員智能道德之高下	2.1.11	上海	政黨發展之道
政黨宜重黨綱黨德	2.1.19	上海	政黨性質與要素

政黨之要義在為國家造幸福為人民謀樂利	2.3.1	東京	闡明「兩黨政治」、「政黨」、「黨」之要義
黨爭乃代流血之爭	2.3.13	神戶	黨爭之真義
政黨與政府之重要關係	2.3.15	橫濱	賴政黨推動政治
黨員須宣傳革命主義	10.11	梧州	黨員要宣揚三民主義
黨員不可存心做官	12.10.15	廣州	以黨治國的真義
革命成功在乎革命黨員有團體	13.1.20	廣州	用政黨力量來改造國家
組織國民政府案之說明	13.1.20	廣州	黨有力量，以黨建國
政黨之精神在黨員全體不在領袖一人	13.1.25	廣州	普通政黨的性質
要革命成功個人不能有自由團體要有自由	13.11.3	廣東	不能讓自由平等思想破壞政黨
致陳　明及中國同盟會調和黨爭電	元 1.28		不可因黨見橫生，而負社會期許
國民黨改組為中華革命黨致鄺羅同志函	3.12.30		政黨之作用與目的
復楊漢孫論統一黨權與服從命令書	4.8.4		統一黨權與專制政體是兩回事
民權主義第三講			人民經由奮鬥才有政黨
國民黨政見宣言	2.8.25		由國會中多數之政黨組織政黨內閣
中國國民黨改進宣言	12.1.1		憲政實施宜有政黨
中國革命史	12.1.29		黨的要素
民權初步	6.2.21	上海	教育國人如何組黨結社

本表參考國父全集，第一、二、三冊編成

研究　中山先生關於政黨言論，所謂政黨，乃少數優秀之國民，為謀國利民福而奮鬥的政治團體。政黨的產生則是民權思想發達後，經由人民的奮鬥而來的，甚合革命民權的原理。政黨功能在以黨爭代替流血之爭，促進政治進。　中山先生特別重視政黨的要件，有健全的黨義、合宜的黨綱、高尚的黨、優秀的黨員、強固的組織。(一一六)對於政黨制度則主張兩黨制，不宜小黨分立、黨際相處之道須是文明之爭，政見之爭，避免黨派相傾軋或私見之爭。

比較前述各家及輿論，以梁啟超和　中山先生對政黨的認識較俱體，　中山先生的在這方路面的論著則更豐富，更有系統。可貴的是兩人都主張中國要實行兩黨制的政黨政治，實「偉人所見略同」。由此觀之，民初的政黨政治試行雖曰失敗，但政黨觀今移植應是成功的。

參：憲法、法律對政治結社主的保障

我國現行憲法第十四條規定：「人民有集會及結社之自由」。此處的結社就已包含政治結社，尤其是政黨，把這項人民權利規定在憲法上是一種形式的保障，我國近代以來在各種憲法、法律所規定都不同，而各時期的政治環境不同，保障的程度或規定方式亦皆有異，由此可窺知我國近代政治結社所獲得憲法、法律如何保障的過程。要特別說明，所謂「憲法」或「法」要經中央立法機關通過，及政府公佈為準。近代史上我國憲法及各相關法律對政治結社的規定主要者如表三—三：

表三~三　憲法、法律對人民結社自由之規定

名　　　　稱	條	公佈時間	要　　　　　　　　　　　　　　　　旨
憲法大綱	附　錄	光緒 34.8.1	臣民於法律範圍內，集會結社准其自由。
中華民國臨時約法	第 6 條	民國元 3.1	人民有言論、著作、刊行及集會結社之自由。
「天壇憲草」	第 9 條	2.10.31	人民有集會結社自由，非依法律不受限制。
「袁世凱約法」	第 5 條	3.5.1	人民於法律範圍內，有集會結社自由。
「曹錕憲法」	第 10 條	12.10.10	人民有集會結社自由，非依法律不受限制。
中華民國約法草案	第 36 條	19.10.27	人民有結社自由，非有犯罪證據經官署查時，不得封閉。
中華民國訓政時期約法	第 14 條	20.6.1	人民有結社集會自由，非依法律不得停止限制之。
中華民國憲法草案	第 16 條	25.5.5	人民有結社集會自由，非依法律不得限制之。
國家總動員法	第 23 條	31.3.29	政府對人民集會結社自由，必要時得限制之。
戒嚴法	第 11 條	38.1.14	戒嚴地域內，最高司令官得停止結社集會及遊行請願等認為與軍事有妨害者。
中華民國憲法	第 14 條	36.1.1	人民有集會及結社之自由。
非常時期人民團體組織	第 13 條	31	人民團體組織，應由發起人向主管官署申請許可。
刑法	第 154 條	24.1.1	參與以犯罪為宗旨之結社者，處三年以下有期徒、拘役或伍佰元以下罰金，首謀者，處一年以上七年以下有期徒刑。

本表依下列資料編成：
(一)陶百川編；最新六法全書，修正版(臺北：三民書局，民國六十九年九月)，憲法及有關法律。
　(二)涂懷瑩著；中華民國憲法原理，初版(臺北：自印本，民國六十六年九月)，附錄一一廿八。

　　就形式意義而言，我國近代的人民結社自由不但已構成風潮，而且有合法的保障。如袁世凱、曹錕等政客之流，仍然不敢違反此一潮流，而要在他的「憲法」上寫明「人民有集會結社自由」。其他未經正

式立法的如宋教仁擬「中華民國臨時政府組織法草案」，進步黨梁啓超擬「中華民國憲法草案」、呂復擬「中華民國約法私草」、吳經熊擬「吳經熊氏憲法草案初稿」、張知本擬「張知本氏憲法草案初稿」、國民參政會通過的「國民參政會憲政期成會五五憲草修正案」、政治協商會議通過「政治協商會議憲草修改原則」等，對人民集會結社的權利都有肯定的保障。(一一七)

就各時期對集會結社限制程度言，光緒卅四年(西元 1908 年)八月一日公佈的憲法大綱已開放黨禁，但宣統三年(西元 1911 年)九月十三日公佈的十九信條，又未將結社權利列入，徒增人民不滿。(一一八)民國元年到訓政實施之前，對人民集會結社權利似採較放任態度，通常條文規定「人民有集會結社自由，非依法律不受限制」，但無相關法律來規範結社(指政治結社)活動。訓政時期則有相對限制，民國卅一年三月廿九日公佈國家總動員法、卅八年元月十四日公布戒嚴法(廿三年十一月廿九日公佈施行，卅七年有修正)，甚至規定必要時得限制或解散。而刑法第一四九-一五四條，對以公然聚眾、暴力脅迫等犯罪爲宗旨的結社，均科以徒刑。這些過程可以看出我國近代政治結社，正在邁向法治規範的里程中。

肆、從政治結社的稱謂看政黨觀念演進

中國近代政治結社所使用的稱謂很多，如黨、派、會、社、盟、陣線，及使用門牌號碼……等無奇不有。但西方 Party 一詞的中文譯名如何？「政黨」是否一定要用「黨」字？觀察全世界九十四個有政黨的國家，共有二二九個政黨，稱黨(Party)的有二〇九個，稱盟或聯盟(Leagues)的有十個，稱陣線「Fronts」的有八個，稱派(Factions)的有二個，且稱盟、派、陣線者大多在開發中國家，先進民主國家則極少。(一一九) 中山先生研究 Party 一字時說：

不知今日之政黨的黨字，在英語名詞爲(Party)，在中國文字別無與

(Party)相當之字，祇有此黨字較爲近似，並無別字較黨字確當者，故用此黨字，究竟與古時所用之黨字有區別。(一二○)

　　當代學者的研究，亦認爲現代所謂的「政黨」，乃是由英文 Political Party，德文 Politische Partei，或法文 Partie Politique，翻譯而來的。(一二一)可見「黨」字是政黨的標準稱謂，從政治結社的稱謂，應可能觀察到政黨觀念的演進。首先把本論文第二章所列的所有政治團體統計成表三－四。

表三~四　近代政治結社稱謂統計表

時期 數量 稱謂	清　季	民　初	北　伐	抗日	勝利後	總　計
黨	5	61	12	8	57	143
會	277	177	22	4	30	510
社	60	23	24	7	11	125
堂	7					7
隊	3					3
所	4					4
館	2					2
團	9	11			2	22
軍	3					3
部	3	3	16			22
局	2					2
派			1	3	3	7
盟			1	3	10	14
系			3			3
廟宇			1			1
門牌			18			18

陣線					2	2
住宅			13			
總計	375	275	111	25	115	901/901

　　分析表三－四，以黨、會、社等三種稱謂的組織最多，又以「會」最多，「黨」次之，「社」再次之，這些都有微妙的原因。

　　「會」(Association)，即學會、商會之類，在西方是學術發展、工商進步的主要動力，在清季國人大倡西學，當時中國又是專制國家，嚴禁組黨，加上對「黨」的概念不具好感，乃轉而組「會」。就我國歷史而言，「會」也有很深的淵源，白居易有「九老會」，司馬光有「耆英會」，王陽明有「惜陰會」，陽明弟子在各地亦組各種會；(一二二)清季有天地會、三合會等，故表列的「會」特多，計有五一○個。

　　「黨」(Party)在清季因黨禁，北伐、抗日兩時期因訓政與外患，均屬組黨的消沈時期。袁世凱死後，國人鑑於民國初年以來黨派紛亂，提出「不黨主義」(一二三)，也是民國六、七年間「黨」數少的原因，而民初和勝利後則黨禁大開，黨數最多，計近代史上稱「黨」的政治團體有一四三個，僅次於「會」。

　　「社」(Community, Groups)是傳統中國人喜歡組織的形態，在漢代有鄉社、里社的名稱，由社為一地之主引申為社會組織，後來習武備的叫作「社」，文士的結合也叫「社」。(一二四)例如晉代有「白蓮社」，宋代有「經社」，元代有「月泉吟社」；明清之際在浙、閩、粵及大江南北以詩社、文社名義成立許多「社」的組織，知名者如幾社、復社，又因「反清復明」的時勢需要，社乃演變成革命組織。(一二五)北伐時期(尤其民國六、七年間)，還有很多用「俱樂部」、「門牌號碼」、「住宅」等名目做政治團體的稱謂者，應該是對「不黨主義」的響應，也是黨派林立之後出現的亂局，或國人對「黨」的再次存疑，所幸這個亂局隨著北伐的開始而告結束，以「黨」治國之能形成政策，是國人對「黨」的概念有更深的認識，更多肯定之後才導出的結果。

　　從政治團體的稱謂上，也能概要略知該團體是全國性或地域性。先進民主國家的政治團體「特指政黨」通常是全國性的；開發中國家就先從地域性團體先形成，而後逐漸變成全國性團體。地域性政治團體有時也暗示分離主義意涵，從政黨發展過程來觀察，這是政黨形成的初級階段，大多是少數人結成的小集團，或往往是在私人與家族恩怨的網絡中，而很少能把政治活動擴大到一般民眾中。(一二六)

　　我國近代的政治團體到底是全國性或地域性，在當初成立定名時常在稱謂上冠以「中國」、「中華民族」、「廣東」等字樣；有的冠以「國家主義」、「共產主義」等富有意識形態的字眼，仍具有全國性。按此標準可概要判斷政黨演進之一斑，仍將第二章列表各團體製成下表：

表三~五　近代地域性與全國性政治結社比例

時期 分類 數據	清季	民初	北伐	抗日	勝利後	備考
地　域　性	356	233	102	9	46	
全　國　性	19	42	9	16	69	
全國性百分比 %	5%	15%	8%	64%	60%	

　　分析表三－五，清季全國性政治團體佔全部政治團體總數只有百分之五，顯示地域性觀念極強，所組成的團體地域性也強，而且國民對當時「中國」、「國家」的認同也低。民國初年全國性政治團體急增為百

分之十五，北伐時期再降爲百分之八，抗日時期達百分之六十四，勝利後是百分之六十。這個數據可以說明全國性政治團體在抗戰時期以後，迅速增加，是國民對國家認同感提高的徵兆，更可喜的說明類似先進國家的政黨已逐步形成，國家的政治發展是在向前邁進。

第五節　各種型態的重疊會籍

　　政治性組織常被學者分成兩大類：政黨(Political Parties)和壓力團體(Pressure groups，或稱利益團體 Interest groups)。但有時候又把政黨稱做「機構的利益團體」(Institutional interest groups)，可見利益團體與政黨關係密切。(一二七)利益團體對社會並非全部有益，惟在兩個理由之下可被接受：

　　(一)每一利益團體都有別的集團抵制它，政治家不致受制於任一集團，而且任何集團的要求也無法獲得全部滿足，妥協遂成爲必要，而妥協的結果使社會上大多數的人均獲益，此即公益。

　　(二)一團體的成員中很多人可能同時屬於其他集團，這些集團的要求常常互相抵觸，同時屬於不同集團的份子對所屬任一集團的要求不可能百分之百支持，因此利益團體的要求常較溫和。由這種組織和成員都形成的妥協與重疊，稱之「重疊會籍理論」(Overlapping membership theory)。(一二八)

　　中國近代政治環境複雜，不論政黨或利益團體都形成很複雜的重疊現象，非「溫和、妥協」之語能概括，對社會是否形成「公益」是值得存疑的。本節從組織、成員的重疊會籍和跨黨等各方面來討論政治結社的特性。

壹、組織會籍的重疊

　　這裡要區分「組織會籍重疊」和「次級系統」的概念是不同的。次

級系統(Subsystem)與其上位系統和次次級系統(Sub－Subsystem)是互相互換或交流影響(Exchanges or flow of effects)的，並有統一性(Unity)和多元性(Plurality)的性質，政治系統的互換交流，主要是取向於對社會作價值的權威性分配。(一二九)但中國近代許多政治結社的「組織會籍重疊」現象，通常只稱作「運動機關」或「外圍團體」，這些機關團體與其他重疊的機關團體，很少具有統一性，對社會可能也少做價值的權威性分配。像中國國民黨這樣的政治組織，不但有統一性和多元性，也能對社會作價值的權威性分配，是極少見的範例，其他的政治團體(政黨和利益團體)，絕大多數是因政治環境和政治目的之因素，需要完成某項特定之任務，暫時與其他團體發生重疊關係，依據有關史料研究，我國近代此類有重疊關係的政治團體例舉如表三－六。

表三~六　重疊會籍的政治團體

政治團體	被重疊團體(稱外圍、運動機關等)
興　中　會	興漢會、洪門、致公堂、三合會
中國教育會	愛國女校、愛國學社、科學儀器館、軍事講習會、女子俱樂部、自治學社、協助亞東遊學會、勵志學社
拒俄義勇隊	四民公會
華　興　會	同仇會、自強會、光華會、科學補習所、新華會、黃漢會、東文講習所
光　復　會	岳王會、浙江旅滬學會
同　盟　會	國民捐會、仁黨、全國聯合進行會、中華民國自競黨、五族少年同志保國會、西北協進會、國民共進會、政群社、大同民黨、女子參政同盟會、救亡會、華僑聯合統一會、少年中國黨、自由黨、共和實進會、中華民國平民黨、統一共和黨。
政見商榷會	民社、中國同盟會、統一黨、國民公黨

中國社會黨	女子參政同志會
上海社會聯合會	公餘學社、商學公會、西北城地方協贊會、輿論折衷會、東南城地方協贊會、公益研究會、農人公會
中國共產黨	(第二章第五節第貳項所稱的「民主」或「左傾」黨派卅七個，都可稱中共的外圍或運動機關，彼此有高程度的重疊。

本表由下列資料編撰而成：
(一)張玉法著：清季的革命團體，初版(臺北：中央研究院近代史研究所，民國六十四年二月)，第八章。
　(二)張玉法著：民國初年的政黨，初版(臺北：中央研究院近代史研究所，民國七十四年五月)，附錄一。

　　觀察具有「外圍團體」和「運動機關」的重疊團體，發生在三個時期：清季、民初、勝利後，可能是這幾個時期正處重亂，各政治團體急於獲取政治資源。

貳、成員會籍的重疊

　　就「人」的重疊言，是我國近代政治結社的特色，李劍農先生在《中國近百年政治史》一書說：

　　民國初年的政黨，黨員跨黨，往往一個黨員，既掛名於甲黨，同時又掛名於乙黨，甚至並掛名於丙黨的。這種跨黨行為，有非出於本人意思的，也有出於本人意思的；前者大概為被擁戴的假領袖，在擁戴的團體，想借他作面子上的裝飾品，被擁戴的礙於情面，也便以掛名於黨作敷衍的應酬品；後者則直以入黨為競權牟利的工具，好比狡兔的三窟；此種黨員最為可恥，但在民國初期，卻視為平黨，到洪憲帝制推倒以後尤為特色。(一三〇)

　　李劍農先生所言，到底能否包含近代政治結社成員重疊的現象，首先把重要的重疊成員統計如表三－七。

表三~七　近代政治結社中重要成員會籍重疊統計表

姓名	所　　屬　　團　　體	數量
孫中山	興漢會、中夏亡國二四二年紀念會、青山軍事學校、自由黨、國民捐會、國民黨(含興中會、同盟、中華革命黨)。	9
陳少白	中和堂、興漢會、興中會、同盟會	4
王寵惠	漢蒙聯合會、國民黨、西南協會、共和統一會、國民共進會、共和實進會、共和建設會	7
馮自由	中夏亡國二四二年紀念會、青年會、青山軍事學校、洪門籌餉局、興中會、同盟會、民權監督黨、華僑聯合會、中華革命黨。	9
章炳麟	中國教育會、愛國學社、國學講習會、東亞亡國同盟會、光復會、根本改革團、共和黨	7
蔡元培	中國教育會、對俄同志會、張園演說會、光復會、愛國學社、同盟會、五族國民合進會、政見商榷	8
吳敬	中國教育會、協助亞東遊學會、四民公會、張園演說會、愛國學社、世界社、同盟會	7
張繼	青年會、東文講習所、社會主義講習會、勵志會、華興會、同盟會、中華民族大同會、中國社會黨	8
黃興	華興會、同仇會、革命同志會、青年學社、東文講習所、軍國民教育會、同盟會、五族國民合進會、中華民族大同會、國民黨、大同民黨、政見商榷會、華僑聯合總會、自由黨、國民捐會、共和急進會	15
于右任	西北協進會、政友會、國民黨、政見商榷會、共和統一會、國事維持會	6
景耀月	中華民族大同會、政友會、國民黨、中華民國聯合會、共和統一會、國事維持會	6
趙秉鈞	五大民族共和聯合會、共和統一會、五族國民合進會、平民黨、國民黨	5
伍廷芳	漢蒙聯合會、進步黨、大同民黨、國民協會、國民公黨、共和黨、政見商確會、共和統一會、國民共進會、中華共和促進會	10
梁士詒	漢蒙聯合會、五族國民合進會、國會同志會、公民黨、大中黨、潛社	6
那彥圖	西北協進會、漢蒙聯合會、蒙古聯合會、共和進行會、五族國民合進會、平民黨、國會同志會、進步黨、國民協進會、共和黨、統一黨	11

唐紹儀	愛國黨、國民黨、國民協會、政見商榷會、華僑聯合統一會、統一黨	6
谷鍾秀	共和統一會、中華民族大同會、國民黨、民憲黨、共和建設討論會、統一共和黨	
黎元洪	中華民族大同會、進步黨、統一國民黨、共和黨、政見商榷會、民社東亞大同社、共和急進會	8
康有爲	強學會、聖學會、政治學會、知恥學會、粵學會、經濟學會、保國會、保皇會、帝國憲政會	9
梁啓超	強學會、醫學善會、戒纏足會、知恥學會、保國會、南學會、保皇會、帝國憲政會、政聞社、進步黨、共和黨、共和建設討論會	12
熊希齡	延年會、政聞社、進步黨、共和協會、共和黨、政見商榷會、中華民國聯合會、統一黨	8
湯化龍	諮議局聯合會、五族國民合進會、民主黨、共和黨、進步黨、共和建設討論會	6
本表參考下列資料編撰成： (一)張玉法著：清季的立憲團體，初版(臺北：中央研究院近代史研究所，民國六十年四月)，全書。 (二)張玉法著；清季的革命團體，初版(臺北：中央研究院近代史研究所，民國六十年二月)，全書。 　(三)張玉法著；民國初年的政黨，初版(臺北：中央研究院近代史研究所，民國七十四年五月)，附錄一。		

　　表三－七所列不過例舉少部份，時間約從興中會成立到袁世凱解散國會爲止。由於年代久遠，史料不足，不能查出每一成員何時進入某一團體，何時再退出，故在這段時間內每個成員參加的重要政治團體均列入，黃興有十五個，梁啓超十二個，那彥圖十一個，伍廷芳十個，中山先生等人都是九個，其他尚未列入者不知凡幾，在抗戰勝利後，左舜生、曾琦、李璜、張君勱、章伯鈞、譚平山、沈鈞儒、史良、梁漱溟、羅隆基、章乃器、李濟琛、沙千里等人，都是重疊兩個團體以上。(一三一)這些眾多成員造成的會籍重疊現象。固不能「一竿子打翻全船」全部否定，其階段性的政治因素是值得推考的，清季立憲與革命兩派人都有大量會籍重疊的記錄，其目的無非要擴大團體勢力，爭取更多政治資源，完成其目標；民初則絕大多數如李劍農先生所言的競權牟利而

已；勝利後則是中共施展統戰手段而造成，企圖瓦解所有反共陣營。儘管民國初年以後，政治團體的成員都視跨黨為平常之事。但中國國民黨除了被袁世凱中傷之前後某些時期有過分裂之外，其餘在北伐、抗日、勝利後的三個時期極少有黨員向其他團體重疊。中國同盟會改組成國民黨時，在規約中規定「黨員不得兼入他黨」。(一三二)而近代史上一次有計畫、有陰謀的跨黨行為，是民國十三年間，第三國際命令中國共產黨以個人名義加入中國國民黨，企圖篡奪國民黨領導權，完成赤化中國的目的。(一三三)這個陰謀立即被中國國民黨的清黨運動所瓦解。

在高度發展的政治體系，政黨領袖跳槽是極罕見之事；社會團體和階級也不輕易轉移其所支持的對象。但在新興國家，個人和團體跨黨，似已成為家常便飯。(一三四)本節所論述的各類型會籍重疊固然很多，應是「家常便飯」，因為這是一個國家政治發展所必經的路程。只是當我們在成長的時候，偏偏有帝國主義和共產主義的入侵，使我們的「陣痛期」特別長，「重疊量」亦特別多。前面說過，利益團體的重疊現象，造成妥協的結果是對整個社會有益的，此即公益。(一三五)惟在我國就有階段性的不同，清季各政治團體的重疊是有公益的，而民初和勝利後是有害的，因為都帶來了政治不安，唯一算是有益的是我們獲得寶貴的歷史教訓。以上為本章論述之中國近代政治結社的特性，擬用表三－八示之。本表可略知傳統秘密會黨在政治結社中的地位，所有政治團體分合變遷概要系統，此種分合亦可說是成員和組織重疊所形成。

表三~八　中國近代政治結社分合變遷略表

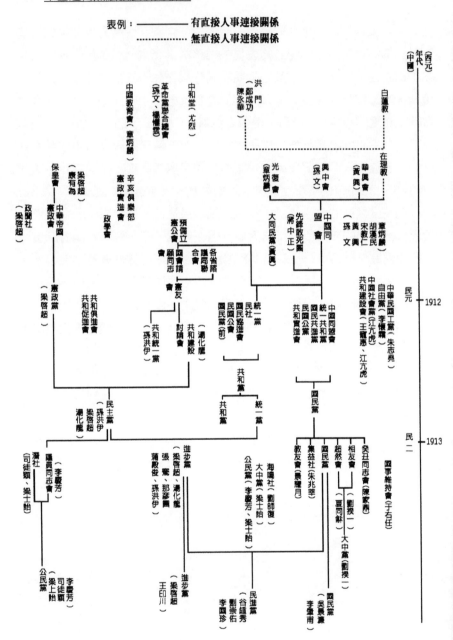

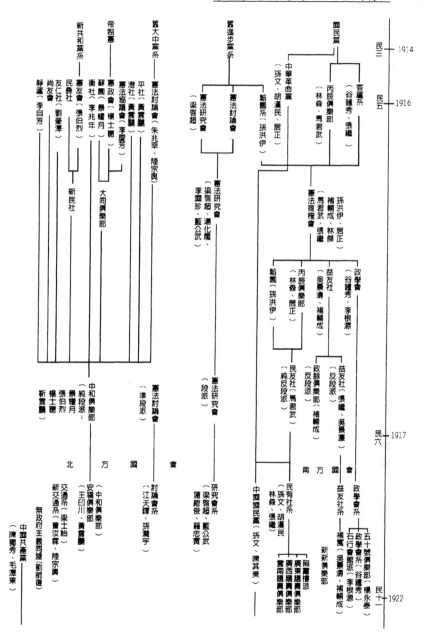

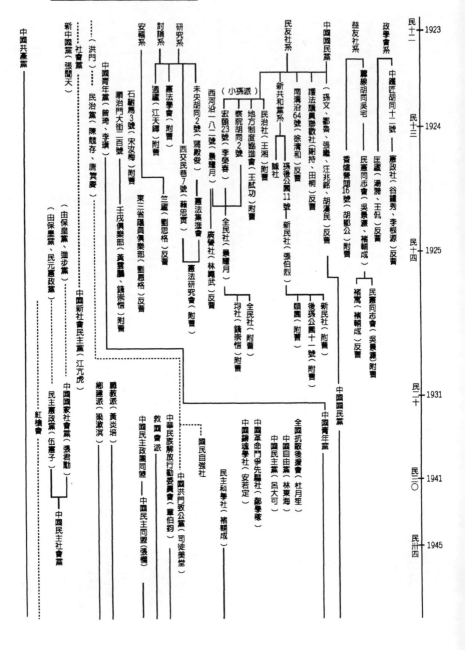

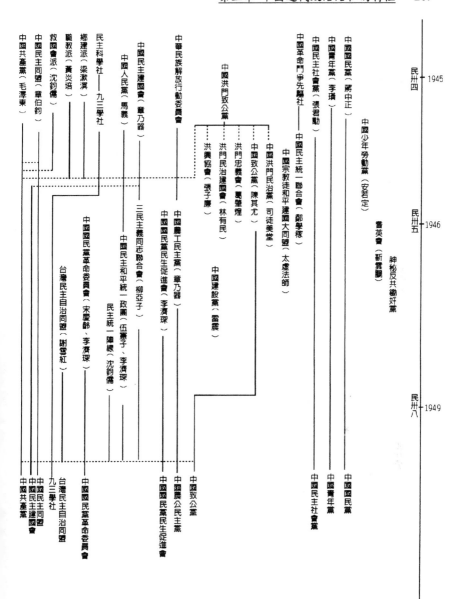

註　釋

(一)金耀基著，《中國人的三個政治》，一版(臺北：經濟與生活出版事業股份有限公司，民國七十七年元月二十日)，頁二六八。

(二)關雲編著，《閒話秘密社會及黑社會》，再版(臺北：世界文物出版社，民國六十五年三月)，頁一〇。

(三)吳相湘主編，《中國現代史叢刊》，第五冊，初版(臺北：文星書店，民國五十三年十一月十二日)，頁四。

(四)張樸民編，《中國黨派》(南京：中聯出版社，民國卅七年元月一日)，頁一九三。

(五)張樸民編；前揭書，頁二七六—二七七。

(六)張樸民編；前揭書，頁二七六。

(七)中共辭彙編輯委員會編，《中共辭彙》，一版，Ｄ３(臺北：中國出版有限公司，民國七十五年十一月)，頁八九‐九〇。

(八)溫連熙編著，《中國政黨史》(臺北：華夏文化出版社，民國四十九年九月)，頁七六。

(九)溫連熙編著；前揭書，頁七六。

(一〇)蕭一山著，《中國近代史概要，四版(臺北：三民書局，民國五十六年十月)，頁二八九。

(一一)同註(二)，頁五六。

(一二)同註(十一)，頁五六。

(一三)王建民著，《中國共產黨史稿》，第一編(臺北：自印本，民國五十四年十月)，頁二三七‐二三九。

(一四)關雲編著；前揭書，頁五五—五八。

(一五)張樸民編；前揭書，頁二二七。

(一六)張樸民編；前揭書，頁三〇八—三〇九。

(一七)張樸民編；前揭書，頁三七九—三八二。

(一八)張樸民編；前揭書，頁三九四—三九六。

(一九)章君穀著，《杜月笙傳》，第三冊，再版(臺北：傳記文學出版

社，民國六十九年四月一日），頁二四七－二四九。

(二〇)章君穀著；前揭書，第二冊，封面內頁圖片，關於杜月笙事蹟，可參讀杜月笙傳一——四冊。

(二一)梁實秋主編，《最新實用漢英辭典》，修訂版(臺北：遠東圖書公司，民國七十二年十一月)，頁二二八。另見劉達人，劉氏漢英辭典，華英出版社，頁三四六。

(二二)孫中山，「國民黨組黨宣言」，國父全集，第二冊，頁四——一一。

(二三)政治行為是政治行為人(含法人)，在政治情境，特別是政治系統中的行為。參閱馬起華編著，《政治學原理》，上冊，初版(臺北：大中國圖書公司，民國七十四年五月)，頁三六三－三七一。

(二四)滿清新軍的創建是光緒廿一年，甲午戰敗後，由張之洞編「自強軍」，與袁世凱編「新建陸軍」開始。發展到光緒卅三年七月，定分省限年編練陸軍卅六鎮，其每一鎮(約同現在的步兵師)有官七四八人，兵一〇四三六人。因新軍素質較高，有新思想，所以到1909年時　中山先生接受黃興的建議，開始對新軍進行策反工作。此期間專門運動新軍的革命團體特別多，革命運動亦有了新氣象，參閱下列各書：

　馮兆基著，《中國現代史論集》，第三輯，〈辛亥革命中的軍事策反活動〉，「辛亥革命」，第二印次印(臺北：聯經出版公司，民國七十一年七月)，頁三五二。

　劉鳳翰著，《辛亥革命研討會論文集·論新軍與辛亥革命》，初版(臺北：中央研究院近代史研究所，民國七十二年六月)，頁一四七－一八一。

Office Of The Military Historian, Organization Changes in The Chinese Army, 1895 - 1950(Taipei: OMH, 1968), P. 34.

(二五)張玉法著，《清季的革命團體》，初版(臺北：中央研究院近代史研究所，民國六十四年二月)，頁六五七。

(二六)張玉法著；清季的立憲團體，初版(臺北：中央研究院近代史研究所，民國六十四年五月)，頁四九八——五〇三。

(二七)轉引張玉法著,《民國初年的政黨》,初版(臺北:中央研究院近代史研究所,民國七十四年五月),頁卅一。原書引黎澍著,《辛亥革命前後的中國政治》,頁四八-四九。

(二八)西歐在中世紀經營手工業者有行會組織名曰基爾特(Guild),是中世紀經濟生活的重要形態。英國在廿世紀二十年代有一派社會主義者,主張每項工業應由其從業者依民主原則,自己管理,其社會組成亦以行會(基爾特)為基礎,工業由社會共管,每一行會的工人管理其自身所從事的行業,稱基爾特社會主義(Guild Socialism)。此一運動創始人為一名彭迪(Arthur J. Penty)之建築師。我國立法委員與國民大會代表的選舉在地區之外,職業團體亦可參選,在思想上多少受到此一運動的影響。參閱羅時實撰,《雲五社會科學大辭典》,第三冊(政治學),〈基爾特社會主義〉(臺北:臺灣商務印書館,民國六十年十二月),頁二七九。

(二九)「大俠魂主義」或稱「大俠魂平愛主義」,意旨思想和行為上的少年,有如宇宙流動,不斷進步,倡「天下一家,全民政治,愛國而無國等,強種而無種見。」參閱張樸民編;前揭書,頁二六七-二六九。

(三〇)張樸民編;前揭書,序頁一。

(三一)同註(三〇)。

(三二)張玉法著,《民國初年的政黨》,頁三九。

(三三)任卓宣著,《三民主義底比較研究》,三版(臺北:帕米爾書店,民國五十三年四月),頁七。

(三四)朗裕憲、陳文俊編著,《中華民國選舉史》(臺北:中央選舉委員會,民國七十六年六月),頁六二。

(三五)黃邦印撰,《國民參政會功能之研究》(政治作戰學校政治研究所,碩士論文,民國七十三年六月),頁七六。

(三六)齊光裕撰,《政治協商會議與我國民主憲政之發展》(政治作戰學校政治研究所,碩士論文,民國七十四年六月),頁一四八-一六〇。

(三七)郎裕憲、陳文俊編著;前揭書,頁二三七—二三八。共產黨法定

代表有一九〇名，民主同盟有八〇名，但均未提出名單，也拒絕報到出席會議。

(三八)謝彬著，《民國政黨史》(臺北：文星書店，民國五十一年六月)，頁五三－五四。

(三九)張樸民編；前揭書，頁三九。

(四〇)張樸民編；前揭書，頁四四。

(四一)黃邦印撰；前揭書，頁七六—七七。

(四二)鹿寶瑋著；三民主義與現代思潮，(臺北：帕米爾書店，民國六十八年十二月)，頁五四。

(四三)同註(一三)。

(四四)見中國國家社會黨宣言。孫子和編；民國政黨史料，(臺北：正中書局，民國七十年十月臺初版)，頁四三〇。

(四五)孫子和編；前揭書，頁四六〇。

(四六)張樸民編；「中國黨派」，(南京：中聯出版社，民國三十七年一月一日)，頁四二。

(四七)孫子和編；前揭書，頁四六五。

(四八)孫子和編；前揭書，頁四五〇—四五一。

(四九)孫子和編；前揭書，頁四二九。

(五〇)孫子和編；前揭書，頁四三一。

(五一)孫子和編；前揭書，頁四三三。

(五二)孫子和編；前揭書，頁四二七。

(五三)中國國民黨中央黨史委員會編；　國父全集，第一冊，第三版(臺北：中央文物供應社，民國六十九年八月)，頁壹—四。

(五四)國父全集；第一冊，頁壹—五。

(五五)國父全集，第一冊，頁壹—三。

(五六)孫子和編；前揭書，頁四五〇。

(五七)國父全集，第一冊，頁壹—五一。

(五八)國父全集，第一冊，頁壹—一〇一。

(五九)國父全集，第一冊，頁壹—六四。

(六〇)孫子和編；前揭書，頁一四四。

(六一)孫子和編；前揭書，頁四六一。

(六二)張樸民編；前揭書，頁四一。

(六三)國父全集，第一冊，頁壹—一四三。

(六四)國父全集，第一冊，頁壹—一二五。

(六五)國父全集，第一冊，頁壹—一四五。

(六六)孫子和編；前揭書，頁四六一。

(六七)孫子和編；前揭書，頁四六三。

(六八)國父全集，第一冊，頁壹—四五—五〇。

(六九)國父全集，第二冊，—肆—一一。

(七〇)國父全集，第一冊，頁—二三五。

(七一)國父全集，第一冊，頁—一八七。

(七二)民社黨政綱於民國三十五年八月十八日聯席會議通過，三十六年
八月第一次全國代表大會追認；孫子和編；前揭書，頁四九七。

(七三)孫子和編；前揭書，頁四九八。

(七四)孫子和編；前揭書，頁四九九—五〇一。

(七五)國父全集，第一冊，頁壹—一四三。

(七六)國父全集，第一冊，頁壹—一八〇。

(七七)國父全集，第一冊，頁壹—一三〇。

(七八)孫子和編；前揭書，頁五〇二。

(七九)薩孟武著；西洋政治思想史(臺北：三民書局，民國六十七年六
月)，頁二四七—二五六。

(八〇)見中國青年黨訓練工作綱要，民國三十五年二月頒布；孫子和
編；前揭書，頁三六五。

(八一)見民國三十四年十二月十二日中國青年黨政綱總說明，孫子和
編；前揭書，頁三四八—三四九。

(八二)見中國青年黨政綱；張樸民編，前揭書，頁一一六。

(八三)張樸民編；前揭書，頁一一六－一二三。

(八四)孫子和編；前揭書，頁三六八。

(八五)任卓宣著；三民主義底比較研究(臺北：帕米爾書店，民國五十三年四月三版)，頁一二。

(八六)國父全集，第一冊，頁壹－二。

(八七)孫中山，軍人精神教育；國父全集，第二冊，頁捌－一四六。

(八八)蔣中正，國民參政會的任務；張其昀，蔣總統集，第一冊(臺北：國防研究院暨中華大典編印會，民國五十七年三月三版)，頁一〇五〇。

(八九)任卓宣著；前揭書，頁一三－一八。

(九〇)薩孟武著；前揭書，頁二五一。

(九一)孫中山講，民族主義第六講；國父全集，第一冊，頁壹－五〇。

(九二)鹿寶瑋著；前揭書，頁四七。

(九三)雷根(Ronald Reagan)著；埋葬馬列主義於歷史灰爐中，初版(臺北：黎明出版社，民國七十二年四月)，頁五十一－六八。

(九四)台灣日報，民國七十五年八月廿六日。

(九五)方勵之著；我們正在寫歷史，第一版，第十四次印(臺北：經濟與生活出版事業股份有限公司，一九八七年九月十日)，頁六－七。

(九六)方勵之著；前揭書，頁三－四。

(九七)方勵之著；前揭書，頁三〇一－三〇二。

(九八)孫中山講，民生主義第一講，國父全集，第一冊，頁壹－一三一。

(九九)方勵之著；前揭書，頁二九六。

(一〇〇)項中山先生被尊稱為「世界公民」，來自美國喬治亞大學甘維德教授(prof. Thomas William Ganschow)的英文論文「孫中山－一位美國公民」。詳見項定榮撰，國父被尊稱為「世界公民」，近代中國雙月刊，第卅四期(民國七十二年四月三十日)，頁十八－二一。

(一〇一)蔣一安撰，〈世界四大寶典之一的三民主義學術精研〉，《憲

政論壇》(第三十四卷,第十一期,民國七十六年五月),頁二七－二八。

(一〇二)谷光宇著,《政黨論》,初版(臺北:黎明文化公司,民國七十二年九月三日),頁六〇。

(一〇三)Robert E. Dowse John A. Hughes 合著,黃天榮譯,《政治社會學》(Political Sociology),初版(臺北:政治作戰學校,民國七十四年六月),頁五二三。

(一〇四)王健民著,《中國共產黨史稿》,第一編(臺北:自印本,民國五十四年十月),頁六六。

(一〇五)David Robertson, A Dictionary Of Modern Polities, (London: Europa Publications Limited, 1985), P. 252.

(一〇六)張玉法著,《民國初年的政黨》,頁二－三。

(一〇七)程全生著,《政黨與政黨政治》(臺北:華欣文化事業中心,民國六十五年六月),頁一三。

(一〇八)馬起華著,《政治學原理》,下冊,頁一一二二－一一二六。

(一〇九)杭廷頓(Samuel P. Huntington)著,江炳倫、張世賢、陳鴻瑜合譯,《轉變中社會的政治秩序》(Political Orderin Changing Countrees),三版(臺北:黎明文化事業有限公司,民國七十四年十二月),頁四三四－四四四。

(一一〇)張玉法著,《清季的立憲團體》,頁五一－五二。

(一一一)馬起華著,《政治學原理》,下冊,頁九七〇－一〇三〇。

(一一二)張玉法著;清季的立憲團體,頁五三—五四。

(一一三)梁啟超著,《飲冰室全集》,再版(臺北:文化圖書公司,民國五十八年五月一日),頁七〇三。

(一一四)張玉法著;清季立憲團體,頁六三—六五。(轉引杜亞泉撰,「政黨論」,東方雜誌,第八卷,第一號宣統三年二月廿五日。)

(一一五)張玉法著;民國初年的政黨,第一章。

(一一六)谷瑞照撰;「國父論政黨政治(下)」,革命思想,第廿八卷,

第二期(民國五十九年二月廿五日)，頁十四—十五。

(一一七)涂懷瑩著，《中華民國憲法原理》，初版(臺北：自印本，民國六十六年九月)，附錄一－廿八。

(一一八)涂懷瑩著；前揭書，頁二八七—二八八。

(一一九)程全生著；前揭書，頁五○五—五一六。

(一二○)孫中山講，政黨之要義在為國家造幸福為人民謀福利，國父全集，第二冊，頁捌—七○。

(一二一)谷光宇著；前揭書，頁一一。

(一二二)張玉法著；前揭書，頁一一。

(一二三)謝彬著；前揭書，頁六五。

(一二四)謝國楨著，《明清之際黨社運動考》，臺三版(臺北：臺灣商務印書館，民國六十七年二月)，頁八。

(一二五)謝國楨著；前揭書，頁二五○—二五六。

(一二六)杭廷頓(Samuel P. Huntington)著，江炳倫、張世賢、陳鴻瑜合譯，前揭書，頁四二四—四二六。

(一二七)呂亞力著，《政治學方法論》，三版(臺北：三民書局，民國七十四年九月)，頁二五二－二五三。

(一二八)呂亞力著；前揭書，頁二五一—二五二。

(一二九)馬起華著，《政治學原理》，上冊，四二－六六。

(一三○)李劍農編著，《中國近百年政治史》，臺十七版(臺北：臺灣商務印書館，民國七十四年三月)，頁三六七－三六八。

(一三一)張樸民編，《中國黨派》，頁一－三七。

(一三二)鄒魯著，《中國國民黨史稿》，臺二版(臺北：臺灣商務印書館，民國五十九年五月)，頁一三七。

(一三三)王健民著；前揭書，第一編，頁一○九。

(一三四)杭廷頓(Samuel P. Huntington)著，江炳倫、張世賢、陳鴻瑜合譯，前揭書，頁四二三。

(一三五)同註(一二八)。

第四章　中國近代政治結社對現代化的影響

在1900年代，黃包車是北京先進的交通工具，圖中的黃包車夫載著兩名外國觀光客，已經跑了十幾英哩的路。

金陵機器局機械場
內部。留著辮子的技工正
操作著西洋器械。

中華民國大總統孫文宣言書

大中華民國元年元旦

我軍堅守四行倉庫（民26年）

黃興撰黃花岡七十二義士輓聯　廣州黃花岡七十二烈士墓

▲開羅會議三巨頭：中國蔣中正主席，美
　國羅斯福總統，英國邱吉爾首相

▲興中會時期在香港發行的中
　國日報。

▲檀香山興中會同志宣誓入會
　場所。

改 革 者

鄧小平

☝受到榮民袍澤愛戴的老主任委員經國
先生。　　　　　　（摘自永恆的追思）

　　中國現代化運動從曾國藩、李鴻章、張之洞等人所領導的自強運動開始，但這是在西方「兵臨城下」，人為刀俎，我為魚肉的劣勢下，在滿清政府的漢人封疆大吏輩為增進甚或保存自己實力，所實施的「自導自演的革命」(Revolution from above)，欠缺民間團體的支持和推動，失敗應屬當然。中國知識份子有鑑於此，到維新運動時期態勢一變，改由民間來推動，光緒廿年(西元一八九四年)　中山先生組織興中會，次年康有為成立強學會，是我國開始有民間團體(政治團體)來推動現代化的起步。其後，儘管立憲團體，革命團體及民國以後的許多政治團體、宗旨有所不同，但對中國現代化有舉足輕重的影響，深值探究。

第一節　中國推動現代化的面向

　　現代化在西方是一個社會本身經長期「創新」之發展而形成的，它是自我本土的發展或內向性的(Indigenous)，如英、美、法等國；另一種是一個社會與較先進社會接觸後，借其經驗發展而成，它是外力逼進而生或外發性的(Exogenous)，如日本和我國。(一)蕭公權先生亦認為「中國政治思想轉變之直接原因為外力之刺激。」(二)故中國現代化的動力是外力應可確認。

壹、現代化的意義與面向

　　現代化(Modernization)是一個語意很廣的詞彙，在英文中與近代化為同一字。到目前為止，常與發展(Development)、西化(Westernization)、工業化(Industralization)等概念混用。在本文因現代化的時間幾乎與近代重疊，且為近代之大部份，或說現代已經包含在近代裡面，故為近代政治結社探討要點之一。

　　自從十八世紀歐洲工業革命開始，西方的傳統文化、社會、政治等各個層面就受到嚴厲的「自我挑戰」，乃發展成以科技為主導性的社會

型態，而科技通常是具有普遍性的通則(General)或理論(Theory)，能夠「放之四海而皆準」的，這是西方社會本身的現代化。它牽涉的範圍很廣泛，例如都市化的形成、工業科技的進步、傳統價值觀念和制度的逐漸崩潰與重建等等都是。到了二十世紀五、六十年代，這個現代化的大變動波及全世界每個角落，無論歐、美、亞、非各洲各國，無不或多或少地，或自動地，或被迫地接受現代化的洗禮，而走出傳統的藩籬，邁向現代化，金耀基先生剖析現代化的內涵有六點：

(一)工業化：傳統社會進入現代社會的動力是工業化。

(二)都市化：都市化的腳步是緊跟著工業化而來的。

(三)普遍參與：都市化以後，導致知識和媒介的成長，使社會大眾投入到一個「廣大的溝通網」中，產生普遍參與的現象，從「政治文化」的類型來說，是從「臣屬的政治文化」(Subject Political Culture)轉變到「參與的政治文化」(Participatory Political Culture)。

(四)高度的結構分殊性(Highly structural differentiation)：這是由工業化，技術革命、專業化或精密分工所造的，個人與團體都分殊成不同的角色(Role)，擔負其特殊的功能。

(五)世俗化：人從被控御的聖化(Charisma)的社會中解脫，而肯定自己可以通過科學、實證及理性的方式，來主宰自己的命運。

(六)高度的「普遍的成就取向」(Universalistic － achievement Orientation))：指現代社會的工業化下，用人取才祇問是否有專門技術功能，而不問他是誰。(三)

江炳倫先生研究韓國學者李漢彬的分析，認為現代化的面向有：(一)生態方面的變化，如人口膨脹、移動與素質變化等；(二)社會文化的變化，如舊制度和觀念的崩解重建等；(三)工商的變化，如提倡科學研究等；(四)意念的變化，如物質主義、民主、平等的觀念風行，傳統宗教與道德顯現的無力感；(五)政治方面的變化，殖民主義普遍被唾棄，國民政治意識普遍提高，要求政治參與的呼聲和活動如浪潮般湧來。(四)

　　謝高橋先生則偏重工業化的影響，他說：「現代化的主要推力，是工業化。」(五)這是指英國工業革命後，新興的工廠大量吸收農村勞力，使用機械運輸，而政府採取放任政策，乃刺激工業化的成長，在西方這是經過兩百年的適應與變遷而來，而開發中國家則在三十年間加速而成。

　　由前面的引述，雖然現代化、發展和西化幾乎是可以視同的三種概念。但「西化」一詞頗有地域觀念，易於引起民族意識的情結。而「發展」可用來指定社會和政治結構方面的基本變化，尤其是觀念、規範和行為方面的變化。故「現代化」一詞不但較能包容前述各種變項(Variety)，而且較有中立性和客觀性。此處將西方國家自十八世紀以來，以科技為主導的發展，及新興國家在二十世紀初期開始向西方國家學習、模仿、適應、改革的全部變遷過程稱之「現代化」。其明確的概念是：

　　(一)以生活價值的實現為中心。人類的需要必須透過認知，形成價值，才有驅力，才會發生現代化的過程。

　　(二)儘管各人需要不同，生活價值也因環境變遷而有變動，但趨向滿足則是共同的方向，那麼從農業時代發展到工業時代乃是必然趨勢。

　　(三)知識與技術不斷進展，認知內容也在變動，新價值乃不斷出現，人類追求滿足將無休止，現代化形成一個不停的過程。

　　(四)任何社會體系都是為了實現共趨的生活價值而存在，體系是否現代化，端視能否實現共趨的生活價值。(六)

　　簡單的說，現代化是指一個社會的結構，轉變到另一個結構的過程，特別是指傳統的民俗社會發展到都市工業社會的過程。而傳統與現代並不是二分法的，是呈現有如光譜式的連續漸變的過程。現代化轉變的面向，也是社會系統的各個層面都涉及，包含個人與團體，從意識到行為。現代化確實有無形的魅力，她銳不可擋，勢如破竹地改變了每個社會。

貳、政治現代化的意義與面向

　　現代化既然是全面的，若政治沒有現代化，祇是從工商農等經濟層面進行現代化，僅算是狹義的現代化，而經濟發展並不一定與政治民主是相輔相成的。所以現代化的下一個層次，就是要求政治現代化。何謂政治現代化？它與政治發展(Political development)更是常被當成同義字使用。學者 Lucian W. Pye 在論政治發展時，提出十個甚為多元的定義：(七)

　　(一)政治發展是經濟發展的政治先決條件(Political development as the political prerequisite of economic development.)。

　　(二)政治發展是工業社會的政治典範(Political development as the politics typical of industrial socities.)。

　　(三)政治發展是政治現代化(Political development as political modernization.)。

　　(四)政治發展是民族國家的運作(Political development as the operation of a Nation - state.)。

　　(五)政治發展是行政與法律的發展(Political development as administrative and legal development.)。

　　(六)政治發展是大眾動員與參與(Political development as massmobilization and participation.)。

　　(七)政治發展是民主政治的建立(Political development as the building of democracy.)。

　　(八)政治發展是安定而有秩序的變遷(Political development as stability and orderly change)。

　　(九)政治發展是動員與權力(Political development as mobilization and power)。

　　(十)政治發展是多元社會變遷過程的面向之一(Political development as one aspect of amulti － dimensional process of social change.)。

這十個定義中，第三項已直接指出政治發展就是政治現代化，而第五、六、七項亦可做為間接詮釋。但無論如何，政治現代化是現代化的範疇，是政治發展的目標之一，杭廷頓(Samuel P. Huntington)教授從政治意識來解釋比較明確，政治現代化的特色：其一是權威的理性化，即由單一的、世俗化的、全國性的政治權威，取代了各色各樣傳統的、宗教的、家族的、或種族的政治權威；其二是指新政治功能的分化，由各專業性的結構履行這些功能，並與政治領域分開；其三是社會各階層人士大量參與。(八)這個很明顯的把現代化與政治現代化的層次分開，前述所列現代化的內涵如都市化、工業化、傳播媒介等成長迅速，但政治現代化方面如權威的理性化、結構分化等則無進展，這樣的國家在亞、非和拉丁美多真比比皆是。所以筆者以為新興國家在現代化已小有成就後，想要邁向政治現代化的領域，能否突破分化(Differentiation)和平等(Equality)是重要的關鍵。綜合以上，政治現代化的概念應是：

(一)權威的理性化：完成國家整合。

(二)結構分化：行政、法律等非政治層面與政治分開。

(三)平等、民主、秩序的建立。

(四)大眾參與：包括決策、執行與反饋。

當前世界上開發中國家及部份共產國家，由於人民政治意識提高，或對「民主政治」有了新見識，政治現代化開始成為新的訴求，追求政治現代化的思潮有如波浪，一股一股上來。

參、政黨現代化的意義和面向

在現代化和政治現代化的過程中，政黨(廣義可含各種政治團體，但以政黨為最)往往發生重大作用，因為政黨常能推動政治現代化。就層次來說政黨也是國家體系的次級系統，或政治現代化的面向之一，所以政治現代化的概念都適用於政黨現代化，但須加上政黨本身的特性。杭廷頓(Samuel P. Huntington)指出政黨發展有四個階段：派系紛立期→

兩極化→擴張期→制度化。(九)觀察某些國家的政黨演進，如日本、歐美及我國，常是循著這四個階段來發展。故現在我們說政黨現代化，是指政黨已發展到第四階段－制度化的時期，而不指其前面的三個階段。依據政治現代化的標準，則政黨現代化應是：

(一)不論在野黨或執政黨，其法律地位平等。

(二)政黨的政見及執政人選必須受到民意支持，亦即現代化政黨應將基礎建築在民意上，失去人民信任，則不能執政。

(三)政黨的政見、候選人、幹部皆須經黨員同意，即黨內民主。

(四)政黨、政府、國家三者要有明確劃分，開發中國家的政黨，甚至某些已完成某種程度現代化的國家，最不易將三者分開。

前述從現代化討論到政黨現代化，舉一實例，蘇聯(Soviet Union)年平均每人 GNP 已達六四九〇美元(一〇)，都市化、工業化都達到相當程度，但她充其量不過是部份經濟現代化而已。但政治上出現極權政治，便不能稱之政治現代化，距離政黨現代化更有天人之隔。

肆、政治團體推動中國走向三層現代化

現代化、政治現代化、政黨現代化等三個層面的現代化(以下簡稱三層現代化)，無疑的也是中國從清季「同光變法」以來想要追求的目標。但中國的三層現代化是被西方列強衝擊後，不得已逼出來的，不推不動，由誰來推動呢？除人民自己組織政治團體外，實不做他想。蓋政治團體是少數優秀國民的組合，易於領導國民推行政治事務。故　中山先生說：

同此圓頂方趾，其思想智識能力不能一一相等，論者眾矣。是故有優秀特出者焉，……而實際左右其統治權力者，亦常在優秀特出之少數國民。……由此少數優秀特出者集合為政黨，以領導全部之國民。(一一)

中山先生所謂「優秀特出之少數國民」，即知識份子，亦是中國傳

統所謂的「讀書人」。看清季立憲團體、革命團體，及民國以後有所作
為的政黨，其核心階層大多知識份子。就中國傳統精神，讀書人具有不
畏強權，不受利誘，不為勢劫的氣魄，更有「為天地立心，為生民立
命，為往聖繼絕學，為萬世開太平」的雄心。現代學者對精英(Elites)有
系統的研究，認為他們在開發中國家的政治系統，其影響力是決定性
的。(一二)但個人的力量是不足，組織團體成為時代潮流所趨；同光的
洋務運動就是只有極少知識份子在推動，故難於成功，到戊戌維新運動
以後知識份子乃結成集團，通過共同的主張，宗旨或黨綱來達成現代化
的目標。圖四－一就是民初兩大政黨中優異份子結構圖。

　　清季立憲團體發展到垂危的宣統年間，憲友會、帝國憲政實進會、
辛亥俱樂部等所擬出的政綱已相當具有現代性。特別要指出的，近代史
上的政治團體雖多，但國民黨在各時期者是主要的關鍵團體，對推動三
層現代化實居於主導地位，尤其是五四新文化運動以後，以先總統　蔣
公為領導中心，以中國國民黨為全面帶動，所進行的北伐統一、訓政建
設、抗戰建國等一連串現代化運動，實即　中山先生所欲建設的現代化
中國。歸結一個較具體的範疇，中國近代政治團體所推動的三層現代
化，就是國防、財政、交通、法治、科技、教育、經濟、社會、文化、
政治等十個層面的現代化。(一三)當然這十個範疇並不能包含全部，因
為改變的是整個社會結構。

<u>圖四~一　國民黨與進步黨優異份子結構圖</u>

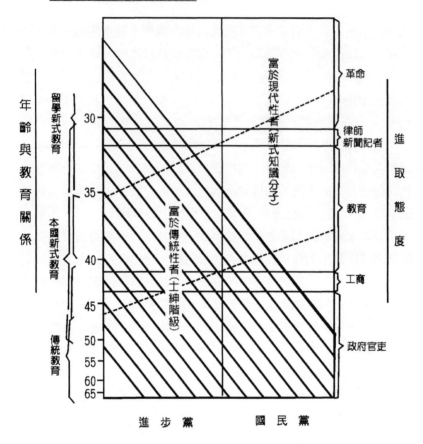

資料來源：張玉法主編，《中國現代史論集》第四輯，初版二印(臺北：聯經出版公司，民國七十二年二月)，頁一一八。

第二節　各時期政治結社與現代化

一般談中國現代化的歷史進程，區分五個時期：第一期是曾國藩等人領導的洋務運動，僅止於「器物層次的現代化」；第二期是康、梁等人領導的維新運動，已轉進到「制度層次的現代化」；第三期是　中山先生領導的革命運動，由於國民黨的建黨，中華民國的建立、三民主義

建國理想的提出，現代化運動有了創新與突破；第四期是胡適、陳獨秀等人所領導新文化運動，對中國傳統文化和德先生(Mr. Democracy)與賽先生(Mr. Science)的存疑批判；第五期是共產黨的社會文化大革命，實即「反現代化」的。(一四)但本節依據政治結社所標示的現代化主張與推行現代化的實況，擇各時期具有代表性的政治組織概述之。

壹、清季政治團體與現代化

清季現代化的動源來自立憲和革命團體，若無此兩種團體施加強大壓力，中國現代化不可能有進展。

立憲團體在光緒廿一年(西元一八九五年)到卅一年間，所倡導不外習外文、譯西書，求實學或革命舊惡習(如纏足)，從光緒卅二年到宣統三年以地方自治與促成立憲為目標。重要團體有：

康有為主持「中華帝國憲政會」，其綱領為：(一)尊重皇室，擴張民權；(二)鞏固國防，獎勵民業；(三)要求善良之憲法，建設有責任之政府。而梁啓超主持的政聞社是要求速開國會。(一五)

各省諮議局聯合會(宣統二年七月六日在北京成立)在七月八日舉行第二次會議，提十六議案，舉其要者：(一)預計地方自治經費，速開國會；(二)改訂全國鹽法、稅法、新幣制法、官制；(三)明定學位，以正教育宗旨；(四)修訂諮議局章程。這些議案，層經討論，大多經資政院通過。(一六)

載澤、陳寶琛、于邦華等人領導的帝國憲政實進會有下列重要主張：(一)尊重君主立憲政體，發展地方自治，鞏固憲政基礎；(二)建完善法律制度，振興實業，發達人民生計；(三)普及國民教育，移民實邊；(四)強化國際外交，等畫軍事，健足武備。(一七)其他如憲友會、辛亥俱樂部、政學會等所提均不出前述範圍。但由國內外立憲團體所組成的國會請願同志會，前後有三次大請願，對滿清政府構成極大壓力。無疑地立憲派的理想是透過和平改革，他們確信清朝有立憲的誠意，並

經由合法的競爭開放政權。

　　革命團體最重視的是在行動上推翻滿清，少注意到理論的建立。(一八)革命陣營堅決主張立憲必先革命，清廷立憲不過矇蔽世人，革命團體諸重要人物如章炳麟、鄒容、朱執信、胡漢民等莫不充滿民主共和思想，但其實踐必在滿清推翻之後。大體言之，立憲派追求體制內的制度化的建立，命派主張整個政治結構的改變，他們都是中國現代化的先驅者。畢竟中國的現代化是延誤了(到一九四九年止)，追本溯源到這些先驅者，另一立憲團體的主流思想家康有為是個爭議很大的人物。康氏依據《春秋三世》說主張變法而不革命，這是一種「儒教為體，立憲為用」的政治主張，有不少立憲團體抱持這樣的改革目標，如強學會、聖學會、粵學會(參閱第二章表二－七)，甚至絕大多數的立憲團體所持的政治思想是在此一範疇內，這亦與統治者利益有很高程度的結合。問題出在「儒教為體」，「雍乾以來，志節之士蕩然無存」。(一九)儒家思想成為禁錮人民思想心靈的利器，明末以後儒家思想也走向僵化，墮落之路，缺乏開創的生機。(二〇)康氏為立憲團體的領袖人物，但不能融會中外政治思想，遂成為民國之守舊與反動份子，當代學者批評其政治理想為「可嗤誕妄」。(二一)研究中國現代化運動的學者 Michael Gasster 認為儒教的價值系統影響及於社會、經濟、政治各層面，常被視為現代化的主要障礙。(二二)

　　而在革命團體方面，他們推翻滿清是階段目標，他們更想追求的是建立現代化中國，遂自異於滿人，積極的透過民族意識引發現代中國的民族主義，正說明了思想上急速的現代化。從發展(Development)的觀點來說是早熟了些，正好是杭廷頓(Samuel P. Huntington)理論的最早註腳：「急進的現代化……不能產生政治上的進步，反足以造成衰落。」(二三)

　　立憲與革命團體在中國現代化的起點上，雖然爭議頗多，但他們重大價值之一是促使滿清在垂危之年時，推出了九年預備立憲進程，具有民主政治、自由平等、主權在民等現代觀念。例如資政院和諮議局議員

的產生使中國人初嘗政治參與的滋味，為提高識字率而展開普及教育，為選舉而進行人口普查，為瞭解國力而清理財政。這些是現代化國家必具的條件，在立憲進程中已在實現，是中國現代化開始上路了。我們可以把預備立憲看成滿清政府、立憲與革命團體三個集團互動後，所推出來的第一個結果，現在我們用現代化的觀念來評估這個「果」，是很富現代性的。(二四)是故，中國現代化雖然延誤了，但其經驗是珍貴的，不論是立憲或革命團體，甚至滿清政府，他們推動現代化的理念與方法都深值珍視。

貳、民初政治團體與現代化

中華民國的誕生，無疑是滿清政府，立憲與革命團體三個集團互動後，所推出來的第二個結果。但從現代化的觀點看，中華民國又無疑的是個早產兒，而中國人民在辛亥一役，一夜之間由被統治者變成民國的主人，加以黨禁已開，紛紛組黨要推行「政黨政治」，即在現代化和政治現代化都沒有基礎之下，三級跳向政黨現代化。宋教仁不顧　中山先生的意見，堅持自己主張將中國同盟會變成公開的政黨，以推行政黨政治，並想藉此對抗共和黨(由統一黨、民社、國民協進會、國民公會等合併)及抑制袁世凱野心。胡漢民說：

右派以為武裝革命已告終了，應改為公開政黨，從事於憲法國會之運動。立於代表國民監督政府之地位，不宜附帶秘密之性質。左派則以革命之目的，並未達到，讓與袁氏，前途尤多危險，黨中宜保存從來秘密之工作，而更推廣之，不宜傾重合法的政治競爭，而公開一切，後來討論的結果，右派佔多數。(二五)

民初另一主張政黨政治最力者，尚有進步黨(共和黨、民主黨、統一黨合併成)，其領袖人物有黎元洪、梁啓超、湯化龍等人，湯氏是袁世凱的代理人，梁氏素主兩黨政治，黎氏亦同。在進步黨成立之前，黎氏通電：「政黨公例，以兩大黨對峙為原則，英之自由、保守，美之民

主、共和，互相提攜，同臻福利。」

　　既然當時各政治團體都主張政黨政治，則所謂「政黨政治」乃形成一股風潮，除前述國民黨和進步黨外，其他各大小政治團體幾乎都以現代化政黨自居。直到袁世凱、趙秉鈞等一班人暗殺宋教仁，及解散國會，中止政黨活動，民初政治現代化及政黨現代化的努力遂告落幕。分析其原因有：

　　(一)政治現代化及政黨現代化是逐漸發展的結果，絕非黎元洪一個通電或宋教仁所想的簡單。「英之自由，保守，美之民主、共和」等政黨，無不經歷將近百年的發展而成，彼等強求一夜誕生，無異做夢。

　　(二)民國初建，民主政治文化尚未形成，各政治團體亦未完成整合，不但內部混亂，而且各自尚堅持其民主或革命、自由或保守、專制或開放等不同理念，絕難妥協。因而造成政治不安定，民主政治不能推行的惡性循環。

　　(三)專制餘毒未隨革命而洗淨，統治者不容有相反意見存在，甚至監督政府亦屬大不敬；有的是由於民國的不安而引發對「真命天子」時代的懷念。此類團體以擁護袁世凱為其政治主張，例如國民協進會、國民公黨等將近三十個(參閱第二章表二－九)。

　　(四)袁世凱、黎元洪之輩對政黨政治不但無知且不誠，而梁啓超、宋教仁等政治領袖雖有政治理想，推其動機，不過滿足個人權利慾望，意圖獲得政治利益。(二七)

　　民初政黨現代化雖因早產而夭折，但在政治現代化的層面乃算小有成就。例如臨時參眾兩院選舉，大總統選舉、省議會議員選舉等，一方面可以瞭解政治團體受支持的程度，亦能知道民眾政治參與的覺醒。不論民眾或優異份子，都有求變的心理，因為現代化方向並未確定。「那茫然的群眾是孤苦無依的……中國繼續的變，追求一個理想的方向。」(二八)此種向前變遷的本身就是一種動力，保守與反動集團在邁向現代化的早期常還有操縱政局的力量，但就長遠來看，已受到前進力量的牽引，袁世凱與張勳的「現代化倒車」終究擋不住前進的思潮，被否定了。

參、北伐時期軍閥政治與政治團體的現代化

第二次世界大戰後，許多新興國家普遍有軍人干政的現象，引起學者的研究興趣。一項很重要的發現，軍隊高度的組織能力，將領與軍官團，在現代化過程中扮演重要的角色；社會要脫離俚人(Praetorain)統治的困境，有賴「智識份子的頭腦、軍人的槍、農人的選票」三者互動關係來決定；而開發中國家的軍人對政黨常是又愛又恨的。(二九)中國在北伐時期的軍閥與一些政治團體，也在相同背景下為中外學者研究的對象。

軍閥(Warlord)，就中國近代史的概念來理解，指民國初建後那批中央指揮不動的軍人。薛立敦(James E. Sheridan)教授認為軍閥是藉著不受外力控制的軍事組織，在一定的區域內行使有效的統治。(三〇)胡夢華先生認為是政治變遷中的畸形統治階級。他說：

> 在上層沒有民主政治，民國空有其名，不能指揮軍隊。在下層沒有民主勢力，民眾無組織、無能力，不能支配軍隊。……生殺予奪之權，一憑個人之喜怒好惡，這便是軍閥。(三一)

在先進國家，政黨稱「隱形政府」(Invisible Government)，透過政府的行政運作可以對軍人做有力的約束，而開發中國家的人民團體(尤指政治團體)幾乎成無組織與無能力狀態，只好被軍人當成鞏固政權的工具，要用招來，用完拋去。大部份政客所組織的政治團體，也為了滿足個人政治慾望或取得政治利益，乃與軍閥處在相互依存的關係之下。直言之，北伐時期這些軍閥與政治團體，舉其要者如皖系首領段祺瑞與安福系、憲政會、中和俱樂部等；直系首領曹錕與全民社、壬戌俱樂部、民憲同志會等廿餘政治團體；黎元洪與香爐頭條十六號等五個團體是御用關係；奉系首領張作霖與東三省議員俱樂部，新舊交通系等；唐紹儀與益友社(褚寓)；徐世昌與已未俱樂部等都是(參閱第二章表二－十

三)，有更多的國體只能稱投機政團，那裡有利益就為誰效命。當然在這個亂局中也有堅持理想的，如張繼、鄒魯等人所標榜的「純民黨系」，時人稱「忠於　中山，至死不變」，實在難得。(三二)

　　軍閥勢力得以坐大竊柄，顯然是辛亥革命後，君主政體崩潰導致忠君觀念的瓦解，新的國家觀念尚未建立，失去了效忠的對象，正好各自為政，遂導致民國初年分裂局面，其形象之壞，胡夢華先生稱「中國軍閥本身都是不學無術之徒，思想簡單，腦袋兒只存著黃金、美女、地位、名譽。」(三三)但其最大特徵是：政權與軍權不分，甚或軍權壓倒政權，控制利用所有可用的政治團體，稱之「軍閥政治」(Warlord Politics)。(三四)

　　從現代化、政治現代化、政黨現代化等各層面做對照論證，軍閥都是反三層現代化的。尤其對於政黨，真是又愛又恨，杭廷頓(Samuel P. Huntington)研究開發中國家一般軍人的心態，他們認為政治專搞分離，政黨是派系，政客是陰險腐化的，民意表達是刁民犯上，試圖不透過政黨治理國家；但另方面他們又需要政黨的某些功能，軍事領袖只好再成立無黨性組織，企以替代並履行政黨功能。(三十五)難怪費正清說：「軍閥是夾在傳統與現代之間的過渡人(Meninbetween)。」(三六)而那些形形色色的政治團體何嘗不是！

　　但一位知名的研究中國政治的學者白魯恂(Lucian W. Pye)，在其《軍閥政治》(Warlord Politics: Conflictand Coalition in the Modernization of Republican China)這本書中，對中國軍閥有很高的評價，他從西方民主政治崇尚多元與分歧的觀點，認為軍閥政治是一種公開而競爭的政治(Open and Competitive politics)，是中國走向現代化與政治發展過程中重要的環節，由於此種政治失敗，才導致中國走向一黨專政之途。(三七)很顯然的，白氏並不瞭解中國維繫兩千多年的大一統政治文化，而誤將「分裂」當成「多元」，又將西方的「多元」扣在中國「分裂」的帽子上，極為不當，對中國政治發展遭遇的困境亦未明察，殊為可惜。

　　中華民國自　中山先生建國以來，其最大目標是要使中國成為全面

現代化的國家。不幸，一路艱難困苦，到北伐時期同時面臨三個反現代化的頑敵：共產黨、軍閥、帝國主義。中國國民黨雖然在民國十七年完成北伐，統一全國，這只是完成初步的國家整合，其現代化路程尚遠。(中國國民黨±現代化過程中的角色變遷下簡述之)

肆、抗日與勝利後的政治團體與現代化

本項的抗日時期正和訓政時期幾乎重疊，此期間是我國百餘年來最重要的現代化和政治現代化關鍵，故於第四節專節論述。

抗戰勝利後，我國一方面外患已除，再者由訓政的良好基礎邁向憲政時期，本可由現代化→政治現代化→政黨現代化的歷程繼續建設，從下列三點可以看出我國到了勝利後時期，政治現代化和政黨現代化似已達到相當程度：

(一)人民已有組黨結社自由，並能公開活動。當時的政治團體已達一一五個(參閱第二章表二－二一)，黨派林立，政治活動頻繁，似有「政黨政治」的態勢，故也稱我國政黨政治的第三次試驗。

(二)按現代政黨構成要素的標準來衡量。(三八)勝利後的一一五個政治團體中，大約有四十個團體稱得上政黨(已粗具領袖、幹部、黨員、黨綱、組織、黨紀等要素)。(三九)

(三)勝利後的選舉如總統、副總統、民意代表等，各政治團體已能積極提名參選，依民意基礎來決定執政黨派。

但是，我國的現代化運動終究沒有突破政治瓶頸，成為政治現代化早產後的死嬰，分析其原因，除中國共產黨叛亂外，就政治團體來說應有下列原因：

(一)就人的要素而言(領袖、幹部、黨員)；除了極少數政黨(如國民黨、民社黨、青年黨等)以外，絕大多數政治團體的「人」並不知民主政治為何物。其不過是「政治上的贅症，別風淮雨中的落絮，談不上甚麼黨甚麼派」。(四〇)

　　(二)就法的要素言(組織、黨綱、黨紀)：分析張樸民先生編《中國黨派》一書，勝利後的百餘黨派，有許多在組織和黨紀方面，仍然是很「專制或封建」的，但在黨綱中充滿著民主政治的常用詞彙，如自由、平等、人權等，這顯示現代化和政治現代化都沒有基礎，就一味追求政黨現代化。

　　勝利後的政治團體並非都對中國現代化歷程無益，中國國民黨能領導其他政黨制憲行憲，無疑是最大貢獻，而造成現代化運動夭折的原因，應如杭廷頓說的，急速的現代化，不能產生政治上的進步，反足以造成衰落。(四一)這些政治團體對現代化、政治現代化、政黨現代化的進程上若有甚麼貢獻，其間的經驗教訓是很珍貴的。

第三節　中國國民黨與中國現代化歷程

　　「如果說，沒有本黨結合全國仁人志士致力國民革命，則近代中國的歷史和現代化的過程，其將如何？如何能有中華民國屹立於世界？如何能為保全民族生命而持續發展？又如何能有今日全民希望所寄的立國根基，和全民支持的反共復國團結中心？」(四二)這是中國國民黨主席蔣經國先生於民國七十一年二月三日在中央常會所講，我們要特別體認的，是中國國民黨在領導、帶動中國的全面現代化運動，為甚麼只有這個黨能？其他黨就不能呢？是值得我們用特殊而公平的眼光來析論的。

壹、現代化的三大目標

　　假如說一部慘痛的中國現代史，就是一部中國「現代化」史，則中國國民黨在中國現代化過程中，始終就是主導的推動者，而三民主義是這個全程中的指針；其民族、民權、民生，就是中國現代化的三大目標。　中山先生說：「打破舊思想，大略的講，便是拿一種主義做標準。」(四三)這個標準就是三民主義。因為，三民主義是承繼中華文化道

統，針對西方資本主義、帝國主義、共產主義、社會主義及近代歐美各種主義之弊病加以糾正與創新而成；具有法國「自由、平等、博愛」的精神；與美國「民有、民治、民享」同義；是倫理、民主、科學的結晶，這是三民主義的「現代性」的本質，再從民族、民權、民生三者論述其現代化之特性。

一、現代化的民族主義

　　當代社會學者探討民族主義，發現其內涵有：

　　(一)民族主義的主要核心是國家的自立自強，各方面不依賴他國，不受他國侵犯；更不侵犯他國；再進而幫助他國。

　　(二)民族主義另一內涵是維護自己優良傳統，不致失去民族自信心和自尊心。

　　(三)強調共同的政治、經濟及文化理想，為全國民眾提供相同的認同對象，產生凝聚與團結的作用。(四四)

　　中山先生的民族主義，主張國內外各民族一律平等，並進而協助弱小抵抗強權，尤其想用民族主義來恢復民族自信心和民族地位，又想用民族主義做動力來完成中國的國家整合，邁向現代化。民族主義的內涵，實即現代化國家的內涵。這些在　中山先生講民族主義一－六講中，不難觀察得出。

二、現代化的民權主義

　　按本章第一節論述，政治現代化應有三個標準：平等參與、結構分化、權威理性化。現在依此標準略述　中山先生的看法。

　　(一)民權主義的平等參與：以全民政治理論，為其平等參與的核心觀點。一國之內不分種族，都有相等的政治權利和義務，並進而是「主權在民」的直接民權，「用四萬萬人做皇帝」，才是平等的全民政治。(四五)但這個平等並不是一步登天的，透過政黨政治、建國三程序、地方自治來完成。

(二)民權主義的結構分化：現代國家重要特徵是政治建制和組織的高度分化， 中山先生是利用權能區分來完成，「權」屬於人民，「能」屬於政府，經由這個途徑設計出五權政府，各司其職。

(三)民權主義的權威理性化：透過萬能政府的設計，使五權分立的政府成為一部完善的政治機器，雖曰萬能，但人民並不害怕會影響到人權保障。「人民分開了權與能，才不致反對政府，政府才可以望發展。」(四六)權威理性化之後，政治系統(即政治機器)的能力乃提高。

在民權主義的理念中，平等參與、結構分化、權威理性化是一個整體的，可以解決開發中國家的難題，合乎政治現代化的發展過程，順利達到現代化的各個目標，而不會走向暴民政治或專制政治。

三、現代化的民生主義

現代國家最重要的目標是完成「福利國家」(Welfare State)建設，這亦是我國固有大同思想中最理想的國家。(四七)而「民生主義的建設是從小康進入大同的階梯，我們革命建國的事業要踏著這一階梯向前進步，就可以到達自由安全社會即大同世界。」(四八)民生主義的完成才是三民主義全部完成，亦可視為現代化的目標。

三民主義是中國國民黨建黨將近一個世紀以來，所堅持遵循的主義，因為整體的現代性，與分化後民族、民權、民生亦有現代性，乃成為中國邁向現代化的思想指導。

貳、三個國民革命時期便是三個現代化階段

探究中國國民黨與中國現代化的關係，則先總統 蔣公劃分的國民革命二期，與 中山先生所制訂建國三期，大體上可視同中國現代化的三大階段。(四九)

一、自壬辰至辛亥凡二十年，以黨建國階段

此時期中國國民黨革命之主要目的，是推翻滿清，建立民國，中華民國的誕生是中國現代化的轉捩點，此時已初步解決民族、民權現代化

問題，而向民生的現代化邁進。「民族、領土、軍政、內治、財政」的統一後，「滿清時代辱國之舉措，與排外之心理，務一洗而去之，與我友邦益增睦誼，持平和主義，將使中國見重於國際社會，且將使世界漸趨於大同。」(五○)配合民主共和國誕生後不久，中國國民黨也由革命黨改組成普通政黨，率先推動中國有史以來第一次政黨政治。 中山先生亦以黨魁之尊，到處演講政黨政治之理論與實務，並開始推動民生與社會工作，傳播現代化的種子。

二、自辛亥革命至抗戰勝利凡卅四年，以黨治國階段

　　前述以黨建國階段，可視爲「革命時期」、「軍法之治」的現代化；此時期以黨治國階段，可視爲「訓政時期」、「約法之治」的現代化。民國初建，傳統的內外舊勢力形成現代化強大而頑固的障礙，亦賴中國國民黨領導軍民逐一掃除，例如袁氏帝制、陳　明叛變、軍閥割據、剿匪、對日抗戰等。對政治現代化的建設不遺餘力，雖有重重阻撓，也以大無畏的精神完成之，略舉大要如后：

　　(一)民國元年制定中國民國臨時約法，二十年制頒訓政時期約法，廿五年公布中華民國憲法草案，卅五年完成制憲大業，次年行憲。中華民國歷經卅五年之顛躓，始得進入憲政時期。

　　(二)由　中山先生手著完成的現代化經典作品

　　中山先生於民國元年中國國民黨改組成普通政黨後，開始有關政黨政治的演講達七十篇(參閱第三章第四節)。民國六年手著《民權初步》，七年著《孫文學說》，九年著《地方自治開始實行法》，十年發表《實業計劃》，十二年手訂《建國大綱》，十三年演講三民主義。這些都是國家邁向現代化的建設依據，其中《三民主義》被稱爲世界四大寶典之一。

　　(三)由　蔣公正繼承遺烈，繼續推進現代化建設

　　民國十七年頒布「中國國民黨訓政綱領」進入訓政建設，廿三年發起「新生活運動」，廿四年發起「國民經濟建設運動」，發表〈總理遺

教六講〉，發表〈總理遺教六講〉，廿八年策定「三民主義之體系及其實行程序」，卅二年手著《中國之命運》，卅四年策定「和平建國方針」。這些現代化的實踐方案，若非俄帝和中共聯手杯葛與破壞，中國早蒙其福。

三、自抗戰勝利後，以黨興國階段

抗戰勝利後，中國國民黨所致力之現代化目標，是行憲與滅共雙重現代化。此時正如蔣公所說：

> 我對於結束訓政實施憲政以完成建國大業的希望，在此三十年之間，是沒有一時一刻亡懷的，我們革命建國的奮鬥是為國為民，是要實行三民主義和五權憲法的民主政治，這是我們革命的最後目標。……中國國民黨自民國二十年受國民會議的委託以行使政權，國民政府根據訓政時期的約法以行使治權，在這十餘年中間，沒有一天不兢兢業業，如重負之在身。（五一）

可惜旋不久，憲法初頒，行憲伊始，共黨叛亂，大陸淪陷，中國現代化工作不幸中斷。中國國民黨的現代化工作再進入「以黨興國」階段，第三期國民革命任務，亦是推動全面進入現代化，使全體中國人享受到現代化果實的階段。

參、中國國民黨的中國現代化目標

一般稱「現代化」是社會變遷的過程，沒有「人」和「主義」的導引，亦不凸顯出一個鮮明的「目標」，換言之，較強調「自然」的變遷和「過程」，這是因為西方現代化背景不同使然。但中國國民黨所稱的現代化稍有不同的理念，他有偉大的領袖和完美的主義做導引，並擬出一個超越現有世界水準的目標，不顧一切橫逆阻斷都要向此目標前進。

中國國民黨的中國現代化目標為何？ 中山先生在民前六年(西元1906年)說，民族、民權、民生都完成革命後，「中國當成為至完美的國家」；(五二)民國十年指出，要用三民主義做工具，把中國造成一個新世界。(五三)民國卅二年 蔣公發〈中國之命運〉又說明建國的目標是「心理、倫理、社會、政治、經濟五項建設」；(五四)四十二年發表〈民生主義育樂兩篇補述〉再指出未來三民主義的社會是自由安全的社會，也就是大同社會，要到達這個目標「我們不能放任社會的自然發展」。(五五)這些都說明了中國現代化是在三民主義的指引下，有目標有計劃的前進。但把現代化目標明顯的標示出來，是 蔣公在民國五十二年十一月先後主持中國國民黨第九次全國代表大會及 總理紀念週講〈我們復國的精神志節和建國的目標方略〉文中，所揭櫫的建國目標、步驟和內容，就是中國現代化的整體計劃和目標。(五六)略述如後：

一、建國的目標，分三程，依序完成：

(一)遠程目標：弘揚三民主義於世界；實現《禮運·大同篇》的政治境界；保障全人類永久的自由、和平、福祉。

(二)中程目標：實行三民主義於全國；達成民族獨立，民權平等，民生康樂的境域；儲備科學人才，提高教育質量，作育現代國民，建立現代社會，使中國躋於有進而無退，一治而不復亂的境界。

(三)近程目標：進一步擴建三民主義模範省的建設；隨軍事進展，推行以三民主義為中心的戰地政務；徹底摧毀匪偽組織，徹底消滅共產餘毒，徹底實現三民主義：從頭做起，從新建設，奠立人民現代生活的基礎，預防共匪死灰復燃的禍因。

二、建設的步驟，分三步發展達成：

(一)新的教育－新的國民－新的鄉村－新的社會－新的國家(由內而外，逐層發展)。

(二)從民生安定的基礎上，實現健全的民主憲政(亦即由光復初期的

軍法之治，兼行地方自治，達成憲法之治。)

　　(三)由戰地政務的管、教、養、衛，到全民政治的民有、民治、民享(亦即由金馬地區的政治形態，進於臺灣地區的政治形態，再進而促致三民主義倫理、民主、科學的全部實現)。

三、建設的內容：要完成五項現代化：

　　(一)現代化政治(實現有組織的民主、有紀律的自由、人民有權、政府有能的憲政體制)。

　　(二)現代化經濟(實現自由、樂利、均富的目標，貫徹利用、厚生、正德，以養育、保健爲主的民生經濟)。

　　(三)現代化社會和現代化生活(以育樂兩篇爲藍圖，以新生活爲起點，實現繁榮進步、禮節和樂的社會生活)。

　　(四)現代化教育(以民族精神教育爲基礎，作育智、德、體、群的健全青年，貫徹倫理、民主、科學三民主義的文化建設)。

　　(五)現代化國防(擴展武力與國民結合，民生與國防合一的軍事建設)。

　　這一幅美麗幸福的遠景，正是中國國民黨爲中華民國設計的現代化藍圖，不僅是近程的「現代化」，更是中程的「一治而不復亂」，和遠程的「永久自由和平」。中國要完成這個全程的現代化，僅賴中國國民黨而已。

　　再從另一觀點探討，中國國民黨不但是建國政黨，而且是長久受人民支持的執政黨。回顧民國建立到大陸淪陷的卅八年間，中國國民黨約有八年失勢在野，這在野期間曾經兩度在國會中扮演反對黨角色。第一次是民國元年四月到民國二年十一月，第二次是民國五年八月到民國六年六月。但在當時，中國並無執政黨，國民黨在國會中與其他黨派抗爭的是原則，其他黨派爭得是現實。(五七)觀察中國近代史，凡中國國民黨能順利執政時，常能掃除內憂外患，積極推動現代化建設，民生樂利，國際讚嘆；反之，則內政紛亂，外力入侵，導致現代化建設停擺。

這是中國現代化必須由中國國民黨來推動的另一理由。　蔣公在《中國之命運》一書中說：

如果中國國民黨革命失敗了，那就是中國國民家整個的失敗。簡單的說：中國的命運，完全寄託於中國國民黨。如果中國國民黨沒有了，或是失敗了，那中國的國家就無所寄託，不僅不能列在世界上四強之一，而且就要受世界各國的處分。從此世界地圖上面，亦將不見中華民國的名詞了。（五八）

這是中國國民黨與中華民國一種血濃於水的關係，又由於中國國民黨有受人民支持的執政經驗，有完美的主義，有周詳的計劃藍圖，有鮮明而可致的目標，有偉大的精神領袖，必能站在時代的前面，主導中國走向現代化。

第四節　訓政時期的政治現代化建設

訓政時期是中國國民黨依據　中山先生的設計，積極輔導及教育人民，推行自治訓練，以順利邁向憲政的基礎，在政治現代化的建設上，以訓政最為重要，故本節暫不論軍政與憲政。我國訓政是由中國國民黨所主導，也是各黨派所支持的建國大業，常稱之「一黨訓政」或「以黨訓政」。(五九)此種構想的必要性，　中山先生有說明：

訓政二字，我須解釋，本來政治主權是在人民，我們怎麼好包攬去做呢？……這種辦法，事實上不得不然。……須知共和國皇帝就是人民，以五千年來被壓迫做奴隸的人民，一旦抬他作起皇帝，定然是不會作的。所以我們革命黨人應該教訓他，如伊尹訓太甲一樣。(六〇)

顯見訓政是建國必經過程，亦為中國近代由一個政黨所領導，其他黨派所支持，有計劃的大規模進行政治現代化建設，對中國的現代化運動有巨大的影響。

壹、訓政思想的淵源與中國現代化的關係

中山先生的訓政思想除了淵源於伊尹訓太甲外，又說：「我這個訓字，就是從伊訓上訓字用得來的。」(六一)連名詞亦採用古例，訓政思想實為中國所固有。但 中山先生也參酌各國政治發展中的訓政經驗，例如美、法諸國在達成憲政之前都有一段過渡的訓政期，用以訓練人民行使政治權利。特別是美國對菲律賓的訓政為 中山先生所稱道，美國於1898 年自西班牙手中取得菲律賓宗主權，麥金萊(Mickinley)總統聲明：「菲人現無獨立能力，迄真正獨立時期到來為止，美國有義務保護菲人。」實施軍政府統治。一九一六年美國國會通過約翰法案(Jones Law)擴大菲律賓自治權，並保證「菲政府穩固後，即承認菲國獨立」，後於一九四六年七月四日正式獨立。(六二) 中山先生在世正值美國在菲島實行訓政初期，乃取為參考，蓋因中國經過數千年專制統治，而被征服之亡國民族，一日革命光復，欲達憲政，必經訓政一途，舍訓政斷無速達之路，故 中山先生說：

美國之欲扶助菲島人民以獨立也，乃先從訓政著手，以造就其地方自治為基礎，至今不過二十年，而已丕變一半開化之蠻種，以成為文明進化之民族。今菲島之地方自治已極發展；全島官吏，除總督尚為美人，餘多為土人所充任，不日必能完全獨立。將來其政治之進步，民智之發達，當不亞於世界文明之國，此即訓政之效果也。（六三）

中山先生又說：「民國之主人者，實等於初生之嬰兒耳；革命黨者，即產此嬰兒之母也。既產之矣，則當保養之、教育之，方盡革命之責也。」(六四)吾人靜心人類數千年來的政治發展過程，從神權、君權到現代民權時代，當國家要從傳統君主或專制政體走向現代民主政體，常非一蹴可及，而是要經過一個過渡期。 中山先生設計「以黨訓政」的訓政時期，原來有其古今中外的歷史經驗淵源，亦有其政治發展上的道

理。

　　知訓政之必要，但何謂「訓政」(Political tutelage)？意指政治的教育、指導和監護，其目的在藉政治教育和訓練，袪除數千年的專制奴性，培養人民政治素養和自治能力，俾能直接參與政治，合於現代民主風範之國民。用現代名詞稱之，訓政就是政治社會化(Political Socialization)，不過西方言政治社會化純就政治學習和政治教育而言，不論及現實政治環境是否民主；但　中山先生的訓政因與爾後「訓政時期」的現實環境有關，易被誤解成中國國民黨「黨治」，實際上訓政指政治社會化，與「黨治」概念不同。(六五)

　　訓政一詞亦隨中國國民黨各時期變遷而不同，但概念相同，脈絡一貫。同盟會時期稱「軍法、約法、憲法」三程序，中華革命黨時期提出「軍政、訓政、憲政」之治，中國國民黨時期是軍政(含訓政)、憲政。民國十三年　中山先生感於民國建立以來，只得個中華民國的虛名，實則政治、經濟犖犖諸端無所進步，分崩離析之禍日深，除改組中國國民黨外，更擬訂以三程序為骨幹的建國計劃書－《國民政府建國大綱》。(六六)中國現代化的三程序到此確立。

　　開發中國家在面對傳統與現代化之間的矛盾和衝突時，如果改革或調適不當，常會帶來政治與社會的動亂，甚至面臨解體的危機。白魯恂(Lucian W. Pye)就曾指出，要使傳統社會快速邁向現代化之路，採取某種形式的訓政(Political tutelage)是不能避免的。(六七)他說：

　　貿然給文盲和缺乏安全感的民眾打開政治參與的大門，會很容易就瓦解掉政府的行政功能。發展中地區要建立有效率的行政系統是很艱鉅的，這些社會若要避免再次革命的動亂，繼續向現代化目標前進，政府就必須採取強硬的手段來統治。(六八)

　　綜上所述，訓政是要人民透過有計劃的學習，懂得如何過民主生活，懂得如何參與國政，使國家的政治活動有秩序地運作；就訓政主體

而言，是有計劃、大規模的進行政治社會化，非經此一過程，不能順利
進入憲政階段。是故，訓政制度是我國邁向現代化與政治現代化必經步
驟。

貳、訓政時期國家整合的建立

在衡量政治現代化的三個標準：國家整合、結構分化、平等參與三
者之中，最要者爲國家整合，因其若不能首先粗具整合規模，後兩者終
究不能達成。

國家整合亦直接影響政治合法性(Political Legitimacy)的形成，而政
治合法性也直接關係到政治安定(Political Stability)，此三者也有「良性或
惡性關係」，亦以國家整合爲首要。政治合法性者，乃指人民對現存政
治系統的認同與評價程度；政治安定者，是指政治系統在既定規範結構
(Normative Structure)上能持續性正常運作的狀態。(六九)

國家整合居於如此重要的地位，故開發中國家邁向政治現代化的過
程中，首先要達成的便是國家整合。而最大的困境亦是國家整合，例如
種族主義(Ethnocentrism)的困擾、多元性語言(ethnic － Linguistic
Diversity)的障礙、地域觀念(Regionalism)的衝突、歧異的宗教信仰、歧
視性的社會階級等，全都是政治現代化的障礙。(七○)　中山先生設計
訓政制度，中國要透過訓政的實行來達到政治現代化，第一步當然從國
家整合下手。所謂「國家整合」(National Integration)，乃是強調領土內「次
級團體」(Subgroups)間，或是「內部結構」相互依存關係逐漸增強的過
程。(七一)可見國家整合程度愈高，整個社會系統就愈呈現安定的狀
態。其關係可用圖四－二表示：

圖四~二　社會系統整合與安定的相關性

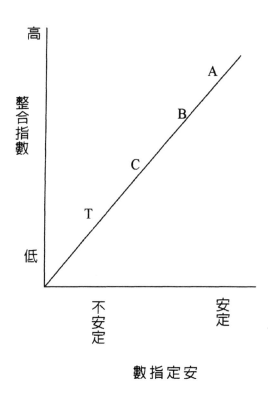

數 指 定 安

資料來源：江炳倫著，《政治發展的理論》，五版(臺北：臺灣商務印書館，
　　　　　民國七十四年三月)，頁九九。

　　要解決國家整合的途徑真是經緯萬端，亦非一朝一夕，因為它只
是一個「過程」，永遠不可能「絕對」整合完畢，在軍政、訓政、憲政
三個過程中各有不同整合的程度與作用。解決國家整合的途徑，不外自
主性的同化，國家認同感的建立、價值共識的形成、溝通能力的培養、
精英份子的整合、平等的政策取向、合法性的增強、法律的運作、武力
的整合、獨立自主的發展、有效率的政府等方面。(七二)而落實在訓政
時期的具體作為，應有下列各端：

一、政治符號(Political Symbol)的增強

　　政治符號是一種使用政治力量的工具，例如國家、民族、種族或意識形態等，其構成是基於「社會流行信念」，鑄為群眾嚮往的標誌，由之刺激群眾情緒，使之發生輸誠效忠之反應，實為直接左右群眾信仰與行為，達成政治目的之有效工具。(七三)現代國家為達成國家整合莫不加以運用，我國在訓政時期新建或增強者有：

　　(一)國旗：定為紅地左上角青天白日，規定在民國二十年公布的中華民國訓政時期約法，廿五年的「五五憲草」，卅五年的「政協憲草」等處，最後定於憲法第六條，成為中華民國的精神表徵。

　　(二)國歌：經多年討論，在民國廿六年六月三日由中央常務委員向第五屆中央常務委員會第四十五次會議建議，以黨歌作為國歌，經會議決定：「即以現行黨歌為國歌。」(七四)

　　(三)國父：民國廿九年國民政府表揚先生，手創民國，功高萬世，凡我國民，報本追遠。宜表尊榮，通令全國尊稱先生為中華民國國父。(七五)

二、從「以黨治國」到「訓政時期約法」

　　「以黨治國」的政策，在中國國民黨於民國十七年十月三日的中央常務委員會已決議，並通過「訓政綱領」為訓政約法頒佈前的準備大法。民國廿年六月一日由國民政府頒佈中華民國訓政時期約法，該法有綱、人民之權利義務、訓政綱領、國民生計、國民教育、中央與地方權限、附則等八章，計八十九條。(七六)真精神在闡明訓政制度，並規定中國國民黨全國代大會代表國民大會行使政權，人民應受四權訓練國民政府時期的國家根本大法，一切國家建設都導源於此。

三、建立五院政府

　　訓政綱領制定之日，中國國民黨中央常務委員會復通過「中華民國國民政府組織法」十月八日由國民政府公佈，組織法訂國民政府、行政

院、立法院、司法院、監察院、考試院等章。國民政府成立後的人選如
下：

　　國民政府主席：蔣中正

　　行政院院長：譚延闓；副院長：馮玉祥

　　立法院院長：胡漢民；副院長：林　森

　　司法院院長：王寵惠；副院長：張　　繼

　　考試院院長：戴傳賢；副院長：孫　科

　　監察院院長：蔡元培；副院長：陳果夫(七七)

四、制訂憲法

　　憲法是現代國家不可或缺的根本大法，故民國建立以來始終汲汲於
制憲大業，不論政府或學者專家無不致力制憲，已出現十一部憲法(不
含我國現行及中共纂制的憲法)。(七八)中國國民黨領導推行訓政，制憲
亦為重大政治任務之一。民國廿五年五月五日國民政府公佈「中華民國
憲法草案」(五五憲草)，卅五年一月卅一日政治協商會議通過「中華民國
憲法草案」(政協憲草)，十一月廿三日國民政府修訂，廿七日送國民大會
制定，卅六年一月一日國民政府公佈，十二月廿五日正式行憲。

五、掃除國內外一切叛亂與侵略陰謀

　　國家整合過程中，以國土分裂為最大障礙。抗戰前十年的訓政已大
有可為，故稱「黃金十年」(Goldendecade)。但因外患內亂接踵不息，亦
稱「艱苦十年」(Strennous decade)，內亂如民國十八年有桂系叛變、馮玉
祥興兵作亂、中原大戰，廿二年馮玉祥在張家口舉兵割據運動、李濟琛
與陳銘樞在福建成立「人民政府」，廿五年張學良武裝劫持蔣公爆發西
安事變、李宗仁與陳濟棠叛變等本在大舉入侵中國前已有「五三慘案」、
「九一八事變」為導火，終於爆發民國廿六年的中日大戰。但這些內亂
外患都不能阻擋中國要完成國家整合的決心，到卅四年勝利已算整合告
一段落。惟中共死灰復燃，藉機坐大，導致神州沉淪，誠屬中國之大不

幸。

六、廢除不平等條約

　　廢除不平等條約乃隨國家整合之逐步達成而實現。例如英國於民國十六年歸還九江。十八年還鎮江，十九年還威海衛，卅一年廢除在中國的治外法權，卅二年重訂中英平等新約。此不過舉其要者。　蔣公在《中國之命運》一書上說：「不平等條約撤除的光榮紀錄，是我們中華民族歷史上起死回生最重要的一頁。」(七九)更是中國邁向現代化重要的一步。

七、發起新生活運動

　　民國廿三年初，　蔣公鑒於社會道德敗壞，風氣萎靡。決定仿照德、日之制，使國民生活軍事化，應合國家在戰時之需要。(八〇)乃倡導新生活運動，二月十九日在南昌講〈新生活運動之要義〉，並成立「南昌新生活運動促進會」，未幾擴及全國。運動第一年以軍事化為主，第二年輔以國民經濟建設運動，第三年再加入文化活動，中國長處戰亂，新生活運動對國家復甦、剿共和抗日的勝利都幫助很大。民國廿八年(昭和十四年)日本首相阿部信行就說：「中國有三件不可輕視的大事，就是整理財政、整理軍備和新生活運動」。(八一)亦可見新生活運動對國家整合有極大影響力。

　　訓政時期的國家整合建設是全面的，從武力到非武力，從物質到精神，目標是完成訓政，到達憲政，使中國成為一個現代國家。尤其現代政府組織的建立，現代國防武力的整備，及民族精神和固有道德的重建等，都使我們看見一個有現代蓬勃精神的中華民族在成長。

參、訓政時期政治參與之途徑

　　「政治參與」(Political Participation)的界說很多，此處引用杭廷頓

(Samuel P. Huntington)的見解，他認為政治參與是人民企圖想要影響政府製訂政策的活動，包含人民個別和團體的活動均屬之，前者可稱「自願參與」(Autonomous Participation)，後者可稱「Mobilized Participation」。(八二)同時此種政治參與亦為發展的副產品(By － Productof Development)、發展的手段(Meansto Development)和發展的目標(Goalof Development)。(八三)可見政治參與是所有開發中國家必須面臨且須適宜處理的問題。 中山先生處理這個問題採用漸進的建國三程序，而訓政時期的政治參與，其先期工作在普遍提高全民教育水準，進而提供中央與地方的參政管道，其具體作為應有下列各端：

一、提昇全民教育水準

教育是國家百年大計，復國建國救國大業必須從教育著手，先總統蔣公在訓政時期關於教育的演講都闡明此一精義。表四－一可見訓政時期教育建設之斑：

表四~一 訓政時期各級學校校數與人數的增長

年度　學校數量	十八年度		廿五年度		三十年度		卅五年度		備考
	學校數	學生數	學校數	學生數	學校數	學生數	學校數	學生數	
小學	23.385	8.882.077	318.797	18.285.125	224.340	14.999.712	289.316	2.368.492	(成人)
補習(班)					122.615	4.540.969	150.870	5.591.967	
中學	1.225	244.668	1.956	482.522	2.060	703.750	4.266	.495.874	
專科	26	7.803	30	4.592					
職業	231	26.659	494	56.822	344	51.557	724	137.040	

| 大專 | 50 | 21.320 | 78 | 37.330 | 83 | 46.851 | 117 | 110.119 |
| 研究所 | | | 22 | | 36 | 333 | 51 | 319 |

本表參考顧靜弟撰；訓時期政治建設對中國政治現代化的影響(政治作戰學校政治研究所，碩士論文，民國七十四年九月)，表ぃ　一至ぃ　二有關資料編成。

本表參考顧靜弟撰；訓時期政治建設對中國政治現代化的影響(政治作戰學校政治研究所，碩士論文，民國七十四年九月)，表5　1至5　11有關資料編成。

訓政時期中國境內一切硬體設施飽受日本摧殘，軍民百姓的犧牲傷亡不計其數，我國仍一面抗戰，一面建國。表四－一所列數據因受戰爭破壞，消長甚大，但從民國十八年度到卅五年度，小學校數增加約十倍，學生數增加三倍；中學校數約增加十二倍，學生數約增加七倍；職業學校數約增加三倍強，學生數約增加六倍；大學校數約增加兩倍強，學生數約增加五倍，教育建設有很大績效，全民教育水準自然提昇。

二、推行地方自治

訓政時期約法第廿九條規定：「地方自治依建國大綱及地方自治開始實行法之規定推行之」。(八四)關於如何進行地方自治，在實行法中規定六項準備工作：清戶口、立機關、定地價、修道路、墾荒地、設學校等目；如有成效，得推及農業、工業、交易、銀行、保險、運輸等事業。(八五)建國大綱規定縣為地方自治單位，省立於中央與縣之間，以收聯絡之效。(八六)地方自治團體有政治、經濟等諸多機能，但在滿足人民政治參與方面，以達成省、縣自治，人民自組地方政府與民意機構為要。依據統計，到民國卅六年十一月止，全國省縣民意機關成立情形，有省立參議會廿八個，未成立者十二個；縣市局參議會有廿八個，未成立者十二個；縣市局參議會有一四六六個，僅臨時參議會者三〇〇個；有鄉鎮民代表會者三二、〇八四個，有保民大會者四〇五、二九四

個。(八七)這些都是人民滿足政治參與的重要途徑。

三、召開國民會議

民國十三年 中山先生發表〈北上宣言〉，主張由當時的九種人民團體組成國民會議，商討中國之統一和建設(參閱第二章註四六)。後因先生逝世，軍閥割據與匪亂等因素而延誤，直到民國十九年十一月十二日中國國民黨第三屆中央執行委員會第四次會議，始通過遵照總理遺囑，定期召開國民會議。

民國廿年元旦國民政府頒布「國民會議代表選舉法」，共廿三條，規定國民會議代表總額為五百二十名，由各省選出者四百五十名，各市選出廿二名，蒙古選出十二名，西藏選出十名，在外華俺選出廿六名，如下列表四－二國民會議代表名額分配表：

按國民會議代表選舉法，各省對於各團體代表總額，多採平均分配制，如江蘇省應選出代表總額為三十人，遂將三十平均分配於下述五種團體，各得六名：(一)農會、(二)工會、(三)商會及實業團體、(四)教育會、國立大學、教育部立案之大學及自由職業團體、(五)中國國民黨。惟有特殊情形者，不用均分制。(八八)國民會議於民國廿年四月陸續選出，經國民政府公告當選者四九五名，缺額廿五名。(八九)五月五日會議如期在南京中央大學禮堂召開，其最大任務在通過訓政時期約法，十七日圓滿完成任務，國民會議於焉結束。

表四~二 國民會議代表名額分配表

地區	名額	地區	名額	地區	名額	地區	名額	
江 蘇	30名	浙 江	24名	廣州市	3名	歐 洲	1名	
安 徽	20名	江 西	28名	上海市	5名	朝 鮮	1名	
河 北	30名	山 東	30名	北平市	3名	大溪地	1名	

山　西	12名	河　南	30名	漢口市	3名	荷　屬	1名	
福　建	14名	湖　北	29名	青島市	1名	檀香地	1名	
湖　南	30名	廣　東	30名	天津市	3名	智　利	1名	
廣　西	11名	陝　西	17名	哈爾濱市	1名	古　巴	1名	
甘　肅	7名	新　疆	5名	菲律賓	1名	中　美	1名	
四　川	30名	雲　南	12名	秘　魯	1名	馬　來	2名	
貴　州	11名	遼　寧	15名	墨西哥	1名	緬　甸	1名	
吉　林	5名	黑龍江	5名	美　國	2名	暹　羅	2名	
察哈爾	5名	綏　遠	5名	加拿大	2名	日　本	1名	
熱　河	5名	青　海	5名	印　度	1名	澳　洲	1名	
寧　夏	5名	南京市	3名	安　南	1名	非　洲	1名	

資料來源：郎裕憲、陳文俊編著；中華民國選舉史(臺北：中央選舉委員會，民國七十六年六月)，頁一六八――一七〇。

資料來源：郎裕憲、陳文俊編著；中華民國選舉史(臺北：中央選舉委員會，民國七十六年六月)，頁一六八――一七〇。

四、召開國民參政會

　　國民參政會是抗日時期各黨派妥協合作下，所形成的「準中央民意機構」。(參閱第二章第四節)但它除了有黨派妥協合作的色彩外，也是國民政治參與的重要管道，尤其戰時民族意識昇高，國民參政意願熱切。本論文除在第二章從黨派合作觀點討論外，此處再略論國民參與該會的過程。參政會共歷四屆，十三次會議，因「國民參政會組織條例」經多次修訂，故其參政員總數歷屆不同。按組織條例第三條規定，參政員總數分配在四方面：甲、各省及行政院直轄市；乙、蒙古西蒙地方；丙、海外華僑；丁、文化與經濟團體。(九〇)自廿七年到卅六年參政會歷屆各項名額、總數與出席人數如表四－三，可見政治參與程度甚高。

五、制憲國民大會代表之選舉

民國廿四年十二月二日中國國民黨五屆二中全會,決議於廿五年十一月十二日召開國民大會,國民政府亦於廿五年五月十四日公布國民大會組織法、代表選舉法等,積極展開等備工作。後因日寇侵凌,一再延宕,法規一再修訂,到卅五年召開政治協商會議,又爭論多時,才決議通過代表名額分配,如表四-四所示,計有二○五○名。卅五年十一月十五日國民大會開幕,計報到一七○一名,中共與民盟拒絕參加,其他各團體參與率均百分之九○以上(另參閱第二章表二-二○)。

本節從國家整合和政治參與兩方面,論述訓政時期的政治現代化建設。就打敗日本軍國主義侵略及掃除國內殘餘軍閥勢力而言,國家整合的程度已受到當時國際上的尊重,否則不可能列為世界四強之一。(九一)就政治參與言,國民教育普遍提高,地方政權與治權機關的建立,國民對中央政治事務參與意願大幅提高,都說明訓政建設有很高評價,尤其憲法頒布就表示國家要邁向政治現代化的道路,在憲政體制上依民主常規運作。從此,「鞏固國權,保障民權,奠定社會安寧,增進人民福利,制定本憲法,頒訂全國,永矢咸遵。」(九二)這是一幅多麼美好的遠景啊!

表四~三　國民參政會歷屆各項名額、總數與出席人數

屆次	會次	時　　　間	地點	各 項 參 政 員 名 額				總數	實際出席人數
				甲	乙	丙	丁		
第一次	第一次	二十七年七月六日至七月十五日	漢口	88	6	6	100	二○○	一六七

				甲	乙	丙	丁		
	第二次	二十七年十月廿八至十一月六日	重慶					二〇〇	一四〇
	第三次	二十八年二月十二日至二月廿一日	重慶					二〇〇	一四六
	第四次	二十八年九月九日至九月十八日	重慶					二〇〇	一四一
	第五次	二十九年四月一日至四月十日	重慶					二〇〇	一四五
第二次	第一次	三十年三月一日至三月十日	重慶	90	6	6	138	二四〇	二〇三
	第二次	三十年十一月十七日至十一月廿七日	重慶					二四〇	一七三
第三次	第一次	三十一月廿二日至十月卅一日	重慶	164	8	8	60	二四〇	二八九
	第二次	三十二年九月十八日至九月廿七日	重慶					二四〇	一九一
	第三次	三十三年九月五日至九月十八日	重慶					二四〇	一八六
第四次	第一次	三十四年七月七日至七月廿二日	重慶	199	8	8	75	二九〇	二三八
	第二次	三十五年三月二十日至四月三日	重慶					二九〇	二三四
	第三次	三十六年五月二十日至六月二日	南京	227	8	8	119	三六二	三〇二

資料來源：郎裕憲、陳文俊編著；中華民國選舉史，初版(臺北：中央選舉委員會，民國七十六年六月)，頁二〇七—二〇八。

表四~四 國民大會代表名額分配表

省（市）名額	農會（含漁會）	工會	商會（含航業）	區域代表	省（市）名額	農會（含漁會）	工會	商會（含航業）	區域代表
江　蘇	7	7	7	44	廣　東	7	7	7	44
浙　江	5	5	5	33	廣　西	3	2	2	21
安　徽	5	5	5	35	雲　南	3	3	2	22
江　西	6	6	6	28	貴　州	3	2	2	16
湖　北	6	6	6	40	察　哈爾	1	1	1	10
湖　南	7	7	7	43	綏　遠	1	1	1	10
四　川	7	7	7	44	寧　夏	1	1	1	9
西　康	1	1	1	9	新　疆	1	1	1	12
河　北	7	7	7	43	南　京	2	2	2	4
山　東	7	7	7	44	上　海	4	4	4	8
山　西	3	3	2	22	北　平	2	2	2	6
河　南	7	7	7	44	天　津	2	2	2	5
陝　西	4	4	3	20	青　島	1	1	1	2
甘　肅	2	2	1	14	西　京	1	1	1	2
青　海	1	1	1	9	小計：987 名				
福　建	3	3	3	22					
律師團體代表			10 名		會計師團體代表			5 名	

醫藥師團體代表	8名	工程師團體代表	6名
新聞記者團體代表	11名	小計：五八名	
教育會、國立大學、獨立學院、教育部立案之大學獨立學院之教育團體	十八名		
軍隊代表	四〇名	中國國名黨	二二〇名
華僑代表	四一名	中國共產黨	一九〇名
蒙古、西藏代表	四二名	民主同盟	一二〇名
遼寧、吉林、黑龍江、熱河	一二二名	中國青年黨	一〇〇名
小計：二四五名		社會賢達	七十名
國大開會前增加臺灣、重慶、西南土著代表廿五名，及職業團體卅五名			
本表總計分配參加國民大會代表名額：二〇五〇名			
參考資料：郎裕憲、陳文俊編著；中華民國選舉史(臺北：中央選舉史(臺北：中央選舉委員會，民國七十六年六月)，頁二一六—二二五。			

第五節　政治結社推動現代化的障礙與代價

　　中國近代政治結社既然主導現代化的方向與施行，則其應該擔負未能盡除現代化障礙所導致現代化的延誤，甚至要對現代化的「結局」承擔巨額代價。這個假設不但「刻骨銘心」，而且很「殘酷」。蓋不知自己民族的危機，不能挽救民族的危亡。(九三)中國現代化之有障礙，以中山先生和先總統　蔣公最能明察，而經他們先後一百年的革命努力尚未去此頑障，更可見障礙之大，造成日後的「結局」之慘，深值吾人痛思。

壹、中國現代化的障礙

　　各國現代化過程中難免有問題，但我國與鄰近日本相比則慢了一大截。日本自一八五三年起實施十五年改造準備，再迄一八八一年止的改造施行，到一八九〇年(明治廿三年)開設國會，明治維新經四十年苦心經營而成。(九四)「日本能，我們為甚麼不能？」除了戰亂、貧窮與現實政治因素外，一般認為是中國文化和社會的深層裡，產生了反現代化和非現代化的兩股勢力。(九五)深入分析觀察，分述如下：

一、不求長進的醉心崇古心理

　　中國民族是保守的農業性文化之民族，崇古心理特濃，遠受孔子「從周之論」的影響，數千年來的知識份子幾無不頌揚「三代盛世」，視之為「理想國」，為夢寐以求的境界。這種回歸上古的心理有三大特徵：基本主義(Fundamentalism)、復古主義(Restorationism)、歷史心態(Historical mindness)。(九六)而其共同特徵則是不求長進，很可能千百年都在原地踏步，甚且每一代都在說「人心不古」或「一代不如一代」，此種守舊與現代化的「創新」是對立的。　中山先生說：「外國槍砲是日日進步，每十年一次變動，每十年一次革命，每十年一翻新。現在我們所用的槍，在外國已經成了無用的廢物。」(九七)現代化基本上是一種不斷創新的歷程，崇古心理則反其是，乃成為障礙。崇古心理有時來自「天朝」的優越感，自命為世界的「中」國，而把其他各國都視為「蠻夷」與「邊陲」。對於幾乎是西化的現代化當然不能接受，只有回歸中國，到古老中國裡面去追求空洞的理想。

二、崇洋媚外的自卑情結

　　按　中山先生研究，庚子義和團的排外以弓箭刀戟對洋槍大砲是中國人的最後自信心與自尊心，從此一路崩潰下來，更從天朝優越感的地位跌到崇洋媚外的自卑感。(九八)以為中國樣樣不行，一切都是外國的好，「外國月亮比中國圓」。發展到「五四運動」時期，產生「整體性的反傳統主義」(Total is ticiconoclasm)，走入極端的「漢字拉丁化論」、

「全盤西化論」、「打倒孔家店論」、「非孝論」、「淫爲先論」、「線裝書扔毛廁論」等徹底揚棄傳統文化的潮流，所幸這並非「五四」的主流，而是支流；五四運動的健將如胡適、傅斯年、羅家倫等人雖嚮往西方文化。但無意全盤否定中國文化。(九九)全面反傳統未必是中國現代化，但至少對中國現代化是無助的。　中山先生認爲對西方的東西是不能照單全收的。他說：

中國的社會既然是和歐美的不同，所以管理社會的政治，自然也是和歐美的不同，不能完到傚效歐美的機器一樣。……如果不管中國自己的風土人情是怎麼樣，便像學外國的機器一樣，把外國管理社會的政治硬搬進來，那便是大錯。（一○○）

中山先生奮鬥四十年，最後仍「革命尙未成功」，這與中國知識份子始終糾纏在「崇古的優越感」和「媚外的自卑感」的兩極有很大關係。

三、長期活在傳統和現代的夾縫中

因爲崇古和媚外都無法得到正確的定位，便躊躇在傳統和現代的茫然裡，搞不清要「西化」或要「傳統」？或要「現代化」？從西化轉向現代化只是居於民族情緒，甚少有理性思考。　蔣公有深入的觀察，他發現：

自清末維新，中經辛亥革命、五四運動，以至於國民革命時期，因講學而改變學風，舉凡自由主義，國家主義、共產主義、無政府主義，世界各國所有的思潮，都經試驗。若深加考察……或學而不思，東塗西抹，人云亦云，無有定見，崇西化則捨己從人，尚國學則閉關自大。（一○一）

一百年來，中國的知識份子就在「中學爲體，西學爲用」，或「傳

統與現代」的二分法中，從「滿懷希望的革命」變成「滿懷挫傷的革命」。殊不知此種二分法(Dichotomous classification)恰如小學生把人分成「好人」和「壞人」兩種，是不嚴謹的，也是幼稚的。(一○二)發展有其連續性，中國的現代化工作，應認清中國社會變遷的階段，使中國文化再創新的現代化。

四、舊勢力的頑抗

現代化的過程，事實上是破壞了自己的文物制度，奪取了許多既得利益者的資源，會有強大阻力勢所必然。能如　中山先生「盡瘁國事，不治家產」者，(一○三)古今稀有。中國的現代化運是對傳統的存疑批判，對現狀的不滿改革，甚至要創新或體制外的革命。例如　中山先生要革命，可能導致現存政府官員「丟飯碗」；康梁的改革運動要廢八股，千萬儒生的「十年寒窗苦」就白費；北伐成功後實施軍隊編遣，引起李宗仁、馮玉祥、閻錫山等人的反抗。為了現代化運動能順利推展，國民革命必須掃蕩舊勢力，他們也必然全力反撲，成為現代化的絆腳石。

五、中國社會裡其他反現代化與非現代化的特質

正當中國要邁向現代化，但在社會裡仍然有許多反現代化或非現代化的現象，有的甚至可稱為中國社會的特質，例如：

(一)「知之非艱，行之維艱」－光念不做；因循遲緩，敷衍了事，陽奉陰違，不重時間。(一○四)這幾乎是中國數千年的「民族性」，外人諷我，莫此為甚。

(二)許多人生活不檢點，如吐痰、放屁、留長指甲，不刷牙等，弄得外國酒店不許中國人去吃飯，　中山先生斥之「野蠻陋劣之極」。(一○五)

(三)視「放蕩不羈」為「自由」；視以私利為主為「民主」；以守法為恥辱，以抗令為清高。(一○六)

(四)教育上的缺點，中小學錯在升學主義，大學教育錯在形式主

義，就整個社會言是錯在孤立主義。(一○七)

本項探討中國社會存在有現代化的障礙，有的是千百年來習以為常，有的是當時社會通病。如果在傳統的農業社會，那些也許不是「病」，更非障礙；但對於已經脫離傳統社會，正邁向現代化前期的中國則是「重病」，且是頑障。但從另一更寬廣的視野看，中國近百年追求現代化，雖因各黨派鬥爭而充滿障礙，何嘗不也是傳統政治思想和西方民主思想(主要是美式民主)的對決，這個對決過程中，中國人付出高昂的代價。嚴格的說，至令對決尚未中止，尚在進行中。

貳、中國國民黨主持訓政建設的檢討

中國國民黨創建中華民國，又欲以建國政黨的身份把中國建設成現代化國家，可謂困難重重，主客觀環境都很不利，就訓政建設而言，實在是中國能否成為現代國家的緊要關頭，雖能突破萬重障礙的阻撓，終於結束訓政，邁入憲政，但深入追究仍有可議之處。

一、內憂外患，基業殘破，國家整合不徹底

八年抗戰，國軍官兵傷亡三百廿餘萬，被徵壯丁一千四百餘萬，國防支出九千餘億元，每年均佔國家總支出百分之五十一以上，民國廿九年最高達百分之七十一。(一○八)加上國土淪陷、中共作亂，因而基業殘破，民生艱困，在此「國破家亡，妻離子散」的亂局中，要訓政建設合乎建國大綱或訓政約法的標準，無異空論。

二、國民智識水準低落

訓政雖致力國民教育的提高，終非「十年能樹」。青年黨領袖曾琦在民國卅六年六月十四日的日記記述：

> 予於廿四年前組黨，誓以全黨之力推進民主政治，且斷定中國絕對

不能復返於專制，大勢所趨，終歸民主，所見亦可遠且準矣。然予於知識階級之智識程度及其道德水準估計過高，初不料其識見之淺與品格之低一至於是，此予之未能透視一也。又一般民眾雖未受普及教育，然予以為國家經過數十年憂患，人民總應有相當進步，初不料其水準之低與進度之遲一至於是，此予之未能透視二也，有此二大錯誤，宜乎一事無成。(一〇九)

國民既然「識見之淺與品格之低」，可見訓政的教育建設是不夠的，表四－一所列的學校數和學生數，來與我國地大民眾相比較仍然極低。

三、地方自治程度太低

地方自治以縣為單位，訓練人民能「完全自治」。但到民國廿四年十月五日五全大會通過的「中央黨部應置地方自治促成計劃委員會案」坦白指出：「迄今訓政將告結束，而事實上全國一千九百餘縣中，欲求一達到建國大綱自治之程度，成為一完全自治之縣者，蓋杳不可得，更遑論云完成自治之省。」(一一〇)人民之所以自治能力太低，與前述現代化各種障礙因素有關，而近因則是國民教育和內亂外患的問題。

四、新生活運動未獲知識份子普遍支持

該項運動以固有道德為主要內容，被知識界懷疑是復古運動。當時的知識份子承襲啟蒙時代的精神，有反傳統傾向，政府的傳統傾向，使許多知識份子離心。(一一一)

五、農村復興失敗

十年建國中，農業技術確實有所改良，但土地分配並未獲得改善，民國廿六年全國佃農佔全國農民的三分之二，他們對政府離心。論者謂當時國民政府失掉兩個重要力量的來源｜知識份子與農民。(一一二)

六、中國國民黨主持訓政未竟全功之原因

　　中國國民黨是民國以來的長期執政黨，又是訓政建設的主導政黨，有完美的主義與輝煌的歷史，但在訓政時期仍不乏投機腐敗的黨員，蔣公等人有過痛心疾首的檢討：

　　（一）三民主義是建國最高指導原則，理應徹底完成社會化(Socialization)。但事實上黨員(含一般國民)都「沒有研究三民主義，不能實行三民主義－不懂三民主義，甚至違反三民主義。」這才使國家弄到這步田地，日寇敢來侵凌。(一一三)

　　（二）由於黨員對主義、黨、領袖信心不夠，易受謠言動搖，前後要求黨領袖下野三次，每次下野都造成國家重大損失，不得已又請求復職。顯示黨內始終不能團結，遇到重大關節就易於分裂。(一一四)而黨員不能記取歷史教訓，最為可惜。

　　（三）縱使日寇侵凌當頭，黨內仍有部份投機份子「勾結日本，挾敵自重，假抗日招牌，置整個國家民族利益於不顧。」而毀謗領袖，污蔑本黨，更再所不惜。(一一五)

　　（四）黨的性質和組織工作犯了兩大錯誤：其一是黨的工作離開了民眾，黨的工作只在黨部裡面做，沒有在群眾中生根，「犯了形式主義」的毛病，又「中了官僚主義」的流毒；其二是只論派系不論政策，論地域關係不論工作需要。(一一六)

　　（五）從政黨員對黨政關係不理解，不懂「以黨治國」之美意，一經主政就孤行己意，以黨的束縛為苦，逐發生黨政脫節，黨政對立的現象。(一一七)

　　國民革命主義未能深入民心，黨的工作未能落實在民眾中間，黨的內部整合未能徹底完成，則其領導訓政建設又面臨險惡環境，積效必然大打折扣，訓政建設不佳，亦表示現代化建設腳步放緩，正是共產主義獲得滋生的「養份」。

參、政治結社推動中國現代化造成的負面影響

　　中國在抗戰勝利後，從歷史發展來觀察是具有多層意義的。第一是打敗帝國主義，從此可以獨立自主；第二是結束訓政，準備進入憲政；第三是國民革命進入第三階段。但筆者從現代化歷程的觀點分析，認為還有三個重要的意義。

　　(一)中國從清咸豐十一年(西元一八六一年)踏上現代化腳步的第一步，到民國卅四年抗戰勝利，以為即將告一段落，期待到就要享受現代化「果實」的時刻。

　　(二)　中山先生與　蔣公所欲建設的三民主義新中國能否完成，三民主義能否深入民心，被全民認同，抗戰勝利是一個關鍵時刻。

　　(三)訓政時期實施將近廿年即將結束，訓政建設有無績效，只要憲法頒行，還政於民，就要接受「驗收」。

　　這三點重要的意義都是由近代的一些政治團體所帶重，而到抗戰勝利都「不約而同」的投射到這個重要關頭上，其意旨是抗戰勝利後人民(含一般團體與政治團體)的思想不是突然才形成的，是經過長期現代化影響，三民主義社會化教育、訓政教育等多方面匯集，很不幸的這個匯集，竟然是勝利後到民國卅八年間，多數政治團體所持的左傾思想。

　　這是本節一項很大膽的假設。勝利後大多數政治團體之所以左傾－倒向共產主義，就是由三張「溫床」滋生出來的。

　　第一張：八十四年的整體現代化運動障礙太多，失敗了。

　　第二張：三民主義未深入民心，未普獲支持。

　　第三張：訓政建設並不深入，人民受教不深。

　　這三張「溫床」正好是共產主義最佳的生長環境，至少在當時環境來看，共產主義是「反現代化」的、「反三民主義」的、「反訓政建設」的。從本節前述　中山先生與　蔣公等人痛心的檢討，亦顯示民國建設以來只不過得個「中華民國」的虛名。李守孔先生認為民初到大陸淪陷的現代化建設是一事無成的，更足以做筆者假設的註腳。他說：

　　1912 年到一九四九年，現代化學說百家爭鳴及現代化措施雜亂無

章。……當政者無所適從，朝令夕改，現代化不僅一事無成，更嚴重的是造成新舊士大夫知識份子之間激烈的衝突。既使主張現代化者之間亦因思想主義之紛歧而彼此攻訐。社會各階層之間差距愈演愈大。（一一三）

抗戰勝利後的政治團體之所以多數左傾，除了前面客觀因素－「三張溫床」外；就政治團體本身主觀因素而言，除極少數領袖級人物外，這些政治團體(指幹部和成員)對現代化運動的內容，三民主義之本質及訓政之必須等，絕大多數是一知半解，發展到抗戰勝利後，這些負面因素就總其成而凸顯在勝利後的許多政治團體－左傾是所有負面因素的總成。

再從現代化階段而言，勝利後的政治團體早已搶著要享受政黨現代化的滋味，而形式上亦已行憲，便以為政黨現代化的時代來臨了，而事實上，抗戰勝利後現代化與政治現代化兩個階段根本尚未成熟，就急著跳上政黨現代化的階段，其危險性是可預知的。

前面析論抗戰勝利後政治團體演變成左傾的前因後果，但吾人並不能把這些團體一部劃入「左傾」後，其他非左傾者全歸入「右傾」。比較適當的是運用比較概念(Comparative Concepts，又稱序列概念 Ordering Concept)，觀察該團體左傾或右傾的程序，由左向右或由右向左的程度排起序列。(一一九)把勝利後的一一五個政治團體依序排出，可得一政治結社思想光譜圖，(一二○)如圖四－三。

量化圖四－三，左傾團體卅八個，佔百分之卅三；中間偏左十九個，佔百分之十七；中間十六個，佔百分之十四；中間偏右十七個，佔百分之十五；右傾廿三個，佔百分之廿。從團體途徑(Groupapproach)分析，國家僅係社團之一，或頂多是「社團所組成的社團(Communitus Communitum, Societyof Societies)而已；吾人可以說國家是包含了許多團體的團體，各種團體分別擔任各種功能。(一二一)當這個國家中的政治團體有超過百分之五十以上是左傾的，中間團體太少或力量微弱，偏右傾向的團體相對減少，勢力削弱。

　　經過本節析論，即能對前述的假設提出論證，導出一個小結論：中國近代政治結社推動全面現代化的巨額代價，是造成了抗戰勝利後多數政治團體左傾，導致大陸淪陷，這也是本章的結論：中國近代政治結社對中國現代化的最大影響－負面影響。

圖四~三　抗戰勝利後政治結社的政治思想光譜圖

反對政黨政治
反共產主義
排斥歐化文化
三民主義

	極右	
中國國民黨　中國國家社會黨		民主憲政黨　中國民主統一黨合會
中國青年黨　中國農民黨		中華民社黨救國會
中國民主建國會黨　中國共和黨	右	憲政促進會黨　中國公黨
中國工鐵總會日總進會　農民反社		中國民主運動促進會　國民黨憲政社
中國民主合眾黨　進步社黨		中國自由黨　無光建黨爭黨
辛亥革命同志黨		中國和平黨　中國少年勞動黨

中間偏右
三三憲國總會黨　思維黨		中華同志黨　共門思想黨
中國民主黨社進黨　中國自由黨	中國銀行社 中國黨政黨
中國自由黨黨　中國黨歐黨　民主黨	中國正黨社　中國國民民主黨
總日黨　新中國社黨　社會民主黨	宗蔡法和平黨黨進大同黨

中　間
中國社黨黨黨黨	回教青年黨
中間黨黨黨　中華民族黨	中華革命同志黨　中國人民社黨
中國大同黨　國黨黨爭回國黨	中國民主黨　中國和平黨
中國新民主黨　三禾回志黨　民立黨	民族同黨社　民族先鋒黨　民本社

中間偏左
中國農民主民主民黨黨進盟	中國民主自由大同盟
共民黨黨黨黨黨　中國救國運動黨	民主黨進黨　中國共和民政黨
中華黨民黨　共黨黨進黨　中國黨國民黨	中國人民主黨回黨　中國國家社黨共和黨
大眾亞黨黨黨黨進黨　中華社黨黨黨	中華無政府主義青年黨　益社黨
中國黨進黨　中國民主共進黨	中華黨黨海民主黨　民主共進黨

極左
台灣第二工作委員會	台灣文化協進會　人民黨黨
中國共鐵黨黨回盟　新民主主義青年團	中國共產黨共黨中央委員會
中國自由均黨委員黨	中國人民黨　中國平民黨　進步黨
民主黨黨黨回盟　民主實黨黨黨社	中國國工藤深回黨　益友社
中國勞黨黨　中國民主和平總黨一政黨	中國共產黨黨民黨黨進黨
民黨黨黨黨　中國勞工黨　光進黨	台灣民主黨黨回黨
中國民主促進黨　三民主義黨同黨合會	中國國民黨黨黨民主黨促進黨
中國敗黨黨　總黨黨　國黨黨黨	中國民主建國黨　九三學社
中國共產黨　中國民主同黨	中國黨工藤黨思黨　中國人民救國黨

共產主義
反歐化文化
反三民主義
反對政黨政治

註 譯

(一)金耀基著，《金耀基社會文選》，四版(臺北：幼獅文化事業公司，民國七十六年六月)，頁五。

(二)蕭公權著，《中國政治思想史》，上冊，新三版(臺北：中國文化大學出版部，民國七十四年七月)，頁六。

(三)金耀基著，《從傳統到現代》，九版(臺北：時報文化出版公司，民國七十二年元月二十日)，頁一五○－一五六。

(四)江炳倫著，《政治發展的理論》，五版(臺北：臺灣商務印書館，民國七十四年三月)，頁三－四。

(五)謝高橋編著，《社會學》，一版三印(臺北：巨流圖書公司，民國七十三年六月)，頁五四一。

(六)楊國樞、金神保主編，《現代化與民族主義》，初版(臺北：中國論壇社，民國六十九年十月)，頁八三。

(七)Lucian W. Pye; Aspects Of Political Development，一版(臺北：虹橋書店，民國七十二年六月十六日)，頁三三－四四。

(八)杭廷頓(Samuel P. Huntington)著，江炳倫、張世賢、陳鴻瑜合譯，《轉變中社會的政治秩序(Political Orderin Changing Countries)》，三版(臺北：黎明文化出版事業公司，民國七十四年十二月)，頁三○。

(九)杭廷頓著，前揭書，頁四二四－四三一。

(一○)《遠見雜誌》，民國七十六年二月一日，頁七五。

(一一)孫中山，國民黨組黨宣言，國父全集，第二冊，頁肆—九—十。

(一二)呂亞力著，《政治學方法論》，三版(臺北：三民書局，民國七十四年九月)，頁三○一。

(一三)譚光豫撰，《先總統 蔣公與中國現代化總序》(臺北：中央文物供應社，民國七十四年十月)，頁序一－二。

(一四)金耀基著；金耀基社會文選，頁一一—一五。

(一五)張玉法著，《清季的立憲團體》，初版(臺北：中央研究院近代史

研究所，民國六十年四月)，頁三二二與頁三五四。

(一六)張玉法著；清季的立憲團體，四〇七—四〇九。

(一七)張玉法著；清季的立憲團體，頁四八六。

(一八)金耀基等著，《中國現代化的歷程》，再版(臺北：時報文化出版公司，民國七十年六月三十日)，頁二三八。

(一九)蕭公權著；前揭書，下冊，六六九。

(二〇)潘台雄撰，《李贄的政治思想》(國立政治大學政治研究所，碩士論文，民國七十六年六月)，頁一三七。

(二一)蕭公權著；前揭書，下冊，頁七〇四。

(二二)金耀基等著；中國現代化的歷程，頁二四六。

(二三)金耀基等著；前揭書，頁二四九—二五一。

(二四)張朋園撰，《中國近代的維新運動－變法與立憲討論》〈預備立憲的現代性〉(臺北：中央研究院近代史研究所，民國七十一年四月)，頁一〇八。

(二五)胡漢民著，《胡漢民自傳》(臺北：傳記文學出版社，民國五十八年十月)，頁七八。

(二六)張玉法撰，《近代史研究所集刊》第十期，〈國民黨與進步黨的比較研究〉(民國七十年七月)，頁八二。

(二七)蕭耀清撰，《國父革命方略未能貫徹因素之分析》(政治作戰學校政治研究所，碩士論文，民國七十六年六月)，第三章，第二節。

(二八)張玉法主編，《中國現代史論集》，第四輯，第二次印(臺北：聯經出版公司，民國七十二年二月)，頁一一九。

(二九)Samuel P. Huntington 著；前揭書，頁二四三—二四四。

(三〇)張玉法主編；中國現代史論集，第五輯，頁四。

(三一)張玉法主編；中國現代史論集，第五輯，頁六三。

(三二)謝彬著，《民國政黨史》(臺北：文星書店，民國五十一年六月)，頁一一〇。

(三三)張玉法主編；中國現代史論集，第五輯，頁六六。

(三四)張玉法主編；中國現代史論集，第五輯，頁一〇八。

(三五)Samue P. Huntington 著；前揭書，頁二四六—二四八。

(三六)張玉法主編；中國現代史論集，第五輯，頁一〇八。

(三七)轉引張玉法主編；中國現代史論集，第五輯，頁一〇八。

(三八)現代政黨構成要素有領袖、幹部、黨員、組織、黨綱、黨紀。參閱谷光宇著，《政黨論》，初版(臺北：黎明文化出版公司，民國七十二年九月三日)，頁三二－四六。

(三九)張樸民編，《中國黨派》(南京：中聯出版社，民國卅七年一月一日)，全書。

(四〇)張樸民編；前揭書，序頁一。

(四一)同註(二十三)。

(四二)蔣經國講，〈我們共同的革命精神和志節是復國的基礎〉，民國七十一年二月三日在中央常會講。

(四三)孫中山著，《國父全集》，第一冊〈打破舊思想要用三民主義〉，頁壹－二二七。

(四四)楊國樞、金神保主編；前揭書，序頁一一。

(四五)孫中山講；「民權主義第六講」，國父全集，第一冊，頁壹——一八。

(四六)孫中山講；「民權主義第五講」，國父全集，第一冊，頁壹——〇三。

(四七)張劍寒撰，《雲五社會科學大辭典》第三冊，〈政治學－福利國家〉(臺北：臺灣商務印書館，民國六十年十二月)，頁三五九－三六〇。

(四八)蔣中正著；民生主義育樂兩篇補述，國父全集，第一冊，頁壹——二九五。

(四九)吳經熊撰，《中國國民黨與中國現代化》〈日新又新的中國國民黨與中國現代化〉，初版(臺北：中央月刊社，民國七十一年三月)，頁六。

(五〇)孫中山；「臨時大總統就職宣言」，國父全集，第二冊，頁肆—
八—九。

(五一)蔣中正講；「第一屆國民大會第一次會議致詞」，蔣總統集，第
二冊，頁一五七四。

(五二)孫中山講；「三民主義與中國民族之前途」，國父全集，第一冊，
頁壹—一七八。

(五三)孫中山講；「三民主義為造成新世界之工具」，國父全集，第一
冊，頁壹—二二六。

(五四)蔣中正著；中國之命運，蔣總統集，第一冊，頁一七〇。

(五五)蔣中正著；民生主義育樂兩篇補述，國父全集，第一冊，頁壹—
二五二與二九四。

(五六)張其昀主編，《蔣總統最近言論選集》(臺北：國防研究院，民國
六十年十月)，頁十四－十五。

(五七)張玉法撰，《聯合報》〈國民黨扮演反對黨的歷史經驗〉，民國
七十六年十一月十二日，第二版。

(五八)蔣中正著，《蔣總統集》，第一冊〈中國之命運〉，頁一六六。

(五九)董秀蘭撰，《國父對我國政治安定的設計(國立臺灣師範大學三民
主義研究所，碩士論文，民國七十六年六月)，頁一二二－一二三。

(六〇)孫中山講；「訓政的解釋」，國父全集，第二冊，頁捌—一一〇
—一一一。

(六一)同(六〇)。

(六二)陳水逢著，《東南亞各國的政治社會動態》，初版(臺北：臺灣商
印書館，民國六十六年五月)，頁二九〇－二九一。

(六三)孫中山著；孫文學說，國父全集，第一冊，頁參—一四九—一五
〇。

(六四)同(六三)。

(六五)彭堅汶著，《孫中山三民主義建國與政治發展理論之研究》(臺
北：時英出版社，民國七十六年十二月)，頁三一〇。

(六六)孫中山著,《國父全集》,第一冊〈制訂建國大綱宣言〉,頁參-三七一。

(六七)Lucian W. Pye., A spects of Political Development(臺北:虹橋書局,民國七十二年六月十六日),頁七七。

(六八)Lucian W. Pye., Ibid ,pp. 87 - 88.

(六九)彭堅汶著;前揭書,頁七一—七三。

(七○)彭堅汶著;前揭書,頁七七—九三。

(七一)彭堅汶著;前揭書,頁五九—六○。

(七二)彭堅汶著;前揭書,頁一二四—一六六。

(七三)陳恆明著,《中華民國政治符號之研究》,初版(臺北:臺灣商務印書館,民國七十五年十一月),頁一四。

(七四)孫東鎮著,《國旗國歌國花史話》(臺北:張度煌,民國七十年),頁九 - 十。

(七五)羅家倫主編,《國父年譜》,下冊,增訂(臺北:中國國民黨黨史會,民國五十八年十一月廿四日),頁一二○一。

(七六)涂懷瑩著,《中華民國憲法原理》,初版(臺北:自印本,民國六十九年九月),頁三五七 - 三六一。

(七七)秦孝儀主編,《中華民國政治發展史》,第二冊,初版(臺北:近代中國出版社,民國七十四年十二月廿五日),頁八九四 - 八九五。

(七八)涂懷瑩著;前揭書,附錄。

(七九)蔣中正著;中國之命運,蔣總統集,第一冊,頁一四七。

(八○)張玉法著,《中國現代史》,下冊,七版(臺北:臺灣東華書局,民國七十四年十月),頁五六一。

(八一)呂士朋著,《中國現代史》,五版(臺北:世界書局,民國七十三年一月),頁一三七。

(八二)Samuel P. Huntington., No Easy Choice - Political Participation in Developing Countries,(Massachasetts: HARVAR UNIVERSITY PRESS, 1977)pp. 4 - 7.

(八三)Samuel P. Huntington., ibid, pp. 160 - 166.

(八四)涂懷瑩著；前揭書，頁三五八。

(八五)孫中山著，《國父全集》，第一冊〈地方自治開始實行法〉，頁參-三六五-三六八。

(八六)孫中山著；建國大綱，國父全集，第一冊，頁參—三七〇。

(八七)顧靜弟撰，《訓政時期政治建設對中國政治現代化的影響》(政治作戰學校政治研究所，碩士論文，民國七十四年九月)，頁二五六。

(八八)郎裕憲、陳文俊合編，《中華民國選舉史》(臺北：中央選舉委員會，民國七十六年六月)，頁一七六。

(八九)郎裕憲、陳文俊編著；前揭書，頁一九〇。

(九〇)郎裕憲、陳文俊編著；前揭書，頁一九三—一九四。

(九一)民國卅一年元旦，中央英蘇等廿六國在美京華府發表反侵略共同宣言，表示對軸心國聯合作戰，及不單獨媾和。此項共同宣言，以中美英蘇四國為中心，此即我國列為世界四強之一的由來。參閱張其昀著，《黨史概要補編》，再版(臺北：中央文物供應社，民國六十八年三月廿九日)，頁二〇四七。

(九二)參閱中華民國憲法，前言。

(九三)孫中山講；「民族主義第六講」，國父全集，第一冊，頁壹—四二。

(九四)陳水逢編著，《日本文明開化史略》，八版(臺北：臺灣商務印書館，民國七十四年十一月)，頁二一九。

(九五)金耀基著，《從傳統到現代》，頁一八九 - 一九〇。

(九六)同註(九十五)。

(九七)孫中山講；「民權主義第五講」，國父全集，第一冊，頁壹—九四—九六。

(九八)同註(九十七)。

(九九)汪榮祖主編，《五四研究論文集》，第三次印(臺北：聯經出版公司，民國七十二年三月)，序頁五。

(一〇〇)同註(九十七)，頁壹－九七。

(一〇一)蔣中正著；中國之命運，蔣總統集，第一冊，頁一六〇——一六
一。

(一〇二)呂亞力著，《政治學方法論》，三版(臺北：三民書局，民國七
十四年九月)，廿一－廿二。

(一〇三)見　中山先生留給妻子宋慶齡遺囑，國父全集，第一冊，頁伍
——一八。

(一〇四)孫中山著；孫文學說，國父全集，第一冊，頁參——一一三。另
見蔣中正講；「號修明內政與整飭吏治」，蔣總統集，第一，頁六〇八。

(一〇五)孫中山講；「民族主義第六講」，國父全集，第一冊，頁壹—
四七。

(一〇六)孫中山講；「民權主義第二講」，國父全集，第一冊，頁壹—
六四。另見蔣中正著；中國之命運，蔣總統集，第一冊，頁一六〇——一
六一。

(一〇七)蔣中正著；民生主義育樂兩篇補述，國父全集，第一冊，頁—
二六八—二六九。

(一〇八)何應欽著，《八年抗戰》，頁三七六及附表四、十(臺北：國防
部史政編譯局，民國七十一年九月)。

(一〇九)陳啟天著，《寄園回憶錄》，初版(臺北：臺灣商務印書館，民
國五十四年十二月)，頁一九八－一九九。

(一一〇)中國國民黨中央黨史會，《革命文獻第六十九輯》〈中國國民
黨言集〉(臺北：中國國民黨中央黨史會，民國六十四年一月)，頁二八
二－二九四。

(一一一)張玉法著，《中國現代史》，下冊，頁五七三。

(一一二)同註(一一一)。

(一一三)蔣中正講；「三民主義之體系及其實行程序」，蔣總統集，第
一冊，頁一一三八。

(一一四)蔣公三次下野：第一次民國十六年八月，黨員受俄共分化，以

為　蔣公不下野便不願北伐；第二次廿年十二月，以為　蔣公下野，日本便能停止侵略中國；第三次是卅八年一月，以為　蔣公下野，國共問題就解決了，惟事均與願違。詳見蔣中正講；「復興的使命與目的」，蔣總統集，第二冊，頁一六六二。

(一一五)同註(一一四)書。

(一一六)蔣中正講；「本黨今後努力的方針」，蔣總統集，第二冊，頁一七二三。

(一一七)張群著，《三十年來黨政關係的回顧》(臺北：陽明山革命實踐研究院，民國四十三年一月)，頁十五－十七。

(一一八)轉引朱岑樓主編，《我國社會的變遷與發展》，初版(臺北：東大圖書公司，民國七十年十月)，頁一一。(原李守孔著，《中國現代史》(台北：三民書局，一九七二年)。

(一一九)呂亞力著；前揭書，頁廿一－廿三。

(一二〇)馬起華著，《政治學原理》，下冊，初版(臺北：大中國圖書公司，民國七十四年五月)，頁一二七六。

(一二一)杭立武、陳少廷著，《拉斯基政治多元論》，初版(臺北：臺灣商務印書館，民國七十六年九月)，頁卅五－卅六。

結　論

　　中國近代政治結社複雜而源遠流長，其有直接脈絡者起自清末革命與立憲團體，其有間接脈絡者又可上推到明清之際的黨社運動，而自清朝中葉以後的政治結社觀念又受西方民主政治思潮的激盪，顯示中國政治結社的變遷發展除了受中國本身的政治文化和現實政治環境影響外，也受國際系統(International System)的影響。(一)本論文經過前面四章的研究，試從各先進國家政治結社之趨向，我國近代以還政治結社之回顧與檢討，來探尋全中國未來走向全面現代化之方向。

壹、世界各國政治結社之趨向

　　政治結社為結社自由之一，目前在民主與共產集團各國憲法大多列為人民權利之一種，但從憲法形式上的規定概要有三種：

　　(一)各民主國家的規定：如亞洲國家、中華民國、韓國、菲律賓、日本、土耳其、科威特等；美洲國家如美國、玻利維亞、加拿大、宏都拉斯等；歐洲國家如西班牙、西德、義大利、法國、比利時等；非洲國家如上伏塔、中非、剛果、蘇丹、獅子山、摩洛哥、幾內亞等；澳洲國家如西薩摩亞、澳大利亞等，以及非共產極權的其他民主國家，絕大多數不但在憲法形式上規定人民有結社自由，實質上亦有結社自由，惟須受法律限制，如不得攜帶武器，或破壞公共秩序等。(二)

　　(二)共產國家，但憲法規定人民有結社自由：如保加利亞、匈牙利、古巴、阿爾巴尼亞、阿爾及利亞、南斯拉夫、捷克及「中華人民共和國」等，但這些所謂結社自由，都是「形式民主」，實際上人民仍無組織政治團體的權利。(三)

　　(三)共產國家，憲法規定人民無結社自由：如蘇聯、波蘭、羅馬尼亞等，其憲法規定「勞動階級應結合於共產黨內」，共產黨為一切社會組織和國家組織的核心。(四)

　　經以上比較，可見除極少數共產國家外，其餘民主國家在憲法形式上規定結社爲人民的權利，實質亦同。

　　對於政治結社的標準型－政黨，世界各國憲法有規定者有下列各端：

　　(一)對於政黨數量：規定爲多黨制者有韓國、西德等四十七國；兩黨制者有泰國等十一國；一黨制者有蘇聯等十二個國家。(五)

　　(二)關於政黨設立：自由設立者有韓國等十三國；依法設立者有巴拿馬等十二國；自由依法者有泰國等三國；不准其他黨設立，憲法明定僅有一個政黨者有緬甸等六國。(六)

　　(三)政黨活動原則的規定：遵循民主政治原則者有法國等廿二國；合法原則者有德國等廿二國；不得違憲者有巴西等十國；尊重國家主權者有希臘等十七國；不得危害國家安全者有韓國等六國；維持國家完整者有土耳其等五國；不得從事暴力活動者有中華民國等五國；對政黨參與選舉有規定者有法國等五十九國。(七)

　　經本項分析，世界各國政治結社之趨向，結社(政治結社)爲人民的自由，爲人民基本權利已是無可抵擋之風潮，共產國家亦不敢完全忽略。關於政黨方面，設立方式趨向自由與依法，故多黨制最佔優勢；活動原則趨向民主與法治並行，防止黨派林立，嚴禁違憲等。

　　晚近以來，各國政黨動態(特指先進國家)，有擴大參與、訴諸人民支持、遵守民主政治的折衷容忍原則、運用現代知識探求民意等趨勢。由於此種無聲革命(Silent revolution)，民主政黨愈趨抬頭，而無產階級專政的極端政黨(Radical Party)日趨沒落。(八)

貳、中國近代政治結社的回顧與檢討

　　中國近代政治結社從明末清初的秘密會黨以降，約三百年來始終風起雲湧，暴起暴落。到　中山山先生革命之初與康梁立憲運動之際，現代性的政治結社興起，人民開始追尋政治結社自由的權利，並企圖透過

政黨居主(Primacy of party)的政策重建新國家，經過五十年，有過三次試驗，最後走入民國卅八年的死胡同裡。就本論文研究範圍來檢討其中原因，應有下列各端：

(一)從整個文化層面來探討，中國文化裡面有部份是反現代民主政治的質素(如第四章第五節所述)，而五十年來中國文化在現代潮流中始終沒有找到理性的定位，從「中學為體，西學為用」→五四運動「西化暗流」→中共竊佔大陸後文化大革命，中國文化都在迷途中找不到歸路，文化如此，政治文化亦如此。

(二)從現代化→政治現代化→政黨現代化的歷程看：一方面是每一時期的社會化程度都不夠，二方面是「沒有學走路，就想學飛」的心態，導致失敗。

(三)從政黨發展的起步上看：晚先進國家甚多，英國政黨政治開端於一六八八年光榮革命後，美國在一七八九年華盛頓任總統時。(九)日本是在一八六八年明治維新時。(一〇)這些國家的人民對組黨結社的認知都經長期學習，而我國從興中會組黨到民國建立，快速的十七年，又想在隔夜之間立即推行政黨政治運作，實為政治神話(Myth)。

(四)當傳統秩序崩潰，重建國家政治制度的重任，全部落在政黨肩上。(一一)而此期間(民國元年到卅八年)的執政黨(特指中國國民黨)，有太多的主客觀上的障礙，其三民主義社會化並不成功(如第四章第五節論述)。

(五)正當中國的知識份子要試驗政黨政治時，也正是外環境最險惡之際，列強侵略，共黨作亂(均如第一章論述)導致國家動亂，政治不安定－破壞了滋長民主政治的必要環境。(一二)以上五點檢討應有爾後中國人民在組黨結社，建設國家時必須深思改進之方向。

參、台灣地區戒嚴時期政治結社的回顧與評估

我國推行憲政，可謂舉步艱困。行憲伊始，又進入動員戡亂時期，

接著局勢逆轉，民國卅八年底中央政府播遷來台，而在此之前後，民國
卅七年十二月十日總統依據動員戡亂時期臨時條款宣布全國戒嚴，卅八
年五月十九日台灣省政府暨台灣省警備總司令部宣告全省戒嚴，十一月
二日行政院通過包括海南島、台灣一併劃爲接戰地區，全國戒嚴，卅九
年三月十四日立法院追認通過。(一三)到民國七十六年七月十五日解除
戒嚴爲止，戒嚴時期達卅七年餘之久。

　　復興基地在戒嚴時期，爲抗共復國之必要，依戒嚴令與國家總動員
法等有關規定，人民政治結社乃暫時受到限制。但此期間仍然出現不少
政治結社，其要者有：民國四十六年五月吳三連等人組織「中國地方自
治研究會」、四十九年九月雷震等人籌組「中國民主黨」、六十七年十
一月黃信介等人組成「台灣黨外人士助選團」、七十二年九月九日邱仁
義等人組成「黨外編輯作家聯誼會」、七十三年五月十一日費希平等人
組成「黨外公職人員公共政策研究會」、次年由「編聯會」與「公政會」
整合成「黨外後援會」、七十五年九月廿八日再整合「黨外」勢力成立
「民主進步黨」。(一四)這是戒嚴時期，除中國國民黨、青年黨、民社黨
之外，新起的政治勢力，但都受到政府當局極大限制(至少到七十五年
九月廿八日爲止)。此處不再詳述這些政治團體的來龍去脈，但須評估
限制政治結社之意義，及這些政治結社出現的意義。

　　從政治發展與國家安全兩個角度觀之，限制政治結社(尤其民國五
〇年代前後)應有正面意義。　中山先生與先總統　蔣公把人民有結社
自由的權利，當成奮鬥目標，一心追求，是無可置疑的，所須配合者僅
國家安全和政治發展是否成熟而已。胡適針對雷震當年籌組(中國民主
黨)，就曾警告「組黨時機更要慎重」，提示不要以爲有了一個反對黨，
一切問題就都迎刃而解，事情沒那麼簡單。(一五)胡適已經在暗示當時
的政治發展並沒有成熟到可以讓人民自由組黨結社。民國七十二年以後
陸續有「編聯會」、「公政會」、「後援會」等出現並未受到嚴厲的限
制，到「民進黨」成立後的一週(七十五年十月五日)，中國國民黨主席蔣
經國先生表示：「時代在變，環境在變，潮流也在變。因應這些變遷，

執政黨必須以新的觀念，新的作法，在民主憲政的基礎上，推動革新措施。唯有如此，才能與時代潮流相結合，才能和民眾永遠在一起。」兩天後，即十月七日蔣總統經國先生接見華盛頓郵報董事長葛蘭姆女士時表示：政府將儘速取消戒嚴，但任何新黨都必須遵守憲法，支持反共國策，與台獨運動劃清界線。(一六)這些是歷史性的談話，顯示開始政治結社的時機已成熟，中國近代史上第四次政黨政治即將推動－只有成功，沒有失敗的第四次，配合時代潮流與政治發展的腳步，走上政黨政治之路。

肆、台灣地區解嚴後政治結社的活動與規範

　　民國七十六年七月十五日零時起，台灣地區奉總統令解除戒嚴，同日起實施「國家安全法」。(一七)這這亦表示人民已享有憲法第十四條結社自由的權利，各種政治團體如雨後春筍般的出現，此時除現有三個政黨外，其餘較活躍者如民主進步黨、民國七十六年十二月二日余登發等人籌組天下為公同志會、(一八)同日六日王義雄等人成立工黨、(一九)七十七年三月十日汪英群等人成立中華共和黨、(二○)四月四日胡秋原等人組成中國統一聯盟(二一)，同月六日鄭永森等人成立勞工聯盟(二二)而各種利益團體就像「一隻看不見的手」，對立法院和監察院帶來新的衝擊。(二三)

　　儘管各種政治團體紛紛登上政治舞臺，但因黨禁初解，「強人魅力型領袖」(Charismatic leader)蔣總統經國先生便在民國七十七年元月十三日逝世，政治結社的遊戲規則尚未建立，政黨活動呈現脫法脫軌行為。利益團體穿梭立法院，立法委員感到強烈不滿，影響立法品質與進度。(二四)當前各政治團體中，惟民進黨對中華民國的國號、國歌、國旗均未認同，對國家已具有否定、排斥，甚至有意推翻。(二五)該黨所謂「自決」(Self - determination)，實即台灣獨立的暗語(Code phrase)。(二六)足以造成內部動亂與中共犯台。因為，分裂或分離的政治思維，在中國歷

史上是不許可的,甚至是「不法」。

　　從解嚴後政治結社活動來觀察,顯然是規範尚未建立,而在建立規範之前首須建立共識(即共同的政治文化)。若未先有共識,就要建立規範,則此種規範可能徒具虛名,甚或合法性亦要受到挑戰。最明顯的是韓國,在一九六三年就有政黨法,但並未能規範各政黨活動。事實上,政黨(含利益團體)在法制上的規範,很容易發生如雙刃之劍的弊端,非民主化政黨所應採取。(二七)

　　在現階段未制訂政黨法,並不意味著政治團體可以「無法無天」。一方面由政治文化與人民的民主政治素養來規範,讓政治團體自由競爭、整合、協商,在政治參與的過程中,逐漸由民意來淘汰或肯定支持。另一方面任何政治團體仍須受憲法與法律的外緣規範,例如政黨的意識形態和政治行為必須在憲法原則以內;其他政治活動則受法律規範,例如民法、刑法、人民團體組織法、選舉罷免法等。當然,先進國家政治結社的思潮方向,我國近代政治結社歷程上的血淚經驗,是不可遺忘而可參酌的寶訓,只有運用此種政治智慧,經由多方面整合,去泰去甚,形成外緣與內我的規範,在這樣環境生長的政治結社,才能主導當代社會思想,成為全中國人民寄託之所在。

伍、從中國國民黨在台灣地區推動政治現代化到全中國現代化的展望

　　無疑的,中國國民黨近十餘年來在蔣故總統經國先生的領導下,創造了「經濟奇蹟」和「政治奇蹟」,世界各國為之側目,海內外中國人為之雀躍。

　　更無疑的,中國共產黨在大陸極權專制四十年,把中國弄成「貧窮大國」,到現在走不出「四個堅持」的框框。社會主義也罷,馬克斯主義也罷,共產主義也罷,是全然的失敗,所以大陸現在到了必須「全方位的現代化,沒有一個方位上不需要現代化」的關頭。(二八)所幸,近二十年來大陸改革開放,開始遠離「列寧式」政黨,終於帶動中國的崛起,現代化前景甚為樂觀。若中國能走向統一、繁榮和和平,中國共產黨與有功焉。

能夠影響或迫使中國大陸走向全方位現代化－現代化、政治現代化與政治結社現代化，亦無疑的，只有中國國民黨帶動台灣地區各類型的政治結社，一起團結奮鬥，才有可能對大陸產生更大影響力，一個和平、自由、民主、均富的中國才有可能出現，這方面中國國民黨在台灣地區經營四十年，對大陸產生的壓力是不可忽視的。

(一)民國六十八年中共喊出「經濟學台灣」，其深圳等多個「經濟特區」，即高雄楠梓加工區模式，(二九)八年來已小有成就。

(二)民國七十六年八月中共開始籌設「海南省」，並使其「特區化」，引進「台灣經濟」。(三〇)

(三)大陸民權思想高漲，民國七十六年十月間的「十三大」不得不承認「改革現行政治體制非常必要」。(三一)

(四)大陸私有制經濟逐漸抬頭，個人生產資料與經營權逐漸延伸擴大。(三二)

(五)大陸留美學生籌組「中國民主團結聯盟」，並擬進一步籌組「反對黨」，在適當時機遷黨回「國」。(三三)

餘如大陸人民對「民主政治」漸有嚮往，一種「中國式民主政治形態」正在形成。儘管「那個框框」還是框得很緊，大力改革開放的動力是很強的，正顯示中國的崛起，「山都擋不住」。

近百年來，中國人民追求政治結社自由的權利，歷程誠實艱困，到民國卅八年走入「分歧」，在台灣地區轉了一個彎，現在是回到全中國現代化的本題之關鍵，只要台灣地區的各政治團體能建立全中國式的共識，團結奮鬥，則中國之和平、統一、繁榮，在廿一世紀前期即將實現。

註　譯

(一)馬起華著，《政治學原理》，上冊，初版(臺北：大中國圖書公司，民國七十四年五月)，頁八六。

(二)各國憲法修訂者頗多，以最近一次修訂為準。參閱國民大會憲政研

討委員會編，《世界各國憲法大全》(臺北：中華大典編印會，民國五十五年五月)。

(三)國民大會憲政研討會編；前揭書，頁一一二──一一八四。另見法務部調查局編；中共重要法規彙編(一九七七──一九八二)(臺北：法務部調查局，民國七十二年六月)，頁一二。

(四)國民大會憲政研討會編；前揭書，頁一一二──一一八四。

(五)楊與齡撰，〈各國憲法有關政黨規定之比較研究〉，《憲政時代》，第九卷，第一期。

(六)楊與齡撰；前揭書，頁四〇──四一。

(七)楊與齡撰；前揭書，頁四二──四五。

(八)謝延庚撰，《從現代政治思潮看政黨政治的運作》，〈現代政黨的動態及其趨向〉，初版(臺北：中央文物供應社，民國七十二年三月)，頁三－一六。

(九)張希哲著，《各國議會與政黨》，二版(臺北：中央文物供應社，民國五十二年四月)，頁一三－三二。

(一〇)陳水逢著，《戰後日本政黨政治》，再版(臺北：財團法人中日文教基金會，民國七十四年十月)，頁一。

(一一)江炳倫著，《政治發展的理論》，五版(臺北：臺灣商務印書館，民國七十四年三月)，頁四一。

(一二)彭堅汶著，《孫中山三民主義建國與政治發展理論之研究》，初版(臺北：時英出版社，民國七十六年十二月)，頁八一。

(一三)城仲模撰，〈從法學觀點論解除戒嚴〉(上)，《中國時報》，七十六年六月廿五日，第二版。

(一四)李筱峰著，《台灣民主運動四十年》，初版(臺北：自立晚報，民國七十六年十月)，全書。

(一五)王震邦撰，〈翻看當年一頁歷史－胡適論雷震與反對黨〉，《聯合報》，民國七十七年四月十五日，第二版。

(一六)詳見七十五年十月六日與八日台灣各大報。

(一七)詳見七十六年七月十五日台灣各大報。

(一八)民國七十六年十二月三日，《聯合報》，第二版。

(一九)民國七十六年十二月七日，《聯合報》，第二版。

(二〇)民國七十七年三月十日，《中央日報》，第二版。

(二一)民國七十七年四月五日，《聯合報》，第二版。

(二二)民國七十七年四月七日，《中央日報》，第九版。

(二三)民國七十七年一月六日，《聯合報》，第二版。

(二四)民國七十七年一月廿一日，《聯合報》，第二版。

(二五)民國七十七年三月十九日，《聯合報》，第二版。

(二六)Suan Tifft,「The native son」, Time (January 1988), P. 10。

(二七)陳水逢著，《戰後日本政黨政治》，再版(臺北：財團法人中日文教基金會，民國七十四年十月)，頁五三。

(二八)方勵之著，《我們正在寫歷史》，一版，第十四次印(臺北：經濟與生活出版事業股份有限公司，民國七十六年九月十日)，頁四－八。

(二九)民國七十七年一月廿一日，《中央日報‧社論》，第二版。

(三〇)康富信撰，〈台灣經驗輻射海南島？〉，《聯合報》，民國七十六年八月卅一日，第二版。

(三一)民國七十六年十月廿四日，《聯合報》，第二版。

(三二)關向光撰，〈大陸經濟新面貌(上)〉，《聯合報》，民國七十七年一月八日。

(三三)張作錦撰，〈大陸留美學生籌組反對黨〉，《聯合報》，民國七十七年一月十一日，第二版。

參考書目

壹、中文部份

一、書籍

1.丁文江編，《梁任公先生年譜長編初稿》，上下冊。一版(臺北：世界書局，民國四十七年七月)。

2.中華民國開書五十年文獻編纂委員會編，《革命之倡導與發展》(興中會上下冊)，臺初版(臺北：正中書局，民國五十三年二月)。

3.中華民國開國五十年文獻編纂委員會編，《列強侵略》，一－四冊(臺北：正中書局，民國五十四年，三月)。

4.中華民國開國五十年文獻編纂委員會編，《革命遠源》，上下冊，臺二版(臺北：正中書局，民國五十六年十二月)。

5.中華民國開國五十年文獻編纂委員會編，《革命之倡導與發展》(同盟會一－六冊)，臺二版(臺北：正中書局，民國五十八年十月)。

6.中華民國開國五十年文獻編纂委員會編，《清廷之改革與反動》，上下冊，臺二版(臺北：正中書局，民國六十二年九月)。

7.中國國民黨中央黨史委員會編，《國父全集》，一－三冊，三版(臺北：中央文物供應社，民國六十九年八月)。

8.中華民國國際關係研究所暨國立政治大學東亞研究所編印，《共產黨原始資料選輯》，第一集(臺北，中華民國國際關係研究所暨國立政治大學東亞研究所，民國五十八年十月)。

9.中央月刊社編，《中國國民黨與中國現代化》(臺北：中央月刊社，民國七十一年三月)。

10.中央考核紀律委員會主編，《從現代政治思潮看政黨政治的運作》(臺北：中央文物供應社，民國七十二年三月)。

11.中央研究院近代史研究所編，《中國近代的維新運動－變法與立憲研討會》(臺北：中央研究院近代史研究所，民國七十一年四月)。

12.中國青年黨中央執行委員會宣傳組編，《中國青年黨死難及已故同志

略傳》，第一輯(臺北：自印本，民國六十一年十月七日。

13.中共辭彙編輯委員會編，《中央辭彙》，一版(臺北：中國出版公司，民國七十五年十一月)。

14.中共中央馬克斯、恩格斯、列寧、斯大林著作編譯局編，《列選集》，二版(北京：人民出版社，一九七六年四月)。

15.王章陵著，《中國共產主義青年團史論》，初版(臺北：國立政治大學研究所，民國六十二年六月)。

16.王克儉著，《列寧主義析論》，初版(臺北：黎明文化公司，民國七十三年五月)。

17.王健民著，《中國共產黨史稿》，一－三冊(臺北：自印本，民國五十四年十月)。

18.王天恨編著，《四書新解》(臺南：大夏出版社，民國六十八年五月)。

19.方勵之著，《我們正在寫歷史》，一版(臺北：經濟與生活出版事業公司，一九八七年九月十日)。

20.古僧編著，《戴笠將軍與抗日戰爭》，四版(臺北：博學出版社，民國六十七年六月廿日)。

21.江炳倫著，《政治發展的理論》，五版(臺北：臺灣商務印書館，民國七十四年三月)。

22.任卓宣著，《三民主義底比較研究》，三版(臺北：帕米爾書店，民國五十三年四月)。

23.朱岑樓主編，《我國社會的變遷與發展》(臺北：東大圖書公司，民國七十年十月)。

24.李劍農編著，《中國近百年政治史》，臺十七版(臺北：臺灣商務印書館，民國七十四年三月)。

25.李筱峰著，《台灣民主運動四十年》(臺北：自立晚報，民國七十六年十月)。

26.李方晨著，《中國近代史》，上下冊，再版(臺北：陽明出版社，民國四十七年九月)。

27.李守孔著，《中國近代史，再版(臺北：三民書局，民國六十四年七月)。

28.杜元載主編，《抗戰時期之青年活動》(臺北：中國國民黨中央委員會黨史委員會，民國六十二年六月)。

29.杜元載主編，《興中會革命史料》，臺北：中國國民黨中央委員會黨史委員會，民國六十二年十二月)。

30.杜陵著，《謀略學》(臺北：自印本，民國七十年十二月)。

31.吳相湘主編，《中國現代史叢刊》，第五冊，初版(臺北：文星書店，民國五十三年十一月十二日)。

32.吳相湘著，《俄帝侵略中國史》，初版(臺北：正中書局，民國七十五年八月)。

33.呂士朋著，《中國現代史》，五版(臺北：世界書局，民國七十三年一月)。

34.呂亞力著，《政治學方法論》，三版(臺北：三民書局，民國七十四年九月)。

35.谷光宇著，《政黨論》，初版(臺北：黎明文化公司，民國七十二年九月三日)。

36.谷瑞照著，《先秦時期之民族思想與民族關係對於國父民族思想之影響》，初版(臺北：阿爾泰出版社，民國七十一年五月)。

37.何應欽著，《八年抗戰》，臺北：國防部史政局，民國七十一年九月)。

38.汪榮祖主編，《五四研究論文集》(臺北：聯經出版公司，民國七十二年三月)。

39.金耀基著，《中國現代化與知識份子》，再版(臺北：言心出版社，民國六十六年九月廿五日)。

40.金耀基著，《金耀基社會文選》，四版(臺北：幼獅文化事業公司，民國七十六年六月)。

41.金耀基等著，《中國現代化的歷程》，再版(臺北：時報文化出版公

司，民國七十年六月三十日)。

42.金耀基著，《從傳統到現代》，九版(臺北：時報文化出版公司，民國七十二年元月廿日)。

43.金耀基著，《中國人的三個政治》，一版(臺北：經濟與生活出版事業有限公司，民國七十七年元月廿日)。

44.法務部調查局編，《中共重要法規彙編》(臺北：法務部調查局，民國七十二年六月)。

45.法務部調查局編，《認識敵人》，四版(臺北：法務部調查局，民國七十五年元月)。

46.周昆田編著，《中國邊疆民族簡史》，再版(臺北：中華大典編印會，民國五十五年十二月)。

47.周鯨文著，《風暴十年》，(香港：時代批評社，民國四十八年一月)。

48.周弘然著，《中國民主思想運動史》(臺北：帕米爾書店，民國五十三年七月)。

49.杭立武、陳少廷著，《拉斯基政治多元論》，初版(臺北：臺灣商務印書館，民國七十六年九月)。

50.孟森編著，《清代史》，臺二版(臺北：正中書局，民國五十七年三月)。

51.林衡道主編，《臺灣史》，再版(臺北：眾文圖書公司，民國七十三年四月十日)。

52.郎裕憲、陳文俊合編，《中華民國選舉史》(臺北：中央選舉委員會，民國七十六年六月)。

53.胡漢民著，《胡漢民自傳》(臺北：傳記文學出版社，民國五十八年十月)。

54.柏楊著，《中國歷史年表》，下冊，再版(臺北：星光出版社，民國六十八年二月)。

55.馬起華著，《政治學原理》，上下冊，初版(臺北：大中國圖書公司，民國七十四年五月)。

56.段家鋒著，《馬列主義世界革命運動概觀》，初版(臺北：黎明文化公司，民國六十九年二月)。

57.唐勃著，《中共共青團之研究》，四版(臺北：幼獅文化公司，民國七十五年七月)。

58.涂懷瑩著，《中華民國憲法原理》，初版(臺北：自印本，民國六十九年九月)。

59.梁啓超著，《飲冰室全集》，再版(臺北：文化圖書公司，民國五十八年五月一日)。

60.國民大會憲政研討委員會編，《世界各國憲法大全》(臺北：中華大典編印會，民國五十五年五月)。

61.孫子和編，《民國政黨史料》，臺初版(臺北：正中書局，民國七十年十月)。

62.郭華倫著，《中共史論》，第三冊，四版(臺北：國立政治大學國際關係研究中心東亞研究所，民國七十一年十月)。

63.秦孝儀主編，《中華民國政治發展史》，一－四冊，初版(臺北：近代中國出版社，民國七十四年十二月廿五日)。

64.陳水逢著，《東南亞各國的政治社會動態》(臺北：臺灣商務印書館，民國六十六年五月)。

65.陳水逢著，《戰後日本政黨政治》，再版(臺北：財團法人中日文教基金會，民國七十四年十月)。

66.陳水逢編著，《日本文明開化史略》，八版(臺北：臺灣商務印書館，民國七十四年十一月)。

67.陳啓天著，《寄園回憶錄》(臺北：臺灣商務印書館，民國五十四年十二月)。

68.陳國弘編，《辭海》(臺南：正業書局，民國七十三年七月)。

69.陳恆明著，《中華民國政治符號之研究》(臺北：臺灣商務印書館，民國七十五年十一月)。

70.張玉法著，《清季的立憲團體》(臺北：中央研究院近代史研究所，民

國六十年四月)。

71.張玉法著，《清季的革命團體》(臺北：中央研究院近代史研究所，民國六十四年二月)。

72.張玉法著，《民國初年的政黨》(臺北：中央研究院近代史研究所，民國七十四年五月)。

73.張玉法著，《中國現代史》上下冊，八版(臺北：東華書局，民國七十四年十月)。

74.張玉法主編，《中國現代史論集》，第一－十輯(臺北：聯經出版公司)。

75.張其昀編，《蔣總統集》，一－二冊，三版(臺北：國防研究暨中華大典編印會，民國五十七年三月)。

76.張其昀主編，《蔣總統最近言論集》(臺北：國防研究院，民國六十年十月)。

77.張其昀著，《黨史概要》，再版，一－五冊(臺北：中央文物供應社，民國六十八年三月廿九日)。

78.張朋園著，《立憲派與辛亥革命》，初版(臺北：中國學術著作獎助委員會民國五十八年十月)。

79.張群著，《三十年來黨政關係的回顧》(臺北：陽明山革命實踐研究院，民國四十三年一月)。

80.張東鎮著，《國旗國歌國花史話》(臺北：張慶煌，民國七十年)。

81.張希哲著，《各國議會與政黨》，二版(臺北：中央文物供應社，民國五十二年四月)。

82.張樸民編，《中國黨派》(南京：中聯出版社，民國卅七年元月一日)。

83.張春興、楊國樞合著，《心理學》，三版(臺北：三民書局，民國六十五年八月)。

84.陶百川編，《最新六法全書》，修正版(臺北：三民書局，民國六十九年九月)。

85.莊政著，《國父革命與洪門會黨》，臺初版(臺北：正中書局，民國七

十年三月)。

86.章君穀著,《杜月笙傳》,一－四冊,再版(臺北:傳記文學出版社,民國六十九年四月一日)。

87.許師慎編著,《國父革命緣起詳注》,臺五版(臺北:正中書局,民國六十八年十月)。

88.陸寶千著:論晚清兩廣的天地會政權,臺北:中央研究近代史研究所,民國六十四年五月。

89.黃季陸主編:中華革命黨史料,臺北:中央文物供應社,民國五十八年三月。

90.馮自由著,《革命逸史》,一－五集,臺三版(臺北:臺灣商務印書館,民國六十五年十一月)。

91.國防部史政局編,《開國戰史》,上冊(臺北:正中書局,民國六十五年三月)。

92.鹿寶瑋著,《三民主義與現代思潮》(臺北:帕米爾書店,民國六十八年十二月)。

93.連雅堂著,《臺灣通史》,再版(臺北:眾文圖書公司,民國六十八年五月)

94.彭堅汶著,《孫中山三民主義建國與政治發展理論之研究》(臺北:時英出版社,民國七十六年十二月)。

95.程全生著,《政黨與政黨政治》(臺北:華欣文化事業中心,民國六十五年六月)。

96.《善本易經》(臺北:老古文化公司,民國七十三年三月)。

97.程光裕、徐聖　合編:《中國歷代地圖集》,第一冊,再版(臺北:中華文化出版事業委員會,民國四十四年二月)。

98.溫連熙編著,《中國政黨史》(臺北:華夏文化出版社,民國四十九年九月)。

99.楊幼　著,《中國政黨史》,臺四版(臺北:臺灣商務印書館,民國六十八年十一月)。

100.楊國樞、金神保主編，《現代化與民族主義》(臺北：中國論壇社，民國六十九年十月)。

101.解文超編著，《中國革命史綱》，再版(臺北：文群印刷有限公司，民國七十四年二月)。

102.鄒魯著，《中國國民黨史稿》，臺二版(臺北：臺灣商務印書館，民國五十九年五月)。

103.閔彀編著，《中共群運與青運剖析》，初版(臺北：黎明文化公司，民國六十九年四月)。

104.趙明義著，《不要忘記外蒙古》，初版(臺北：蘇俄問題研究社，民國七十五年一月)。

105.鄭學稼著，《中共興亡史》，第一卷(下)(臺北：自印本，民國七十三年六月)。

106.鄧元忠著，《三民主義力行社史》(臺北：實踐出版社，民國七十三年八月)。

107.劉聯珂著，《中國幫會三百年革命史》(文海出版社)(沈雲龍主編，《近代中國史料叢刊》第八十八輯)。

108.蕭一山著，《中國近代史概要》，四版(臺北：三民書局，民國五十六年十月)。

109.蕭公權著，‘中國政治思想史」，上下冊，新三版(臺北：中國文化大學出版部，民國七十四年七月)。

110.謝國楨著，《明清之際黨社運動考》，臺三版(臺北：臺灣商務印書館，民國六十七年二月)。

111.謝高橋著，《社會學》，一版(臺北：巨流圖書公司，民國七十三年六月)。

112.謝彬著，《民國政黨史》，初版(臺北：文星書店，民國五十一年六月)。

113.謝振民編，《中華民國立法史》，滬一版(上海，正書局，民國卅七年一月)。

114.戴季陶著,《國民黨的繼往開來》(臺北:中國國民黨中央黨史委員會,民國四十四年三月)。

115.薩孟武著,《西洋政治思想史》(臺北:三民書局,民國六十七年七月)。

116.魏紹徵著,《國民革命與台灣》(臺北:中央文物供應社,民國四十七年十一月)。

117.羅志淵主編,《雲五社會科學大辭典》,第三冊(政治學),六版(臺北:臺灣商務印書館民國七十三年十一月)。

118.羅家倫主編,《國父年譜》,上下冊,增訂(臺北:中國國民黨中央委員會黨史料編纂委員會,民國五十八年十一月廿四日)。

119.羅剛著,《中國民族主義運動與臺灣》,五版(臺北:國民圖書出版社,民國四十七年十二月)。

120.關雲編著,《閒話秘密社會及黑社會》,再版(臺北:世界文物出版社,民國六十五年三月)。

121.顧敦鍒著,《中國議會史》,臺初版(臺中:私立東海大學,民國五十一年五月)。

二、論文

1.申宇均撰,《中共黨的建設理論之研究》(臺北:國立政治大學東亞研究所,碩士論文,民國六十七年六月)。

2.宗轅由撰,《政治協商會議之研究》(臺北:政治作戰學校政治研究所,碩士論文,民國六十九年七月)。

3.吳輝旭撰,《國民革命與臺灣抗日民族運動》(臺北:政治作戰學校政治研究所,碩士論文,民國七十六年六月)。

4.吳恆宇撰,《容共時期中共勢力之擴張》(臺北:政治作戰學校政治研究所,碩士論文,民國七十三年六月)。

5.吳秋林撰,《抗戰前後的「民主黨派」》(臺北,政治作戰學校政治研究所,碩士論文,民國七十五年六月)。

6.周玉山撰，《中國左翼作家聯盟》(臺北：國立政治大學東亞研究所，碩士論文，民國六十四年六月)。

7.張培新撰，《北伐時期群眾戰之研究》(臺北：政治作戰學校政治研究所，碩士論文，民國七十四年六月)。

8.喬金鷗撰，《抗戰時期中共實力之擴張》(臺北：政治作戰學校政治研究所，碩士論文，民國七十二年六月)。

9.黃邦印撰，《國民參政會功能之研究》(臺北：政治作戰學校政治研究所，碩士論文，民國七十三年六月)。

10.潘台雄撰，《李贄的政治思想》(臺北：國立政治大學政治研究所，碩士論文，民國七十六年六月)。

11.董秀蘭撰，《國父對我國政治安定的設計》(臺北：國立臺灣師範大學三民主義研究所，碩士論文，民國七十六年六月)。

12.齊光裕撰，《政治協商會議與我國民主憲政之發展》(臺北：政治作戰學校政治研究所，民國七十四年六月)。

13.盧國慶撰，《抗戰初期的黨派合作》(臺北：政治作戰學校政治研究所，碩士論文，民國七十三年六月)。

14.蕭耀清撰，《國父革命方略未能貫徹因素之分析》(臺北：政治作戰學校政治研究所，碩士論文，民國七十六年六月)。

15.顧靜弟撰，《訓政時期政治建設對中國現代化的影響》(臺北：政治作戰學校政治研究所，碩士論文，民國七十四年九月)。

三、期刊

1.王爾敏撰，《近代史研究所集刊·秘密宗教與秘密會社之生態環境及社會功能》第十期，民國七十年七月，頁四三－四五。

2.谷瑞照撰，《革命思想·國父論政黨政治(下)，第廿八卷，第二期，民國五十九年二月廿五日，頁十四－十五。

3.彭堅汶撰，《近代中國雙月刊·從政治發展看中山先生的建國思想》，第二十期，民國六十九年十二月，頁九二－九三。

4.陳果夫撰，《藝文誌·北伐前後一段黨史》，第五十期，民國五十八年十一月。

5.項定榮撰，《近代中國月刊·國父被尊稱爲世界公民》，第卅四期，民國七十二年四月三十日，頁十八－廿一。

6.《遠見雜誌》，民國七十六年二月一日，頁七五。

7.張玉法撰，《近代史研究所集刊·國民黨與進步黨的比較研究》，第十期，民國七十年七月，頁六一－一三九。

8.楊與齡撰，《憲政時代·各國憲法有關政黨規定之比較研究》，第九卷，第一期。

9.蔣一安撰，《憲政論壇·世界四大寶典之一的三民主義學術精研》，第卅四卷，第十一期，民國七十六年五月，頁二七－二八。

　　四、報紙

1.《台灣日報》，民國七十五年八月廿六日。

2.《聯合報》，民國七十五年十月六日與八日。

3.城仲模撰，〈從法學觀點論解戒(上)〉，《中國時報》，民國七十六年六月廿五日，二版。

4.《聯合報》，民國七十六年七月十五日。

5.康富信撰，〈台灣經驗輻射海南島？〉《聯合報》，民國七十六年八月卅一日，二版。

6.《聯合報》，民國七十六年十月廿四日，二版。

7.《聯合報》，民國七十六年十二月三日，二版。

8.《聯合報》，民國七十六年十二月七日，二版。

9.《聯合報》，民國七十七年一月六日，二版。

10.關向光撰，〈大陸經濟新面貌(上)〉，《聯合報》，民國七十七年一月八日。

11.張作錦撰，〈大陸留美學生籌組反對黨〉，《聯合報》，民國七十七年一月十一日，二版。

12.《聯合報》，民國七十七年一月廿一日，二版。

13.《聯合報》,民國七十七年三月十九日,二版。

14.《中央日報》,民國七十七年三月十日,二版。

15.《聯合報》,民國七十七年四月五日,二版。

16.《中央日報》,民國七十七年四月七日,九版。

17.王震邦撰,〈翻看當年一頁歷史－胡適論雷震與反對黨〉,《聯合報》,民國七十七年四月十五日,二版。

貳、英文部份

一、原文書籍

1.Adam Kuper and Jessica Kuper: The Social Scionce Encyclopedia, London. Boston and Henley: Routledge and Kegnn Paul, 1985.

2.Chow Tse - Tsung: The May Fourth Mvrement, Cambridge Massachuseffs: Harvard Universtey Press, 1964.

3.David Robertson: A Dictionary Of Modern Politics, London: Europa Publications Limited, 1985.

4.Lewis John Wilson: Leadership in Communist Communist China, 1st, New York: Cornoll University Press, 1963.

5.PyeLucianW.:AspectsofpoliticalDevelopment,一版,臺北:虹橋書店,民國七十二年六月十六日。

6.Office Of The Military History: Organization Changes in the Chinese Army, Taipei: OMH, 1968.

7.Dahl Robert A.: Polyarchy Participation and Opposition, New Haven and London: Yale University Press, 1971.

8.Huntington Samuel P.: NO EASY CHOICE － Political participationin development Countries, Massachusetts.: HARVAR UNIVERSITY PRESS, 1971.

二、翻譯叢書

1.Alan C. Isaak 著，朱堅章、黃紀、陳忠慶合譯：《政治學的範圍與方法》(Scope and Methads of poltical Science)，五版，臺北：幼獅文化事業公司，民國七十五年二月。

2.Edward Jenks(甄克斯)著，張金鑑譯：《政治簡史》(A Short History of Politics)，臺二版，臺北：臺灣商務印書館，民國五十九年四月。

3.Gustave Schlegal 著，薛澄清譯述：《天地會研究》，臺一版，臺北：古亭書屋，民國六十四年八月。

4.Mak Lau Fong(麥留芳)著，張清江譯述：《星馬華人私會黨的研究》，臺初版，臺北：正中書局，民國七十四年五月。

5.Ronald Reagan(雷根)著，《埋葬馬列主義於歷史灰燼中》，臺北：黎明出版社，民國七十二年四月。

6.Robert E. Dowse、JohnA. Hughes 合著，黃天榮譯：《政治社會學》(Political Socialogy)，臺北：政治作戰學校，民國七十四年六月。

7.Samuel P. Huntington(杭廷頓)著，江炳倫、張世賢、陳鴻瑜合譯：《轉變中社會的政治秩序》(Political Order in Changing Countries)，三版，臺北：黎明文化公司，民國七十四年十二月。

三、期刊

1.Susan Tifft, The native Son. Time, January 1988, p. 10.